南京农业大学应用经济学（金融学）系列论著

U0615708

信息化趋势下
普惠金融发展问题研究

Inclusive Finance Development under
the Trend of Informatization

董晓林　张龙耀◎著

经济管理出版社
ECONOMY & MANAGEMENT PUBLISHING HOUSE

图书在版编目（CIP）数据

信息化趋势下普惠金融发展问题研究/董晓林，张龙耀著．—北京：经济管理出版社，2021.6

ISBN 978 - 7 - 5096 - 8093 - 3

Ⅰ.①信…　Ⅱ.①董…　②张…　Ⅲ.①金融事业—研究—中国　Ⅳ.①F832

中国版本图书馆 CIP 数据核字（2021）第 126713 号

组稿编辑：曹　靖
责任编辑：曹　靖　郭飞
责任印制：黄章平
责任校对：张晓燕

出版发行：经济管理出版社
　　　　　（北京市海淀区北蜂窝 8 号中雅大厦 A 座 11 层　100038）
网　　　址：www. E - mp. com. cn
电　　　话：（010）51915602
印　　　刷：唐山昊达印刷有限公司
经　　　销：新华书店
开　　　本：720mm×1000mm/16
印　　　张：15.75
字　　　数：300 千字
版　　　次：2021 年 7 月第 1 版　　2021 年 7 月第 1 次印刷
书　　　号：ISBN 978 - 7 - 5096 - 8093 - 3
定　　　价：88.00 元

前　言

随着中国经济发展进入新常态，金融供给侧结构性改革的一个重要目标是加快建立一个能够有效、全方位地为所有社会阶层和群体提供服务的普惠金融体系。2015 年，中央政府工作报告明确指出，普惠金融是立足机会平等要求和商业可持续原则，通过加大政策引导扶持、加强金融体系建设、健全金融基础设施，以可负担的成本为有金融服务需求的社会各阶层和群体提供适当的、有效的金融服务，并确定农村家庭、城镇低收入人群、小微企业、残疾人和老年人等其他弱势群体为主要的服务对象。

然而，金融排斥在世界范围内都是一个普遍现象。我国现阶段的金融供给水平在城乡间、不同群体间表现出明显的差异性特征，各类弱势群体所受的金融排斥依然较为严重。为此，我国政府积极探寻金融创新路径，引导和鼓励金融机构进行了一系列的技术创新与产品创新。近年来，信息通信技术和数字金融创新在缓解偏远、农村地区金融排斥方面的作用逐渐得到理论界和政策部门的高度关注。2016 年初，国务院印发《推进普惠金融发展规划（2016－2020 年）》，强调了信息通信技术在普惠金融体系建设中的作用，鼓励金融机构加快以电子银行和自助设备补充、替代物理网点的进度。同年 7 月，在 G20 财长和央行行长会议上，首次提出"数字普惠金融"的概念，随后的 G20 杭州峰会发布了《G20 数字普惠金融高级原则》，鼓励金融机构通过信息通信技术降低交易成本、提高供给效率，促进金融创新，让金融发展成果惠及最广泛的人群，以最终实现金融普惠的目标。

在中国普惠金融发展水平仍有待提高、信息通信技术为普惠金融实践带来新契机的背景下，本书试图研究如下问题：首先，在宏观层面，现阶段金融供给侧改革进程中普惠金融体系应如何建设？如何构建合理的普惠金融发展评价体系，评估普惠金融发展整体趋势和地域间的差异？进一步地，构建"普惠金融"与"信息化"之间的逻辑关系，研究信息通信技术水平对普惠金融覆盖面的影响和背后的作用机制。其次，在微观层面，利用微观数据分析家庭金融可得性是否存在群体差异？家庭自身信息通信技术的使用对其金融获得会产生什么影响？需求主体对于数字金融产品的接受意愿如何？信息化趋势下数字金融能否以及如何缓解小微企业的融资约束?

围绕上述问题,本书在系统梳理国内外普惠金融相关研究的基础上,从我国普惠金融发展的现实情况出发,在现代信息通信技术快速发展并广泛运用于金融领域的背景下,构建信息通信技术影响普惠金融发展的理论分析框架,紧紧围绕"信息化"与"普惠金融"两者之间的逻辑关系进行深入的理论和实证研究。

宏观层面的研究表明,缓解金融市场上长期存在的供需失衡矛盾是普惠金融体系建设与金融供给侧结构性改革的共同目标,金融供给侧结构性改革应重点从制度变革和技术创新方面推进普惠金融体系建设。以江苏省为例,通过评估县域普惠金融发展整体趋势以及地域间的差异,可以发现近年来江苏县域普惠金融发展水平不断提升,但是,苏南、苏中和苏北普惠金融发展水平并不一致,表现出明显的区域差异特征。信息化趋势下,数字技术的运用使金融供给渠道更加丰富,金融服务覆盖面扩大,金融机构向经济欠发达的偏远、农村地区、城镇低收入家庭提供金融服务的成本大幅降低,金融供需均衡解发生了变化,最终提高了金融供给覆盖面。

微观层面的分析主要以家庭金融获得、金融市场参与行为为切入点,以农村家庭、城镇低收入家庭为研究对象,研究发现,在信息化趋势下,家庭获取金融信息的渠道拓宽,在资源禀赋既定的条件下,能获得更多金融信息、拥有更高信息筛选能力的家庭,金融需求更容易得到激发,同时也更有可能参与到金融市场中。满足微观经济主体,尤其是弱势群体的金融需求是发展普惠金融的重要目标,而金融需求主体之间的差异性对其金融可得性有重要影响。本书从理论和实证两方面研究,认为信息通信技术对家庭金融获得的影响体现在三个方面:第一,从成本和效用的角度来看,信息通信技术影响家庭金融服务获得的种类及层次。家庭信息通信技术使用程度的提高拓宽了金融服务获得的渠道与信息获取的渠道,既提高了信息筛选效率,也降低了交易成本,减轻家庭金融需求的自我抑制程度,更有助于弱势群体获得金融服务。第二,信息化促使家庭更积极地参与到金融市场中。随着家庭投资需求的增加,传统信息渠道已无法满足家庭的信息获取需求,互联网渠道相比于传统信息渠道对农村家庭参与金融市场和资产配置的作用更加显著。第三,现代信息通信技术对金融供给的影响因不同主体的接受意愿与响应程度不同而存在差异。此外,普惠金融需要瞄准和惠及的另一类主体是长期受到正规金融排斥的小微企业。本书从两个方面研究信息化趋势下普惠金融发展对缓解小微主体融资约束的作用机制:一方面,在传统金融供给路径下,机构增量改革、产品创新实践、政策配套支持等均在发挥积极作用;另一方面,依托现代信息通信技术和大数据征信技术的互联网融资平台,理论上可以降低信息不对称程度,缓解小微企业的融资难题。以互联网融资平台为例,理论研究发现，网络内通信技术等信息约束、网络内产品的供给可替代性和平台规模的扩张等都会影响小微企业获得金融服务的水平。

接下来，本书进一步从金融供给的实践路径展开分析，并提出在信息化趋势下，传统金融供给路径依然有其进一步发挥作用的空间。信息技术的促进作用对普惠金融发展至关重要，深刻影响着供给方的服务模式以及需求方的金融需求和市场参与意愿，但并不是唯一决定因素。对于农村普惠金融而言，现阶段传统金融供给模式和依托传统普惠金融路径的边际创新同样重要。这一过程中，"银保互联"、光伏贷、阳光信贷等作为重要的产品创新模式，对于促进农业经营主体的普惠金融仍具有积极作用，对此本书进行了深入的案例剖析。

最后，本书反思过去十余年间普惠金融发展过程中存在的一些误区和问题，重塑信息化趋势下普惠金融的发展路径，最终提炼总结相关政策建议。

本书既是笔者已结题的国家社科基金重点项目"信息化趋势下普惠金融发展问题研究"（15AJY020）的研究成果，也是笔者主持的国家自然科学基金面上项目"金融科技背景下农村金融机构数字化发展机制与普惠效应研究"（72073067）的阶段性成果。在本书出版之际，笔者要对全国哲学社会科学工作办公室和自然科学基金委员会的支持表示由衷的感谢！

需要说明的是，由于笔者水平有限，编写时间仓促，所以书中错误和不足之处在所难免，恳请广大读者批评指正。

笔者

2021 年 4 月

目　录

第一章 导 论

第一节 问题的提出

加快建立完善高效的金融市场，有助于减少贫困、增加产出并改变经济主体的雇佣行为和生产活动（Burgess 和 Pande，2005），不断提高金融服务的覆盖广度及深度，也将有利于缓解初始财富禀赋对全社会效率提高、经济增长的制约作用，为经济弱势群体创造更加平等的教育和创业机会（Greenwood 和 Jovanovic，1990；Banerjee 和 Newman，1993；Claessens 和 Perotti，2007）。当前，中国经济发展已经进入新常态，加快建立一个以可负担的成本，全方位、有效地为社会各阶层和群体提供金融服务的"普惠金融体系"（Inclusive Financial System），既成为金融领域供给侧结构性改革中的一个重要目标，同时也是我国全面建成小康社会的必然要求。2015 年政府工作报告明确指出，普惠金融是立足机会平等要求和商业可持续原则，通过加大政策引导扶持、加强金融体系建设、健全金融基础设施，以可负担的成本为有金融服务需求的社会各阶层和群体提供适当的、有效的金融服务，其主要的服务对象包括农村家庭、城镇低收入人群、小微企业、残疾人和老年人等其他弱势群体。

近年来，中国政府积极推动与践行普惠金融，我国的普惠金融水平也得以提升，但金融不普惠现象依旧存在：根据中国人民银行与世界银行集团联合发布的《中国普惠金融报告》中的调查数据，中国成年人拥有银行账户的比例显著增长，从 2011 年底的 60% 左右增至 2014 年底的近 80%，再到 2017 年底的 90%，但是最贫困的 20% 人口中仅有 39% 的成年人拥有银行账户；融资方面，截至 2014 年底，虽然全国有 9012 万户农户成功获得贷款，但实际满足率仅为 58%，仍有接近一半的农户潜在贷款需求难以被满足（焦瑾璞和王瑱，2015）。在其他金融服务获得方面，以金融理财为例，城乡家庭平均参与率为 11.1%，而农村家庭仅为 1.7%[①]。

相关研究显示，造成我国金融不普惠的首要原因是金融机构的供给意愿不足。由于在农村地区设立网点的成本较高（刘海二等，2013；田杰等，2014），正外部性问题突出（胡元聪和杨秀清，2010），以及向自身资源禀赋水平较低的农村家庭、城镇低收入家庭提供金融服务时存在严重的信息不对称问题，并且难以形成规模经济（Gale，1990；Jaffee 和 Stiligz，1990；程恩江和刘西川，2010；褚保金等，2009），因此，金融机构在向该部分群体提供金融服务时缺乏相应的积极性，供给意愿不足，由此造成了农村地区的金融覆盖广度不高，一些偏远地区的乡镇甚至存在金融服务空白的情况。

除此之外，家庭自身的需求自我抑制问题也会在一定程度上影响我国的普惠金融发展水平（苟琴等，2014；Fissel 和 Jappelli，1990；王性玉等，2016）。一些弱势群体由于缺乏相应金融知识、信息获取不畅而存在需求自我抑制现象（孟樱和王静，2017），距离正规金融机构太远、交易成本过高、不熟悉正规金融机构贷款流程等因素也会造成家庭借贷的自我抑制（程郁和罗丹，2009；张龙耀和江春，2011）。在发展中国家中，这一现象尤其严重，因为新兴市场经济国家的金融资产创造能力与发达国家相比明显不足（Caballero 等，2008）。现实中，金融机构面向弱势群体进行金融知识普及和宣传的力度不够，无法充分激发他们的潜在金融需求，增加金融服务获得的种类（范从来等，2013）。

针对上述现象，近年来，中国政府不断出台各种相关政策，积极探寻金融制度创新路径，引导和鼓励金融机构进行一系列的产品、服务、技术创新，持续推动我国普惠金融的发展（张宁宁，2016）。中国政府在 2013 年 11 月党的十八届三中全会上正式提出"发展普惠金融，鼓励金融创新，丰富金融市场层次和产品"，并首次将"发展普惠金融"作为完善金融市场体系的重要内容。2016 年 1 月，国务院印发《推进普惠金融发展规划（2016－2020 年）》，全面部署普惠金融体系建设，将我国普惠金融发展目前确立为在 2020 年要达到国际中上游水平。2016 年 9 月 24 日，财政部印发《普惠金融发展专项资金管理办法》，由中央财政提供专项资金，支持和引导地方政府、金融机构和社会资本进入普惠金融领域。专项资金主要用于县域金融机构涉农贷款增量奖励、农村金融机构定向费用补贴、创业担保贷款贴息及奖补等。另外，部分地区通过设立风险补偿基金，鼓励金融机构加大对扶贫领域、"三农"和小微企业的贷款投放力度。2017 年，银监会等 11 部委联合印发《大中型商业银行设立普惠金融事业部实施方案》，推动大中型商业银行设立聚焦小微企业、"三农"、创业创新群体和脱贫攻坚等领域

---

① 根据 2013 年中国家庭金融调查与研究中心公布的相关报告整理得到。

的普惠金融事业部。普惠金融事业部亮点主要体现在"条线化"管理体制和"五专"经营机制。"条线化"管理体制要求相关银行从总行到分支机构、自上而下搭建普惠金融垂直管理体系，总行设立普惠金融事业部，分支机构科学合理设置普惠金融事业部的前台业务部门和专业化的经营机构，下沉业务重心，下放审批权限，以便更好地服务普惠金融客户。"五专"经营机制要求建立专门的综合服务机制、统计核算机制、风险管理机制、资源配置机制以及考核评价机制。目前，"条线化"管理体制及"五专"经营体制均已在大型银行间落地见效。2017 年 9 月，人民银行发布《关于对普惠金融实施定向降准的通知》，在存款准备金方面加大对普惠金融的鼓励。随后在 11 月 6 日，财政部出台《关于小微企业融资有关税收政策的通知》，明确规定了增值税的免税期间、免税对象、免税标的，以及对农户、小微企业、小额贷款的判断标准做出说明，旨在进一步加大对小微企业的支持力度，缓解其融资难、融资贵的困境。

同时，随着信息通信技术水平的不断提高，以及高效便捷、更低成本的移动终端设备的大量涌现，人们开始关注信息通信技术以及数字金融创新对我国普惠金融发展的推动作用。在《推进普惠金融发展规划（2016 – 2020 年）》中即强调了信息通信技术在普惠金融体系建设中的作用，鼓励金融机构加快以电子银行和自助设备补充、替代固定网点的进度。2016 年 7 月，G20 财长和央行行长会议正式提出了"数字普惠金融"的概念，随后的 G20 杭州峰会发布了《G20 数字普惠金融高级原则》，鼓励金融机构通过信息通信技术降低交易成本、提高供给效率、促进金融创新，让经济发展成果惠及最广泛的人群，以最终达到金融普惠的目标。2018 年 4 月 20 日，习近平总书记在全国网络安全和信息化工作会议上强调，"信息化为中华民族带来了千载难逢的机遇，必须敏锐抓住信息化发展的历史机遇"。

目前，我国数字发展指标实现了速度、质量双提升，已经具备践行与推动数字普惠金融持续发展的相应条件。相关数据显示[①]，中国信息化水平在 2012 年时排名全球第 36 位，而截至 2016 年底，排名已升至全球第 25 位，超过"二十国集团"平均水平；2016 年初我国网民规模总数达 6.88 亿，手机网民规模达 6.2 亿，其中农村网民规模 1.95 亿，87.1% 的农村网民使用手机上网，而农村网民的网络金融类应用规模增速明显。中国人民银行的统计数据[②]显示，截至 2015 年底，仅农村地区网上银行的累计开通户数就达到了 3.56 亿户，当年业务笔数 105.46 亿笔。同时，宽带网络普及持续推进，网络提速效果明显。2017 年，三

---

① 资料来源：2016 年 8 月中国互联网络信息中心（CNNIC）发布的《2015 农村互联网发展状况报告》以及 2016 年 11 月发布的《国家信息化发展评估报告》。

② 中国人民银行发布的《2015 年农村地区支付业务发展总体情况》。

家基础电信企业固定宽带接入用户数达 34854 万户，全年净增 5133 万户；4G 用户总数达到 9.97 亿户，全年净增 2.27 亿户，固定宽带家庭普及率提前完成 2020 年目标。电信普遍服务深入推进，网络扶贫网络覆盖工程成效明显，全国农村宽带用户达 9377 万户，同比增长 25.8%，贫困村宽带网络覆盖率已经提前完成 2020 年目标①。而被认为是未来 15 年全球四大突破性技术之一的无网点银行，依托信息通信技术发展，已经在各地广泛开始试点，也将成为推动我国普惠金融发展的重要力量之一。

当前我国政府大力推动并践行普惠金融，尤其随着信息通信技术的不断发展并被广泛运用到普惠金融领域，我国的普惠金融工作已经初显成效。谢平和邹传伟（2012）指出，信息通信技术创新拓宽了金融服务的交易边界，降低了金融服务的交易成本，增加了获取金融信息的渠道，使得更多小微主体的金融需求得以满足。同时也有不少学者肯定了普惠金融，尤其是数字普惠金融在促进居民消费、增加收入、减少贫困方面的作用（韩晓宇，2017；马彧菲和杜朝运，2017；卢盼盼和张长全，2017）。但当前我国依然存在金融"不普惠"现象，尤其是在农村地区、偏远地区，这种现象更为严重。

我国金融"不普惠"主要体现在以下两个方面：一是金融机构在向经济薄弱、偏远地区的农村家庭、城镇低收入家庭提供金融服务时，存在明显的服务供给不足现象，金融服务覆盖面狭窄，覆盖面不广，导致这部分弱势群体连最基础的金融服务需求都难以被满足；二是金融机构在向农村家庭、城镇低收入家庭提供金融服务时，金融服务种类较为单一、层次相对较低，但是这部分弱势群体也有获得种类更加丰富、层次更高的金融服务的愿望，而现行的金融供给体系及供给方式难以满足这些弱势群体日益多元化的金融需求。

立足信息化趋势下普惠金融发展的现实背景，本书紧紧围绕"信息化"与"普惠金融"两者之间的关系展开。首先，基于经济发展新环境——供给侧结构性改革的制度供给变化分析信息化趋势下普惠金融体系建设的重点和思路，并构建县域普惠金融发展评价体系，评价县域普惠金融发展的现实情况。其次，以信息通信技术快速发展并广泛运用至金融服务供给创新为现实依据，构建信息通信技术推动普惠金融发展的理论分析框架，分别剖析宏观层面信息技术对区域金融市场普惠金融产生积极影响的内在机理，以及微观层面家庭金融行为因信息化的趋势性变革实现普惠金融的微观路径，通过上述两部分内容深入探讨信息化趋势下普惠金融发展的内涵。再次，本书梳理研究期内普惠金融形式、路径发生的新变化，进一步研究信息化趋势下普惠金融发展的外延，即产品新模式——包括

---

① 国家互联网信息办公室发布的《数字中国建设发展报告（2017 年）》。

"银保互联""光伏贷"等依托传统普惠金融路径做出的边际创新对普惠金融的深刻影响。最后，基于上述研究，得出具有启发性的建议。

第二节 基本概念界定

一、普惠金融体系与金融普惠

（一）普惠金融体系

"普惠金融体系"的概念首次于2005年"小额信贷年"时被提出，其指建立一个能有效地、全方位地为社会所有阶层和群体，尤其是那些被传统金融所排斥的农村地区、城乡低收入群体和小微企业提供服务的金融体系。随后，亚洲小额信贷论坛于2006年3月在北京召开，"普惠金融体系"的概念也被正式使用。事实上，中国早在20世纪90年代初就已经开始了对普惠金融体系的建设。时至今日，中国"普惠金融体系"先后经历了以下四个阶段：公益性小额信贷阶段、发展性微型金融阶段、综合性普惠金融阶段、创新性数字金融阶段（见表1-1）。随着时间的推移，每个阶段更替演变，普惠金融体系的参与主体更加多元化，覆盖的服务对象范围更加广泛，涵盖的金融服务种类也更加丰富，层次不断提高。

表1-1 中国普惠金融体系建设的发展阶段及其特点

	公益性小额信贷（1990年到21世纪初）	发展性微型金融（21世纪初到2005年）	综合性普惠金融（2005年之后）	创新性数字金融（2012年至今）
参与主体	从早期的个人参与到后期的国家财政支持公益性小额信贷组织、联合国开发计划署、世界银行等国际组织以及一些非政府组织等	正规金融机构参与包括农信社、中国农业银行、邮政储蓄银行等	自然人和企业开始发起成立小额信贷组织城商行、城市信用社、农商行、农村合作银行	互联网企业开始加入包括各类数字金融公司、电商等
作用对象	以扶贫为主，公益性质针对特定贫困人群多地试点致力于解决小微经济主体融资困境	支农成为重要内容消费者和企业包括一些弱势群体（如下岗失业人员）兼顾提高民生，促进城市就业	将农户和小微企业作为主要的服务对象之一专门针对小企业和个体经营户提供金融服务，正规金融体系开始将上述群体纳入服务范围	覆盖社会各个阶层尤其针对个人、小微企业等小微经济主体针对农户生活和生产开展不同形式、针对性更强的金融服务

	公益性小额信贷 （1990 年到 21 世纪初）	发展性微型金融 （21 世纪初到 2005 年）	综合性普惠金融 （2005 年之后）	创新性数字金融 （2012 年至今）
实践 效果	较早的扶贫实践 从早期个人或国际机构出资，逐步演变为国家财政资金大力扶持，规模不断扩大 创新了扶贫方式和途径，体现了普惠金融的基本理念	相比过去覆盖面提高 对国企改革背景下的大量下岗失业人员给予了有力的金融支持 金融产品和服务的供给对象扩大 金融产品日益多元化与精细化	小微企业信用评级等制度逐步完善 农村金融市场准入门槛开始放宽 小微经济主体融资困境有所缓解 金融服务更加全面（包括支付、汇款、保险等）	极大丰富金融服务和产品的种类、供给形式 传统金融机构的中介作用一定程度弱化 倒逼传统金融机构业务创新与服务方式改革 降低信息不对称和交易成本，支农成效显著

在过去很长的一段时间内，普惠金融体系建设的主要目标是实现农村地区、城镇低收入人群、小微企业等各类小微主体以可负担的成本获得基础性金融服务。然而，普惠金融体系应该是一个全方位、多层次的金融体系（焦瑾璞，2014），金融普惠的最终结果应该是包括社会所有群体在内，不仅可以实现基础性金融服务获得机会的平等性，还应不断提高金融服务种类的多样性和全面性（贝多广，2015）。多样化、全面性的金融服务种类，不仅包括存、取、汇、兑等基础性的金融产品和服务，信贷、保险、银行理财、代理、租赁等更加全功能、多层次的金融服务也应当被涵盖在内。

（二）本书中金融普惠的概念

本书基于微观视角，研究家庭金融服务的获得，主要从以下两方面对金融普惠进行界定：

一是指金融服务覆盖面的扩大，即原先被排斥在外、无法获得金融服务的弱势群体可以顺利获得金融服务。扩大金融服务覆盖面首先应当满足这部分群体平等地获得基础性金融服务的需求。

二是指金融服务种类和层次的提高，即家庭原先只能获得一两种金融服务，现在有机会获得更多种类的金融服务，并使得家庭原先仅可以获得一小部分基础性金融服务，进而转变为有机会获得更高层次的、非基础性的金融服务。

二、信息通信技术与金融信息化

（一）信息通信技术

信息通信技术（Information Communications Technology，ICT）是由信息技术与通信技术相融合而形成，用以处理、管理各种信息所采用的各类技术的总称。八国集团于 2000 年 7 月在冲绳发表《全球信息社会冲绳宪章》，宪章指出："信息通信技术是21世纪社会发展的最强有力动力之一，并将迅速成为世界经济增长的重要动力。"

本书关注的重点是信息通信技术在推动我国普惠金融发展过程中的作用效果。在这一过程中，信息通信技术与金融服务供给在一定程度上存在不同形式的融合，因此书中"信息通信技术"具体是指"为降低信息通信和交换的成本、提高信息获取和筛选的效率，而以多种不同形式广泛应用的电子化、信息化技术手段及其相应的服务、产品形式，包括了移动电话、互联网的媒介形式、各类金融机构积极推进的网上银行、创新型的数字金融产品和相应的技术手段"。

更具体的，本书重点从以下两个层面关注信息通信技术水平：一是在地区层面上，受当地的信息通信基础设施建设水平、供给方的技术创新程度等因素的影响，不同地区的信息通信技术水平呈现出高低有别现象；二是在家庭层面上，不同家庭对信息化设备拥有情况、使用程度有所不同，因而不同家庭的信息通信技术水平也表现出差异化的特征。

（二）金融信息化

随着信息通信技术的不断进步，应用范围的不断扩展，金融信息化的概念在此发展过程中应运而生。金融信息化是指用创新智能技术工具来更新改造和装备金融业，推动金融系统在产品与服务供给、组织管理与运行、经营决策与目标制定等方面协调发展。

有学者认为，信息技术的不断发展可以显著降低使用成本，在不同领域中不断形成"信息通信技术资本"，而这种资本对其他生产要素具有有效的替代作用（Casolaro和Gobbi，2007）。具体到金融领域中，这种技术创新使得"信息通信技术资本"与传统金融市场中的各种资本有机融合，这一过程即为金融信息化的过程，可以实现金融要素投入结构、生产效率的重大变革，对于金融市场而言具有里程碑式的意义。也有学者将金融信息化直接具体化为相应的数字金融产品与服务，Sundaram等（2016）指出，金融信息化具体包含了基于信息通信技术的自动取款机（ATM）、移动银行、小额电子支付系统（IMPS）、数字金融、金融服务站（FSK）①、全国性的电子化即时结算（NEFT）和实时清算支付系统（RTGS）等。

根据以上研究，具体到本书之中，"金融信息化"是指在推进普惠金融发展过程中，运用信息通信技术，不断创新金融供给的种类、方式，重点包括了相应的数字金融产品和服务，深度的金融信息化同时也会带来金融机构组织结构的深刻变革。

---

① 该研究中也提到了在印度泰米尔纳德邦（Tamil Nadu）推行的金融服务站，英文名 Financial Service Kiosk，其功能与中国的无网点银行（农村地区广泛开展的金融综合服务站）类似。

三、数字普惠金融

近年来，随着数字技术的快速发展与成熟应用，数字普惠金融（Digital Financial Inclusion，DFI）模式越来越多地被人们所关注，逐渐成为传统金融机构与新兴数字金融共同的价值追求。2016 年 8 月，G20 峰会上明确了数字普惠金融的概念，即一切通过移动互联网、大数据、云计算、智能终端等数字金融服务以促进普惠金融的行动。同时，也通过了数字普惠金融高级原则，鼓励各国在制订普惠金融计划时优先考虑数字化实现。《国家信息化发展战略纲要》提出"加快建设数字中国"。《"十三五"国家信息化规划》将"数字中国建设取得显著成效"作为我国信息化发展的总目标。通过数字技术的使用，信息不对称问题有效减少，金融服务的门槛与成本大幅降低，金融服务的效率能够显著提升，并且有利于实现我国普惠金融发展过程中的商业可持续性目标，在普惠金融方面具有天然优势。全球数字普惠金融从出现发展至今，经历了不同的四个阶段（见表 1-2）。

表 1-2　全球数字普惠金融发展阶段及典型案例

时间	1990 年以前	1990~1999 年	2000~2009 年	2010 年至今
发展阶段	传统普惠金融	数字普惠金融 1.0	数字普惠金融 2.0	数字普惠金融 3.0
典型案例	农村邮储银行、农村信用合作社 格莱珉银行（1983）	Security First Network Bank（1995） 第三方互联网支付：PayPal（1998）	众筹（2003） 第三方互联网支付：支付宝（2004） 阿里小贷（2005） P2P 网贷（2005） 比特币（2009）	印度 Paytm（2010） 互联网理财：余额宝（2013） 蚂蚁金服（2014）

具体到本书之中，数字普惠金融是指包括传统金融机构的无网点银行业务以及更深层次的数字金融创新在内的一切利用数字化技术驱动普惠金融的实现形式。

四、金融需求的层次与基础性金融服务

马斯洛（Abraham Harold Maslow）在 1943 年提出需求层次理论，而金融需求的层次性也正是从这一理论逐渐演变、发展而来。司世阳（2013）认为，微观主体的金融需求同样存在层次性。保证资金的安全性与流通性，是金融消费者需要满足的最低层次的金融需求，而通过日常的金融服务获得，这种需求就容易被满足（王都富，2008；张蔚，2011）。随后，需求主体有进一步提高金融服务获得效率的愿望与诉求，他们会开始注重金融服务的便利性与功能性，反映在现实生活中，即是通过前往银行、ATM 机等存取款项、支取现金（丛正和王华，

2015)。消费者上述两项金融需求均为基础性需求，通过传统金融中介机构即可完成。当这些基础性的金融服务需求都被满足后，消费者会产生防范风险、提高收益、实现资产增值等一系列更高层次的金融需求。

本书将家庭所获得的金融服务进行以下 9 种类别的划分：存款（定存和活期）、取款、汇款、兑付、信用卡、基金、债券、外汇、贷款（消费性贷款和生产性贷款）。根据上述对微观主体金融需求层次的分类，将"存、取、汇、兑"4 类金融服务划分为基础性的金融服务，反映了家庭为了确保资金流动性和安全性所需满足的基本金融需求，并将"信用卡、基金、债券、外汇、贷款"这 5 类作为非基础性的金融服务，反映了家庭为了防范风险、管理资产和提高收益而产生的更高层次的金融需求，如图 1 - 1 所示。

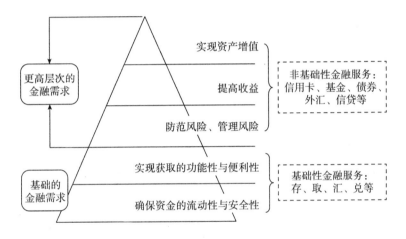

图 1 - 1　金融需求的层次与对应的金融服务种类划分

五、无网点银行与互联网金融

（一）无网点银行

无网点银行业务是指利用相关技术（如 POS 机和手机等结合信息通信技术的工具）、通过某些代理商或第三方中介机构，在传统银行之外向客户提供的金融服务（CGAP[①]，2011）。无网点银行的实践方式相比传统银行而言更加灵活，它既可以提供传统银行的一些基础性金融服务，也可以提供一些非银行金融机构的更高层次、更为广泛的金融服务。无网点银行的概念有狭义与广义之分，狭义

---

①　CGAP（the Consultative Group to Assist the Poor）为世界扶贫协商小组，是一个由全球 34 个分支组织共同组成的、致力于推进全球范围内普惠金融合作的国际性组织。CGAP 将推进金融普惠，尤其是改善穷人生活、向弱势群体提供金融服务作为其首要的目标。

的无网点银行是银行将一部分业务授权给相应的代理人进行代理，广义的无网点银行则是由账户提供商、交易提供商、移动网络运营商、第三方运营商、代理网络管理者、代理人构成的金融服务链。根据上述定义，本书的无网点银行是指在广义的无网点银行概念下，经过传统银行授权，由各类第三方代理人或代理机构操作，利用数字化技术创新与传统银行业务相结合，以更低成本向金融消费者提供的金融服务。以江苏惠农金融服务站为例，作为打通金融服务"最后一公里"的重要方式，服务站的推行正是无网点银行实践的一个典型案例，这也将是本书中涉及的一类重要的研究对象。

（二）互联网金融

目前在国内外学界，尚未形成对互联网金融给出明确且统一的定义，但国内外学者在互联网金融的核心构成要素、互联网金融的基本属性等方面保持着一致的看法。王斌（2015）认为伴随信息通信技术的高速发展，传统金融业态与之有机融合，二者皆是构成互联网金融的核心要素（见图 1－2）。Berger 和 Gleisner（2009）指出互联网金融是互联网技术与金融业务有机结合的新型金融模式。谢平和邹传伟（2012）指出，互联网金融是依托互联网移动技术，在传统金融基础上形成的一种金融创新。因此众多学者认为，归根结底，互联网金融的本质依旧是金融。但并非所有学者完全赞同上述观点，皮天雷和赵铁（2014）认为，在互联网金融范畴下，金融业本质上也还是一种包含了各类金融产品、知识的信息数据的组合而已，这些数据并非由银行或者其他金融机构生成，最终形成数据的是互联网上的每一个"节点"。

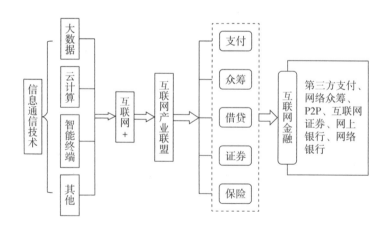

图 1－2 信息通信技术与金融产业的结合：互联网金融①

① 王斌等. 互联网金融＋中国经济新引擎 ［M］. 北京：机械工业出版社，2015.

互联网金融的发展有利于挖掘长尾市场，提升金融效率（王华等，2018），同时可以显著降低传统金融的交易成本（刘澜飚等，2013）。此外，莫易娴（2014）、吴晓求（2014）认为，互联网金融正在倒逼传统银行业进行改革，为中国金融市场带来了更加深远的变革。基于上述研究背景，本书将"互联网金融"界定为以移动支付为基础，在传统金融市场的信息处理机制基础上，依托大数据和云计算技术，通过社交网络识别和传播、收集和组织金融交易过程中交易双方的信息，并形成有序、动态变化的信息序列，最终实现资金融通、支付、投资和信息中介服务的新型金融业务模式。

第三节 理论基础与国内外研究现状

一、金融中介理论

（一）金融中介的概念及功能

"金融"即是资金融通，是一种包含了存取、汇兑资金，发行、流通和回笼货币，发放和回收贷款等多方面的经济活动。而"中介"是指中间媒介，"金融中介"就是在金融市场中为资金供需双方搭建桥梁，充当媒介作用，促使资金顺利融通的个人或机构。"金融中介"通常有广义与狭义之分，广义上的金融中介是指"为供需双方实现资金融通和其他各类金融活动而提供服务的金融机构、场所以及各类可能涉及的金融活动机制和制度安排"；狭义的金融中介是指"从事金融活动或为金融活动提供相关金融服务的机构的总称"。

无论从广义还是狭义的概念来看，机构均是金融中介的基本构成要素之一。但相对金融机构而言，金融中介机构的构成要素更加复杂。各类金融中介机构提供各种不同的金融服务，它们共同构成金融服务业。书中的金融中介公司是指与贷款等金融契约制定相关的服务型机构，它们的设立可以降低各类金融交易成本与风险、促成金融交易契约，并满足各类金融主体的需求。相比之下，金融机构的概念更为集中，不仅主营业务以金融资产的持有、转让和交易为主，其本身的资产构成也主要以金融资产为主，主要的收入来源为各类金融资产交易的收益。

目前，关于金融中介功能的研究已经日渐成熟。金融中介的功能大致包括以下几类：支付结算、吸收储蓄、降低交易和参与成本、信用创造、资本分配、金融市场风险分担等。根据前人研究，本书将金融中介的主要功能进行归纳，分为金融服务的供给功能、金融资源的配置功能、降低金融市场摩擦功能三方面的内容，如图1－3所示。

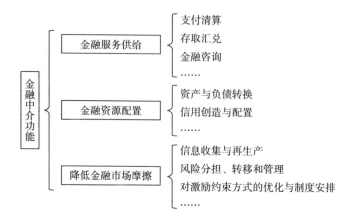

图1-3 金融中介的功能特性

1. 金融服务的供给功能

为金融消费者提供相应的金融服务是金融机构最基础的功能。一般而言，金融机构所提供的金融服务包括存、取、汇、兑、支付清算等基础性的金融服务，同时也包括金融理财、金融信息咨询等非基础金融服务。银行作为早期的金融中介之一，支付清算是其所能提供的最基础金融服务，涉及货币的收入、兑换、保管与记录。随着科技的进步，银行业的不断发展，银行类金融机构逐渐开始尝试头寸清算，即依托信息通信技术建立支付系统，实现银行账户间的资金往来。时至今日，支付清算依旧是金融中介机构最基础且最重要的中介职能之一，各国政府和机构在实践过程中，不仅要确保支付清算的安全性，同时还应注重支付清算效率的提高。

2. 金融资源的配置功能

金融资产的转换，以及信用的创造和配置两项功能共同构成金融资源的配置功能。金融资产的转换是指由金融中介向最终借款人买入初级证券，并为最终贷款人持有资产，发行间接证券（Gurley 和 Shaw，1955），从而实现借贷双方之间资产与负债的转换。金融资产的转换功能可以充分解决资金需求方与资金盈余方之间的供需错配问题，有效提高市场的资金配置效率。另外，信用创造与配置也是金融中介对资源的配置重要功能之一，是指由金融中介吸收小额、分散的货币储蓄，转化为信贷的初始资本，并通过发行债券等方式派生出更多的存款，不断扩大信用总量，最终实现超出其所吸收原始资本的信用创造。

3. 降低金融市场摩擦的功能

在现实的金融市场中，由于信息不对称问题的存在，金融市场摩擦难以被避免。而金融中介机构通过对信息的搜集整合与再生产，对风险的分担、转移和管理，对激励约束方式的优化和制度安排，从而缓解市场中的信息不对称问题，将市场摩擦降至最低。

（二）金融中介的变化趋势："中介化"与"去中介化"

长期以来，众多学者对金融中介未来发展趋势展开了持续的讨论，并围绕金融市场是否应当保留金融中介做了大量研究，即金融市场的"中介化"与"去中介化"问题。要解决这个问题，首先需厘清"金融中介何以存在"。早期的金融中介理论认为，金融中介的存在是为了缓解金融市场中由于信息不对称造成的市场摩擦问题，从而使众多交易者实现规模经济，进而降低他们的交易成本（Gurley 和 Shaw，1955）。因此我们可以做出这样的假设：如果金融市场上的信息不对称可以被大幅度降低甚至彻底消除，供需双方因此可以以低成本甚至"零成本"进行金融交易，金融中介机构就有可能减少甚至消失。当前，随着信息通信技术的高速发展，并被广泛应用到金融市场中，可能会进一步加速上述这种"去中介化"的趋势。

然而，在过去几十年中，依托各类技术手段，金融市场得以不断发展，信息不对称问题得到缓解，交易成本也有所下降。然而金融市场"去中介化"非但没有发生，相反金融中介的种类及数量都有所增加。这一背景下，众多学者重新思考了金融中介存在的根本原因，认为随着金融创新的发生，金融风险与之俱增，而金融中介有拆分风险的功能与优势，可以以低成本将积聚的市场风险分散出去（Merton，1989），因此人们也更加依赖金融中介[1]。

综上所述，新旧金融中介发展理论之所以会出现相反的趋势性判断，是因为金融中介的功能随着科技进步、金融市场变革，而产生了相应的变化。在未来很长一段时间内，即使不会出现完全的"去中介化"，但伴随信息通信技术的迅猛发展，金融中介的形态也会发生深刻变革（谢平等，2015），逐渐出现"脱媒化"的趋势，或者出现局部的"去中介化"趋势。

具体到本书研究中，虽然金融中介机构可以发挥缓解信息不对称，减少市场摩擦，降低交易成本，扩大规模经济等功能，但其在保证可持续经营的过程中，仍然秉持资本的逐利性原则，追求利润最大化及风险可控目标。而在向农村及偏远地区弱势群体提供金融服务的过程中，机构所要面对的信息不对称问题更为严重，所需要负担的交易成本和风险也更高，这些因素无一例外地抑制了金融中介机构功能的充分发挥，甚至迫使金融机构退出这些地区，对上述微观群体实施金融排斥。

---

[1] 金融市场的发展与广泛的金融创新活动，往往伴随更多、更新的金融风险，而金融中介具有转移风险并创新更多金融工具的重要作用。

二、金融与技术进步理论

（一）金融发展中的金融抑制、金融深化与金融约束

金融抑制理论比金融深化理论和金融约束理论更早出现。早期，由于政策干预与金融管制现象比较严重，金融抑制在金融发展过程中普遍存在，市场利率长期以来保持在一个极低的水平。对市场利率的强制压低也会降低资金的配置效率，对金融和经济产生不利影响。

金融深化的概念是在金融抑制理论的基础上提出的。金融深化实质上就是放宽政府管制，尤其是对利率的管制，遵循市场化原则，逐渐提高实际利率水平，鼓励储蓄与投资行为。

金融约束理论认为金融约束是介于金融抑制和金融深化二者之间的一种过渡状态。目前金融深化难以在大多数发展中国家中推行，而作为过渡阶段的金融约束的实践性与可操作性较强。金融约束允许对金融市场进行一定程度的干预和限制，对相关金融部门有相应的制度安排与鼓励措施，允许他们享有创造租金的机会。

从金融抑制到金融约束再到金融深化的过程，与推进中国普惠金融发展进程相一致。回顾中国的金融改革和发展历程，最初我国早期大量的公益性小额信贷的实践正是基于农业信贷补贴理论，而其实质就是一种金融抑制理论的延伸。1997年，我国政府开始对农信社进行改革，并且开始在正规金融机构推行小额信贷业务。但受到亚洲金融危机的冲击，我国政府认识到市场机制并不是万能的，金融市场同样需要必要的政府干预。2005年之后，我国开始了新一轮农村金融改革。改革内容包括增加新型金融机构数量和种类、差异化存款准备金率和监管政策、农业银行成立"三农事业部"等。但从目前来看，改革效果未完全符合预期。这也正为当前进入经济新常态下，我国政府提出大力推进普惠金融发展奠定了相关基础。

（二）信息化趋势下的金融普惠及其功能定位

随着信息通信技术的快速发展及广泛运用，金融交易边界大幅拓展（Grace等，2003），交易成本显著降低（刘海二，2014），金融创新能力、竞争力以及效率得以全面提升（俞立平，2012），最终能够促进经济的有效增长。

结合我国的金融发展过程及发展特点，先后存在过两种不同的金融发展观，即"金融机构观"和"金融功能观"。在传统"金融机构观"的限制下，为了维护金融市场的稳定运行，金融机构及组织往往不惜以牺牲效率为代价，所有行动必须在既定制度框架下完成，这往往会造成金融服务体系功能错位、供需错配等一系列问题。

相比之下，"金融功能观"更符合新时期发展普惠金融的要求，如图1-4所

示。"功能观"认为，金融中介无论以任何形式存在，其存在的意义都是为社会各类群体提供各种各样的金融服务，即强调参与主体金融服务的获得、服务质量的提升，而并非首要考虑金融中介的性质、金融体系的特征等因素。在信息化趋势下发展普惠金融，着重强调以下两点：第一，弱势群体金融服务覆盖面的扩大；第二，金融服务种类的丰富及层次的提高。同时不应忽略以下三个方面的问题：第一，明确普惠金融并非扶贫金融或者政策性金融，要始终坚持市场化导向、顺"市"而为（焦瑾璞等，2014）；第二，普惠金融强调的是金融服务获得的平等性，而非金融资源配置的均等化（蔡闽，2016）；第三，在推进普惠金融过程中，不仅要关注弱势群体基础性金融服务的获得，同时要强调金融服务种类的丰富、层次的提高。

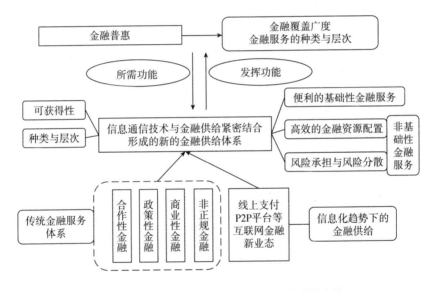

图 1-4　信息化趋势下的普惠金融及其功能定位

三、国内外研究现状

（一）金融服务供给与需求的相关研究

1. 金融服务供给层面的研究

目前关于金融服务供给方面的研究比较成熟，大多数学者围绕金融供给现状、不足及成因、金融组织体系及供给主体、供给方式等多方面展开讨论。随着金融市场日趋成熟，金融供给主体也呈现多元化特征，包括了商业性金融、政策性金融、合作性金融以及民间各类非正规金融在内的各种金融机构。而现阶段，中国的金融市场尚未成熟，农村、偏远地区仍然存在金融服务供给不足、金融资源配置效率低下等问题（沈杰和马九杰，2010；钱水土和许嘉扬，2012）。

（1）有关金融供给现状、不足及成因的研究。金融制度供给是否有效对金融供给水平的高低起到决定性作用（丁志国等，2014；王青文等，2016），同时，金融组织体系的完整程度也会对供给水平产生影响（闫艳，2015；周孟亮，2015）。较为一致的观点认为，我国传统正规金融机构缺乏针对用户真实需求的产品与服务创新，没有充分发挥作用（何广文，2012），长期以来片面扶持正规金融，压制非正规金融（周立，2009）等因素，都会造成我国金融供给不足、效率低下。

以信贷供给为例，程恩江和刘西川（2010）认为，由于资本逐利性，正规金融机构更偏向于生产性投资的贷款供给。而长期以来，大量正规金融机构相继从乡镇撤离，造成我国农村正规金融供给严重不足。在大多数发展中国家，弱势群体通常面临正规金融机构严重的信贷配给不足（Beck 等，2005；周月书等，2013）。这一现象在拉丁美洲和亚洲尤其严重，小农户 2 年以上的长期信贷需求几乎难以被满足（Deininger 和 Okidi，2003）。

（2）从金融组织体系、金融机构特征角度分析金融供给的相关研究。长期以来，虽然更多强调正规金融的作用，但包括民间借贷在内的非正规金融同样不可或缺（沈红丽和李宁，2018）。正规金融部门与非正规金融部门同时构成完整的金融组织体系（Hoff 和 Stiglitz，1990；Tsai，2004）。尤其是在发展中国家，非正规金融部门作为正规金融的一种有益补充，可以满足许多边缘人群的金融需求（钱水土和陆会，2008），正规金融可与非正规金融实现有效链接，双方在合作时可以达到帕累托最优状态，减少成本、增大收益（沈红丽和李宁，2018），并有效地解决弱势群体金融供给不足的问题。

此外，还有研究从金融机构特征角度出发，分析是什么原因造成了金融服务供给的不足。金融机构自身资本实力较低、抗风险能力较弱、技术设备相对落后（张珩和罗剑朝，2015；张云燕等，2016），以及新型金融机构起步晚、竞争力弱、缺乏相关经验（洪正，2011；傅昌銮，2014），加之金融市场上信息不对称问题凸显、缺乏完善的抵押担保机制（高强和张照新，2015；高俊等，2016）等一系列原因，都会造成金融机构供给意愿不足，金融服务能力有限。

2. 金融服务需求层面的研究——基于家庭层面

当前我国金融服务覆盖面在城乡之间、不同地区之间存在较大差异，农村家庭、城镇低收入家庭等弱势群体的金融需求难以得到满足。目前，关于这部分弱势群体金融需求特征、金融需求抑制的研究已经较为丰富。

（1）家庭金融需求特征的相关研究。农村家庭由于居住地点比较分散、收入水平相对不高、生产生活受季节性影响、存在较大自然风险，因而其金融需求呈现出规模小、频率高、季节性等特征。现阶段，随着农村经济的不断发展，农村家庭有提高生产、改善生活的强烈愿望，因此金融需求也日渐多元化。他们除了有存取款等基础性的金融需求外，还有着较为强烈的生产、生活的借贷需求。近年来，越来越多学者开始关注农业经营主体的金融需求特点及变化趋势（何广文，2012）。张照新和赵海（2013）认为，相比传统小农户，家庭农场、专业种养殖大户等新型农业经营主体金融需求更加强烈。他们更容易获得正规金融机构贷款，但是资金满足程度低是制约他们发展的重要因素（蔡海龙和关佳晨，2018）。

（2）有关家庭金融需求受到抑制的研究。长期以来，发展中国家的农户、城镇低收入人群等由于经济基础薄弱、缺乏必要抵押物、信息不对称问题突出等原因，而受到正规金融机构的信贷配给。近年来，我国普惠金融不断推进，通过各种方式加大信贷投放力度，但这些弱势群体仍面临较为严重的融资约束。根据程郁等（2009）的研究，有接近1/3的农村家庭受到正规金融机构的信贷配给。李庆海等（2016）的研究更是显示，在有信贷需求的农户中，受到金融机构融资约束的农户约占66.92%，当前金融供给难以满足小微群体的金融需求。

除了传统金融机构的金融排斥以外，家庭需求的自我抑制问题也普遍存在（苟琴和黄益平，2014；王性玉和胡亚敏，2016）。弱势家庭由于缺乏相关金融知识、必要信息渠道（范从来等，2013），金融机构对该部分群体金融知识普及力度不够，加之农村家庭距离金融机构太远、交易成本过高等一系列因素（程郁和罗丹，2009；张龙耀和江春，2011），都会造成家庭严重的需求自我抑制现象。

（二）金融普惠的相关研究

由于前文已经对普惠金融的概念、发展做了介绍，本节重点对普惠金融的测度方法、国内外普惠金融经验借鉴进行综述。

1. 对金融普惠的界定和衡量的相关研究

早期，以 Sarma 和 Pais（2011）为代表，展开了对普惠金融测度的相关研究。Sarma 和 Pais（2011）选取了银行渗透度、服务可得性、金融服务使用情况三个维度，并在每个维度下选取一系列指标，用来测量不同国家和地区间的普惠金融发展水平。但也有学者认为上述指标体系没有将金融机构服务成本、覆盖广度、实际便利性等内容包含在内，缺乏一定全面性。

此外，包括世界银行（Word Bank）、国际货币基金组织（International Monetary Fund）、普惠金融联盟（Alliance for Financial Inclusion）等在内的国际组织也建立了相应的普惠金融指标体系，对普惠金融的测度做出了一定的贡献。

近年来，国内学者也开始建立相应指标体系对我国普惠金融发展水平进行衡量。焦瑾璞等（2015）借鉴 Sarma 和 Pais（2011）的做法，从可得性、使用情况、服务质量三个维度出发，选用 19 个具体指标来构建指标体系。黄秋萍等（2017）、张珩等（2017）在焦瑾璞基础上增加"承担度"维度，并包含"贷款上浮利率平均占比""银行承兑汇票贴现季平均利率"两项指标。同时也有很多国内学者从金融排斥的角度出发，反向衡量我国不同地区普惠金融发展的程度（许圣道和田霖，2008；王婧和胡国晖，2013；陈莎和周立，2012；郭田勇和丁潇，2015）。

2. 关于国外普惠金融实践经验的相关研究

由于各国经济发展程度不同、文化有所差异，因此各国普惠金融践行模式也不尽相同。印度的普惠金融模式包含以下五种类型：ICICI 合作模式、银行－自助组织团体联动模式、MF－NBFC 模式、银行和小额信贷机构合作模式、银行－邮局模式。除此之外，印度在金融知识传播、银行核心服务的形成、ATM 与 IT 等移动支付终端架构等其他多种形式的金融服务和产品创新上也积累了丰富的实践经验。墨西哥于 2011 年签署《玛雅宣言》，正式做出普惠金融承诺，成立了普惠金融国家委员会，政府为商业性金融机构面向特定客户的贷款提供担保待偿服务，并在银行与证券委员会内部设立普惠金融部，专职推动普惠金融发展。

此外，无网点银行业务的开展，也是国外普惠金融实践的一项重要内容。在偏远的农村地区，往往不便设立银行网点，而随着信息通信技术的发展，无网点银行可以克服金融服务在空间、地理上的障碍，极大地节省金融机构交易成本，拓宽金融服务的交易边界。国外的无网点银行业务一般分为两种类型：以运营商主导的无网点银行和以金融机构主导的无网点银行。无论是哪种类型，都必须依托信息通信技术，采取线上线下相结合模式，并且有代理商参与其中。通过多年的摸索与实践，菲律宾、乌干达、肯尼亚、巴西等国在无网点银行业务上都积累了丰富的经验。

除此之外，发达国家相比发展中国家，经济水平更加发达，金融基础设施建设更加完善，同时也在推进普惠金融的过程中积累了一定经验。其中，英国设立了普惠金融专责小组，并将能够接触到正规金融服务、以可负担成本获得信贷、接受金融机构面对面的理财咨询和建议三方面内容确立为推进普惠金融发展过程中三个首要目标。美国在过去 8 年内，推出了很多新措施来推动普惠金融的发展，包括成立了"普惠金融专家组"，投资建设社区金融机构，加强多边组织对普惠金融建设的重视程度，并由财政部推行"我的退休账户"（myRA）项目等。

3. 关于国内普惠金融的实践经验的相关研究

陆磊（2014）指出，基础的普惠金融应当以合作金融为主，在弱势群体内部形成一定的金融合作，从而解决"富者用杠杆而恒富、贫者贡献存款资源而恒贫"的问题。同时也有学者指出，作为正规金融有益补充的民间组织，也是推进普惠金融的重要力量。这些非正规金融机构的存在，可以扩大金融服务覆盖面，降低正规金融的服务门槛（李明贤，2012；马九杰等，2013；钱雪松等，2017）。

加强金融基础设施的建设是在推进我国普惠金融体系建设中的另一个重中之重，不断加强我国担保体系、征信体系、支付体系等基础设施建设，为社会各类阶层和群体提供更加全面的金融服务，将有利于我国普惠金融发展水平的提升（蔡洋萍，2015）。目前，土地承包经营权抵押贷款正在各地试点并推广，这正是我国对于农村金融担保体系建设的有力尝试。将土地进行资产化可以解决农户因缺乏相应抵押物而受到融资约束的问题，对推动我国普惠金融发展具有重大意义（王曙光和王丹莉，2014）。

此外，财政贴息政策、利率政策、金融机构准入政策、信贷促进政策等一系列政策的出台及法律法规的完善，也会影响我国普惠金融的发展（马九杰，2013）。陆磊（2014）认为，完善的普惠金融的政策支持体系，有利于激励金融机构从事普惠金融业务。

（三）信息通信技术对金融普惠影响的相关研究

信息通信技术的运用对推动经济发展具有一定作用。Grace 等（2003）认为，信息通信技术可以加速资本形成，进而促进经济增长。McMurray（2009）指出，信息通信技术能够扩大金融服务覆盖面，使得原先受到金融排斥的弱势群体可以平等地获得金融服务，同时可以大幅减少交易成本（谢平等，2015；庄雷和周勤，2015），提高金融服务供给水平及效率，风险成本也随之下降。同时有学者认为，信息通信技术驱动下的金融发展与推动我国数字普惠金融实践之间具有较强的相关性（谢平和刘海二，2013；焦瑾璞，2014）。互联网、大数据、云计算、人工智能等信息技术与金融的深度融合，为中国进入经济新常态增添了新的经济增长动力（吴金旺和顾洲一，2018），也为不断推进我国普惠金融发展提供了新的契机。

目前，专门研究信息通信技术对推进普惠金融的研究相对较少，而且大多数研究缺少一定的实证证据。更为具体的，有关信息通信技术对家庭金融服务获得、种类丰富、层次提高的相关研究少之又少。以往文献大多从理论层面分析手机银行、无网点银行以及互联网新兴金融业态对我国普惠金融的影响。

1. 手机银行、无网点银行与金融普惠的相关研究

无网点银行是信息通信技术深度创新与广泛运用的产物，它的出现，有效地扩大了金融服务的覆盖范围，拓宽了金融服务的交易边界，使得原先受到正规金融排斥的弱势群体以可负担的成本，通过使用手机或者前往代理点即可获取到相应的金融服务，交易成本被大幅度降低，金融包容性显著提升。

Ivatury 和 Pickens（2006）在对南非的某一个无网点银行项目进行研究时发

现，这种依托非智能手机即可开展的无网点银行业务在收入水平较低的弱势群体中更受欢迎，且这部分人群表示通过无网点银行业务的使用，可以显著降低他们的金融服务成本。在肯尼亚，人们通过使用 M‑PESA 支付系统，可以轻易实现资金的电子流动，消除资金转移在空间、时间上的障碍，同时，M‑PESA 还具备储蓄功能，极大地便利了人们的生产与生活。

此外，国内学者针对无网点银行也进行了相关的研究。柳金平（2012）指出，无网点银行业务不需要在农村地区开设分支机构，而通过手机等现代通信设备及合作协议即可开展业务，拓展了银行的业务空间。何光辉和杨咸月（2011）认为，手机银行的成本更低，且为需求主体节约了大量的交通成本、时间成本等，手机银行的推行有助于中国普惠金融的发展。还有学者认为，依托信息通信技术开展的无网点银行业务，可以有效降低金融排斥（田杰和陶建平，2012），为边缘人群提供普惠金融服务，打通金融服务的"最后一公里"，同时也可以提高金融机构的效率与福利（孟凡征等，2014）。当前，智能手机在农村地区、偏远地区尚未完全普及，POS 机、ATM 机、农村金融综合服务站等设备是提供普惠金融最便捷的渠道。随着信息技术的发展，智能手机的普及，以手机银行为代表的移动金融将成为未来农村地区发展普惠金融的主力军。

2. 数字金融（以 P2P 为例）与金融普惠的相关研究

P2P 采用金融脱媒的方式，为借款人和贷款人之间搭建了一个无须提供抵押担保，通过平台即可简单快速完成借贷交易的桥梁。它的出现，极大地提高了全社会的资金使用效率。在理论方面，王博等（2017）指出网络借贷作为信息中介，重塑了金融组织的形态，是实现普惠金融的有效途径。阎沐杉（2018）认为，P2P 门槛低、收益高、快速便捷，其发展目标与普惠金融的精神相契合，可以有效解决小微主体融资难困境，有利于我国普惠金融的发展。

在实证方面，有关 P2P 网贷的研究主要集中在借款人融资可得性、借贷违约以及借贷平台研究三个方面。

（1）有关借款者融资可得性的研究。比较一致的观点认为，借款人的"硬"信息和"软"信息都会对其融资效率发挥作用。对于借款人的"硬"信息而言，Lin（2009）认为，借款人的信用等级越高，越容易获得贷款。此外，也有学者从借款标的信息（如借款金额、借款期限、借款利率）（Puro 等，2010）、借款人特征（性别、年龄、身份、学历、种族等）出发研究借款人的融资可得性。对于借款人的"软"信息而言，根据张正平等（2015）的研究显示，朋友的投标、小组成员的身份对借款人社会资本的可信度有显著影响。

（2）有关借贷违约的研究。近年来，虽然 P2P 网贷得到迅猛发展，但其风险也逐渐暴露，大批平台相继出现逾期、违约、倒闭、跑路现象，因此有必要对借款人违约因素进行研究，以有效防范平台风险的发生。王书斌等（2017）认为借款人主观及客观的违约行为、参与者之间交易信息不对称、网贷平台信用管理水平有限等因素都会造成 P2P 网贷违约现象的发生。具体到对借款人特征的研究，李杰和刘露（2018）指出借款人的还款能力（收入、支出、资产）、还款意愿（性别、借款额度、借款金额以及拖欠金额）、线上浏览行为等都会对违约风险产生一定影响。

（3）有关 P2P 借贷平台的研究。Berger 和 Gleisner（2009）提出，网贷平台可以为借贷双方提供有效、便捷的信息，帮助他们缓解信息不对称问题。Garman 等（2008）对借贷平台的拍卖模式进行了研究，发现通过拍卖模式所确定的利率定价基本合理，能够较真实反映风险。

（四）对已有研究的评述

当前，普惠金融得到了大力推行与发展，但金融排斥以及金融"不普惠"现象在中国甚至全世界范围内依旧存在。有关金融机构服务供给不足、弱势群体金融需求难以被满足、通过信息通信技术推动普惠金融发展等研究为本书写作奠定了基础，但仍有一些问题值得注意：

第一，目前关于信息通信技术推动普惠金融发展的相关研究相对而言不够成熟，少数的几篇文献只是从理论的角度进行分析，对其背后的影响机制也没有得出统一的观点。由于相关数据难以获得，此方面的实证研究相当匮乏，很难将信息通信技术推动普惠金融发展的微观机理说清。

第二，相关研究已经证明，农村家庭、城镇低收入家庭等弱势群体除了有基础性的金融需求外，也有获得更加丰富种类、更高层次金融服务的愿望。同时，也有研究证明，这部分群体存在需求的自我抑制现象。但是，如何缓解弱势群体的需求自我抑制，激发他们潜在的金融需求，并转变为实际的金融服务获得，相关研究还比较匮乏。

第三，目前关于如何扩大金融服务覆盖面的研究已经相对成熟，但缺少如何提高弱势群体金融服务获得种类和层次的相关研究。从家庭金融服务获得的视角切入来研究金融普惠的相关问题，尤其是分析信息通信技术是否以及如何对家庭金融服务获得的种类和层次产生影响的研究也较少见。

第四节 本书的基本内容与研究设计

本书立足信息化趋势下普惠金融发展的现实背景，首先阐释普惠金融和信息技术的概念起源、内涵演变，梳理国内外相关研究的新进展，并以此为基础，从宏观和微观两个层面对信息技术与普惠金融发展之间的关系展开研究，最后结合研究结论分析信息化趋势下普惠金融发展的路径并提出相应的政策建议。本书分为三大核心部分，分别是：

第一大核心部分，在宏观层面，围绕"信息化"与"普惠金融"两者之间的关系展开。首先，基于金融供给侧改革的政策背景阐述信息化趋势下普惠金融体系建设的重点和思路。其次，构建县域普惠金融发展评价体系，评价县域普惠金融发展的现实情况。最后，研究信息技术对区域普惠金融发展的影响，具体而言，从分析市场供需均衡在信息化趋势下如何实现开始，进而解释信息技术影响普惠金融发展的机制，随后结合相关实证研究进一步佐证研究的结论。

第二大核心部分，在微观层面，围绕"信息技术使用"与"金融可得性"两者之间的关系展开。该部分作为本书的重点内容，又细分为多个二级子部分。其前后的逻辑关联是：首先，从微观需求层面分析我国普惠金融发展的现实情况并探究金融普惠的微观群体差异；其次，探讨普惠金融需求方——微观家庭与小微企业在信息化趋势下金融需求的变化。在微观家庭层面，信息化趋势一方面拓宽了家庭获取信息的渠道，使其更多地了解金融信息，并作用于家庭自身的禀赋特征，如金融素养等，对其金融市场的参与行为产生影响；另一方面降低了获取金融服务的成本，使得金融服务目标得以下沉，提高了金融可得性。此外，信息技术水平的提高也可能激发家庭潜在的金融需求，除了信息渠道的刺激作用外，随着信息技术与传统金融产品的结合，出现了丰富的数字金融产品，同样带来家庭的金融普惠，为此实证研究分析了家庭对数字金融产品的接受意愿和响应程度。在小微企业层面，当前小微企业融资难、融资贵的问题依旧严峻，且小微企业受到的信贷配给不仅来自供给方拒绝其信贷申请导致的供给方信贷配给，还来自需求主体主动放弃贷款申请所造成的自我信贷配给。当前信息化趋势下，出现了数字金融新业态，经过历时近6年时间的培育、发展和整顿，网络融资平台对缓解小微主体融资困境已经有了不容忽视的作用。为此，本书提出了互联网融资平台缓解小微企业融资困境的一个分析框架。

第三大核心部分，我们发现在研究期内，在信息化趋势下，金融普惠的形式、路径也有了更多的趋势性变革——由此引发我们对信息化趋势下普惠金融发展外延的研究。研究期内，我们越来越注意到，信息技术的促进作用对普惠金融发展很重要，深刻影响着供给方的服务模式及需求方的金融需求及市场参与意愿，但并不是唯一决定因素。特别是对于农村普惠金融而言，传统路径以及依托传统普惠金融路径的边际创新同样重要，这一过程中，"银保互联"、光伏贷、阳光信贷等作为重要的产品创新模式，对于实现农村生产经营主体的普惠金融（特别是提高正规信贷获得性方面）具有积极作用，对此本书进行了深入的案例研究。

第二章　农村金融供给侧结构性改革与普惠金融体系建设

经济发展过程中不同领域内的改革调整因其互补性而成为一个有机整体，尽管过去四十多年来中国的经济增长取得了世界瞩目的成就，但某些领域的"短板"依然存在，或将成为下一步经济发展的障碍。2015年11月，习近平总书记在中央经济工作会议上提出以"三去一降一补"为重点的"供给侧结构性改革"，强调要在不同领域内进行结构性调整，补齐中国经济发展短板。推进供给侧结构性改革是适应和引领经济发展新常态的重大创新，直接影响到各领域工作重点的转变。直到目前为止，农村金融仍然是我国金融体系中最薄弱的环节，主要表现在农村金融市场供求不平衡，农村金融服务覆盖面以及供给规模、服务质量不足，农村金融适度竞争局面还没有形成。与城镇地区相比，农村"融资难""融资贵"问题尤为突出。2016年中央一号文件提出，要加快构建多层次、广覆盖、可持续的农村金融服务体系，发展农村普惠金融，降低融资成本，全面激活农村金融服务链条。在经济发展新常态下，伴随互联网信息技术的普及和渗透，农村社会生产组织形式出现多样化、智能化、专业化、小型化的趋势，农村经济发展需要更加开放、便利的普惠金融体系，服务于小微企业、新型农业经营主体以及低收入群体。

信息化趋势下普惠金融的发展目标在本质上与政策供给尤其是制度供给的目标之间是存在内在耦合机制的，农村金融供给侧结构性改革不仅仅是普惠金融建设过程中所需要适应的新变化，两者之间的目标耦合与发展路径也存在共性，未来在补全农村金融发展"短板"的过程中，应以构建可持续的农村普惠金融体系为长远目标。本章首先厘清农村金融供给侧改革与普惠金融体系建设之间的内在联系，然后重点分析我国农村普惠金融发展的重点难点问题，最后从制度变革和技术创新两个层面，结合普惠金融体系建设，提出现阶段我国农村金融供给侧改革的重点和思路。

第一节　实现普惠金融是农村金融供给侧结构性改革的主要目标

供给侧结构性改革的实质是通过对供给端的结构性调整实现资源优化配置与解放生产力。随着经济新常态的到来，我国社会经济增长正在从投资驱动向消费驱动转型，这一转变需要能够为所有消费者和所有具有小型化、专业化、丰富化特点的小微企业提供服务的普惠型金融。让每一个消费者和小微型经济主体得到可负担的金融服务，是金融供给侧结构性改革的重要组成部分。

联合国把普惠金融（Financial Inclusion，亦翻译为包容性金融）定义为能有效、全方位地为社会所有阶层和群体提供服务的金融体系。这一概念最早被联合国用于"2005 国际小额信贷年"的宣传中，后被联合国和世界银行大力推行。我国于 2006 年正式引入了普惠金融概念。2015 年的政府工作报告明确指出，普惠金融是立足机会平等要求和商业可持续原则，通过加大政策引导扶持、加强金融体系建设、健全金融基础设施，以可负担的成本为有金融服务需求的社会各阶层和群体提供适当的、有效的金融服务，并确定农民、小微企业、城镇低收入人群和残疾人、老年人等其他特殊群体为普惠金融服务对象。可以看出普惠金融服务对象主要集中于农村地区，因此农村普惠金融体系建设尤其受到政府和社会的关注和重视。普惠金融体系建设至少包含了两个层面的内容：宏观上要求建立一整套的监管体系和法律体系，以及相应的金融基础设施；微观层面要有多元化的金融服务供给主体，面向所有客户提供多样化的金融服务。

农村金融供给侧结构性改革的最终目标是要缓解农村金融市场上长期存在的供需不均衡的矛盾，以新理念、新技术降低金融服务成本、扩大金融服务覆盖面、提升金融服务质量，解决农户和小微型经济主体金融产品和服务的可得性和便利性问题。这与农村普惠金融体系的目标是一致的，高效率、可持续、包容性的普惠金融体系意味着农村金融机构运行稳健、发展可持续，才能长期为农村的家庭和企业提供价格合理的各种金融服务。此外，农村金融供给侧结构性改革强调通过提升供给体系的效率来实现农村金融的可持续发展，本质上与 G20 杭州峰会所提出的"数字普惠金融"内涵高度一致，即在保持金融机构运行稳健的基础上以更高效的创新技术手段向社会各阶层提供高效率、低成本的金融服务。因此，建设高效率、可持续、包容性的普惠金融体系是当前我国农村金融供给侧结构性改革的内在要求和核心目标。

第二节　农村普惠金融体系建设的重点难点问题

改革开放以来，我国农村金融领域的改革一直没有停止过，改革的总体目标是针对农村金融需求的特点，构建功能完善、分工合理、产权明晰、监管有力的农村金融体系。尤其是 21 世纪开始至今，围绕农村金融市场准入以及新旧机构的改革，政府相继出台了一系列政策和改革措施，投入了大量资金。尽管改革伊始没有明确提出普惠金融体系建设，但改革意图始终在于引导金融机构服务于农业、农户及小微企业，要求农村金融机构"支农支小"。迄今为止，伴随着农村金融机构网点的增加，农村的存款和汇款等基础性的金融服务已基本解决，但重点、难点问题依然聚焦在融资问题上，农村小微企业、农户始终觉得贷款难、贷款贵。

一是政府主导的制度变革尚未形成一个竞争性的、鼓励金融创新的农村金融体系，不符合普惠金融可持续发展的内在要求，农村普惠金融体系建设需要以更加市场化的方式推动。

21 世纪初由政府主导的自上而下的农村金融改革主要围绕着农村金融机构设立准入及其自身商业化方向展开，主要包括 2003 年开始的农村信用社产权、公司治理改革；2005 年农业发展银行拓宽支农领域；2007 年农业银行面向"三农"改革以及邮政储蓄开始在农村地区开展信贷业务等。尤其是 2006～2008 年间，银监会、中国人民银行相继颁布了《关于调整放宽农村地区银行业金融机构准入政策的若干意见》《关于小额贷款公司试点的指导意见》和《关于鼓励和引导民间资本进入银行业的实施意见》，试点设立包括村镇银行、贷款公司、农村资金互助社以及小额贷款公司等新型农村金融服务机构，开始改变农村信用社相对垄断的局面，逐步形成了多种金融机构并存的农村金融机构体系，一定程度上缓解了农村地区金融机构网点覆盖率低、金融组织机构不足问题。然而，无论是已有的农村存量金融机构，还是新增的新型农村金融机构，都需要面对农村金融市场的"高成本、高风险"。金融产品和服务不同于那些独立于客户的标准化产品，金融是基于用户的服务，所服务对象的风险程度、风险承受能力直接影响金融供给的意愿和价格。一般商品可以通过价格的调整来解决供给和需求的问题，而金融机构如果提高价格（利率），可能会带来高风险客户，甚至会改变原来客户的风险偏好，给金融机构造成损失。因此，农村普惠金融发展离不开一个鼓励金融创新、有效监管的金融体系，农村金融机构需要在竞争性市场环境下不断进行金融创新，才能真正提供可持续的普惠金融服务。

目前农村金融领域的一些制度设计、监管和资金扶持政策对促进普惠金融发展、鼓励机构增加信贷供给、金融创新作用有限。诸如对农信社等金融机构的"涉农贷款增量不低于上年、增速不低于贷款平均增速"等"支农支小"的强制性要求和奖惩制度与金融机构商业化的经营目标之间不相容,其达到的效果有限,还影响了农村金融市场的有序竞争,农村金融机构对金融产品、服务方式以及技术创新的动力不足;再如农村金融体系需要政府财政资金的投资,目前非市场化的信贷补贴政策和财政支持政策,成本巨大而效果不佳,还有可能诱发更多的"设租"和"寻租"行为,进一步导致贪污腐化并扭曲市场机制。

二是金融创新不足,农村金融供给成本高企、效率低下的状况并没有得到实质性改变。农村普惠金融体系需要通过技术创新降低运行成本、提高服务效率。

21 世纪初开始的农村金融市场和机构改革与创新,并没有从根本上改变农村金融困境,农村金融改革还需要深入到微观层面。2008 年 10 月,中国人民银行和中国银监会联合发布《关于加快农村金融产品和服务方式创新的意见》,并迅速在全国范围内推进农村金融产品和服务的创新试点;2010 年 7 月,继续发布《关于全面推进农村金融产品和服务方式创新的指导意见》,微观层面的农村金融产品和服务方式创新在全国范围内展开。时至今日,微观层面的改革实践取得了一定成效,农村金融产品和服务方式呈现出多元化的趋势。金融机构结合自身特点,通过设立小微企业金融服务的专营部门,创新信贷产品,适应农村不同经济主体的贷款需求;创新贷款担保方式,扩大有效抵押担保品范围,提高农户和小微企业信贷可得性,创新贷款技术和流程防范信贷风险。同时各地政府在推动农村金融生态环境建设,小微企业和农户信用建档率逐年提高。

然而迄今为止,农村金融市场供需不均衡并没有得到根本改善,尤其是农村小微企业、农业生产经营者以及微型商户的信贷需求依然难以得到满足,农村金融运行中的信息不对称、交易成本过大、抵押品缺乏的系统性缺陷,阻碍了普惠金融的发展,需要通过技术创新分散、降低金融机构的风险和成本。从目前农村金融机构的实际情况来看,技术创新存在两方面的问题:一是尽管农村金融体系中机构种类增加,但由于农村市场竞争机制以及人才技术方面的弱势,大多数机构依然依赖传统信息技术和贷款技术,使得机构在产品创新和服务方式的创新受到限制;二是对现代信息技术(包括互联网、移动互联等)的利用不足。当前基于互联网的各种新兴产业,尤其是数字金融业态对农村传统金融产业带来了机遇与挑战。互联网、大数据、云计算为农村金融体系降低运行成本、扩大服务覆盖面提供了可能性和新的路径,可以克服农村地理空间障碍,改变地理位置偏远带来的服务难问题。目前农村金融机构在创新实践中对信息技术的重视和运用程度不高,农村与城市之间数字化基础设施水平的差距,影响了数字技术对农村普惠金融发展的推动作用。

第三节　农村金融供给侧结构性改革的思路与重点

当前我国农村经济发展需要更加开放、便利的普惠金融体系，更好地服务小微企业、新型农业经营主体以及低收入群体。表面上看，我国一直以来农村金融改革的制度安排和政策意图与当前普惠金融体系建设一样都具有"包容性"，即覆盖农村所有家庭和企业，尤其关注小微企业、低收入农户等弱势群体。但区别在于过去的农村金融改革的制度安排更多地强调为实现"均等化"而进行改革，本质是一种对资源要素的强制性再分配，是一种将强势或半强势群体的金融资源转移支付给弱势群体的过程；而普惠金融体系建设虽然强调社会各个阶层的平等性，但承认不均等存在有一定的合理性，不把转移支付作为改革调整的主要手段，也不进行强制性的资源再分配，而是试图通过更加灵活的资源配置和更高效的技术手段（如信息技术的运用）来寻找共同利益，充分体现"包容性"并实现普惠。基于上述思路本章认为，伴随互联网信息技术不断地融入金融创新，新常态下农村金融领域的供给侧改革，应着重从制度变革和技术创新两个方面推进农村普惠金融发展，在坚持包容性的同时，注重提升农村金融体系的效率和可持续性，建设包容、有序、健康、可持续的农村普惠金融体系。

一、制度层面：市场化促进农村普惠金融可持续发展

（一）鼓励有序竞争，市场竞争是推动普惠金融发展最重要的动力

经过多年的改革之后，农村金融市场上机构的种类和数量相比过去都有很大程度的增加，但自上而下的制度变革在一定程度上抑制了机构的创新动力，亟须营造更加良性、有序的竞争环境，以提高整体金融资源的配置效率。制度安排应有利于鼓励机构创新贷款技术、风险识别和风险管理，在适度的竞争环境下提高机构的金融供给效率，减少直接给予机构的奖补形式。

（二）科学适当监管，加强信用环境建设，建立完善广覆盖的征信体系

农村金融面临着很多方面的风险。一方面是农业本身的弱质性带来的自然风险，另一方面是我国农村信用基础薄弱，缺乏完善的信用体系。因此，当前的农村金融风险的防范既要发展农业保险等配套体系，还要进一步创新农村信用担保机制，尤其是尽快建立和完善农村征信体系，控制因信息不对称导致信用风险的发生和传递。

二、技术层面：技术驱动改变农村金融体系运作高成本和低效率

（一）通过技术创新扩大金融服务覆盖面，提高金融供给的质量与效率

在竞争性农村金融市场发育早期，为了提高农村金融服务的覆盖面，农村金

融改革政策主要侧重于增加组织机构的供给，即所谓的"增量"改革，现阶段从农村金融供给侧的问题来看，农村金融服务的供给质量和效率成为改革的重点。农村金融机构应积极适应新形势新环境，应用新技术，以新理念、新工具、新模式加强风险防控，降低业务成本，拓展服务范围，有效率地提高普惠金融程度。数字技术的革命，即我们常说的"互联网＋"，为解决普惠金融的成本和效率问题带来了前所未有的可能性，大数据及人工智能技术使信息收集、风险甄别的有效性大大提高，云计算降低金融机构的运行成本并提高服务效率。

（二）充分利用现代信息技术，打造"互联网＋农村普惠金融"

供给侧结构性改革对农村金融机构创新能力提出了更高的要求，在大众创业、万众创新的浪潮中，伴随互联网技术的普及和渗透，社会生产组织形式出现小型化、专业化、智能化趋势，对普惠金融的需求更加迫切。改革需要不断加强农村金融基础设施建设，尤其是随着现代信息通信技术的不断发展，移动金融在信息获取、传输、共享的效率和成本方面具有优势。自 2005 年全面推进信息化建设至今，我国已经具备了通过发展移动金融和手机银行推进普惠金融的基础条件。借助现代移动互联网技术，能够降低普及基础性金融服务的成本，缩小城乡金融服务质量的差距。此外，推动以规制、技术为中心的基础设施建设，发展基于现代信息技术的普惠金融路径，"互联网＋电商＋金融"模式在农村地区有着广阔的发展空间。

第三章 县域普惠金融发展水平评价

——以江苏省为例

第二章从宏观层面分析了我国普惠金融发展的重点难点问题，并从制度变革和技术创新两方面提出金融供给侧结构性改革背景下普惠金融体系建设的思路。本章进一步从县域银行类金融机构切入，构建县域普惠金融发展评价体系，以江苏省为例评估县域普惠金融发展整体趋势以及地域间的差异，从供给方详细描述普惠金融发展的现实情况。

第一节 县域普惠金融发展的内涵

近年来，我国政府高度重视普惠金融体系的构建。2013 年 11 月，《中共中央关于全面深化改革若干重大问题的决定》中明确提出"发展普惠金融"。2015年初，中国银监会专门成立普惠金融部，负责推进银行业普惠金融工作以及融资性担保机构、小额贷款公司和网络借贷等新金融业态的监管。普惠金融引起我国政府部门高度关注的重要原因在于：虽然中国的普惠金融服务取得了积极的进步，但是仍与经济社会发展的要求和社会的期待有很大差距。同时，从地域分布来看，相比于城市地区，我国普惠金融在县域范围内依然是最为薄弱的环节，具体表现为：县域地区金融基础弱、金融服务成本高；金融服务的覆盖面和渗透率不足；低收入群体难以获得金融服务；小微企业融资难、融资贵问题持续存在；小型社区类金融机构数量不足；等等。持续存在的收入差距和贫困问题，促使政府意识到制定新政策的必要性，大力发展普惠金融已被理论和国际实践证明能够实现这样的政策目标。发展普惠金融是当前和今后一个时期中国金融改革的重要内容之一。本章认为，大力促进县域普惠金融的发展对于迅速提升我国普惠金融发展程度至关重要。

2007 年以来，江苏省政府在县域范围内出台一系列普惠金融改革措施，例如，放宽县域农村金融市场准入并允许县域农村金融机构跨区域经营、在农村地区实施农村支付结算"快通工程"、农村金融综合服务站全覆盖计划以及面向低收入家庭的扶贫贴息贷款政策等，县域普惠金融发展经历了一个快速发展的阶段。此外，江苏县域之间经济金融发展水平的差异性也为观察县域普惠金融发展水平提供了良好的样本。基于此，本章拟基于江苏 2011～2014 年 52 个县（市）样本，构建县域普惠金融发展评价体系，评价县域普惠发展水平并观察其动态趋势，为进一步完善相关制度提供理论和政策指导。

第二节　江苏县域普惠金融发展概况

普惠金融体系于 2005～2006 年的"国际小额信贷年"期间由联合国和世界银行扶贫协商小组正式提出。普惠金融体系的基本内涵是指能有效、全方位地为社会所有阶层和群体提供服务的金融体系。普惠金融的本质是能够确保为每一个人和所有需要这些服务的人提供一系列适当的、容易理解和使用的金融服务。普惠金融着重强调以下四个方面的内容：①所有家庭和企业以合理的成本获取较广泛的金融服务，包括开设账户、存款、支付、汇款、信贷、保险甚至理财等。②金融机构稳健，要求内控严密、接受市场监督以及健全的审慎监管。③金融业实现可持续发展，确保长期提供金融服务。④增强金融服务的竞争性，为消费者提供多样化的选择（周小川，2013）。其中，家庭和企业的金融可得性尤其受关注。

自普惠金融的概念提出以来，世界银行、国际货币基金组织、亚洲发展银行和 G20 等国际机构和多边组织均高度重视普惠金融的发展及其在减少贫困和促进经济增长中的作用。目前全球已有 50 多个国家承诺推进普惠金融体系建设，并列出了路线图和时间表，主要目标是实现为所有工作年龄的人群普及金融服务，目前许多国家已经取得重要进展。2015 年 11 月 16 日，G20 领导人安塔利亚峰会公报发布，该公报将普惠金融作为当前可持续发展的重点领域予以支持，充分体现了普惠金融对于促进全球可持续和平衡增长的重要意义。世界银行扶贫协商小组和中国普惠金融工作组 2012 年对中国普惠金融状况的评价表明，尽管中国普惠金融发展有所改善，但还不充分：银行账户和银行卡的使用如今已很普遍，但仍未覆盖至最贫困人口，64% 的成年人拥有银行账户，银行卡普及率已达到35%，最贫穷的 1/5 人口中只有 39% 拥有银行账户；尽管近年来农户贷款和中小企业贷款有所增长，但远未满足市场有效需求，有 58% 的农户和 16% 的中小企业能获得银行贷款；即使是经济发达地区，农户、流动人口、城市贫困家庭以及小微企业的金融获得状况亦不甚理想。

具体到县域地区，放宽县域农村金融市场准入、增加农村金融机构网点覆盖是我国政府推动县域普惠金融的主要政策之一。以江苏省为例，截至 2014 年底，江苏县域地区共有银行网点 7024 个，平均每个县（市）有 135.07 个银行网点。2014 年底，县域金融机构存款余额 36105.40 亿元，同比增长 8.45%；受到整体经济形势的影响，贷款余额同比下降 1.23%，为 26720.27 亿元。随着江苏农村支付结算"快通工程"[①] 的实施，ATM 机和 POS 机数目同比增长 12.96% 和 21.65%，数量分别达到了 22300 台和 596305 台，有力地提高了农村支付体系现代化水平。在金融网点覆盖率方面，2010 年，江苏县域已实现乡镇银行网点全覆盖。为进一步实现基本金融服务覆盖至所有村庄，2014 年江苏开始实施"农村金融综合服务站全覆盖"计划，要求"大力支持农村金融综合服务站建设"，截至 2014 年底，江苏共设立农村金融综合服务站 8752 个，分布密度达到 0.58 个/村，高于 2013 年底 0.26 个/村的密度。此外，为促进金融扶贫和降低贫困农户融资成本，近年来江苏不断加大扶贫贴息贷款支持规模，2014 年末贷款余额达到 22.43 亿元，其中 18.76 亿元投向经济相对欠发达的苏北地区。

第三节　县域普惠金融发展评价指标体系

现有从宏观层面测度和评价各个国家（或地区）普惠金融程度的相关研究处在不断发展和完善的阶段。Sarma 和 Pais（2011）运用人类发展指数（HDI）法，以银行渗透度、金融服务可利用性和使用状况为主要指标，对世界范围内 98 个国家的普惠金融发展情况进行跨国比较。类似地，国际货币基金组织（IMF）、普惠金融联盟（AFI）从正规金融服务的可得性、使用情况等维度设计普惠金融指标，世界银行（WB）设计的全球普惠金融核心指标主要按银行账户的使用情况以及储蓄、借款、支付、保险等具体业务分类来评估普惠金融情况。2013 年，普惠金融全球合作伙伴（GPFI）制定了更全面的普惠金融指标体系，并指出普惠金融应从三方面衡量：金融服务的获取、金融服务的使用和金融服务质量。

本章在国际认可的指标设计原则下，根据我国经济金融发展的现实状况，围绕普惠金融发展的目标，建立与之相匹配的指标体系。具体而言，评价体系的维度主要遵循普惠金融全球合作伙伴（GPFI）的框架，包含"金融可得性""金融服务使用情况"和"金融服务质量"3 个维度，同时考虑到我国县域经济和转型

---

① 农村支付结算"快通工程"是农村金融体系建设的重要组成部分，主要由金融机构网点设置等基础设施以及支票、汇票、本票和银行卡转账系统衔接等构成，目的是降低农村居民存取款的成本，提高农村支付的现代化水平。

经济的特征，增加一些符合县域经济金融实际的指标，例如助农取款代理点覆盖率、农户和小微企业正规贷款获得率、城乡个人和企业征信档案建档率等，此外还兼顾指标数据的可得性、可持续性和稳健性，最终形成包括22个指标的综合评价指标——普惠金融发展水平评价指标体系如表3－1所示，以科学合理地测量县域普惠金融发展水平及其差异性，进而反映县域普惠金融发展过程中存在的问题与难点。

表3－1 县域普惠金融发展评价指标体系①

评价维度	指标名称	指标说明
金融可得性	每十万人拥有的商业银行网点数	商业银行网点数/县域人口数（单位：个）
	每千平方千米的商业银行网点数	商业银行网点数/县域土地面积（单位：个）
	每十万人拥有的ATM机数	ATM机数/县域人口数（单位：个）
	每千平方千米的ATM机数	ATM机数/县域土地面积（单位：个）
	每十万人拥有的POS机数	POS机数/县域人口数（单位：个）
	每千平方千米的POS机数	POS机数/县域土地面积（单位：个）
	每十万人拥有的金融服务人员数	金融服务人员数/县域人口数（单位：个）
	助农取款代理点覆盖率	助农取款代理点村数/县村总数（单位：%）
	银行卡联网通用率	县域银行卡跨行通用比率（单位：%）
金融服务使用情况	银行个人结算账户人均开户量	个人结算账户开通数/县域人口数（单位：个）
	拥有银行卡的成年人比例	拥有银行卡成年人数/县域成年人数（单位：%）
	电子银行人均开通账户数	电子银行开通数/县域人口数（单位：个）
	电子银行人均活动账户数	电子银行活动数/县域人口数（单位：个）
	农户正规贷款获得率	获得正规贷款的农户数/农户总数（单位：%）
	小微企业正规贷款获得率	获得正规贷款企业数/企业总数（单位：%）
	农户贷款户均贷款额	农户贷款额/农户总数（单位：万元）
	小微企业贷款户均贷款额	企业贷款额/农村企业总数（单位：万元）
	农业保险覆盖率	参保农户数/县域农户总数（单位：%）
金融服务质量	城镇地区个人信用档案建档率	城镇个人信用档案建档数/总人数（单位：%）
	农村地区个人信用档案建档率	农村个人信用档案建档数/总人数（单位：%）
	企业信用档案建档率	企业信用档案建档数/企业总数（单位：%）
	金融服务投诉率②	投诉次数/县域人口数（单位：次/万人）

① 在使用因子分析法时，为了保持变量描述普惠金融的方向性一致，对金融服务投诉率，取该变量的倒数进入模型。

② 在使用因子分析法时，为了保持变量描述普惠金融的方向性一致，取该变量的倒数进入模型。

一、金融可得性

可得性反映获取正规金融服务的能力以及开立和使用账户的潜在障碍。银行分支机构和服务网点的覆盖面增加使得家庭能够更为方便地获得金融服务，而ATM机、POS机和助农取款代理点的覆盖面增加则有助于其获得基本银行服务（如银行转账、支付）的便利性。本章使用每十万人拥有的商业银行网点数、每千平方千米的商业银行网点数、每十万人拥有的ATM机数、每千平方千米的ATM机数、每十万人拥有的POS机数、每千平方千米的POS机数、每十万人拥有的金融服务人员数、助农取款代理点覆盖率、银行卡联网通用率分别代表商业银行网点密度、ATM机密度、POS机密度和金融服务人员与产品密度，从而衡量江苏县域金融服务可得性水平。

二、金融服务使用情况

使用情况反映了金融服务和产品的实际使用情况，本章使用了银行个人结算账户人均开户量、拥有银行卡的成年人比例、电子银行人均开通账户数、电子银行人均活动账户数、农业保险覆盖率等指标分别代表江苏县域银行账户、电子银行、农业保险的使用情况。进一步地，考虑到农户和小微企业贷款主要是用于投资，而对这类群体的信贷供给对于增加就业和促进经济包容性增长至关重要，但是一直以来，农户和小微企业贷款难是普惠金融发展面临的主要难题，如何解决农户及小微企业融资难和融资贵是普惠金融发展真正的难点。因此，本章使用农户正规贷款获得率、小微企业正规贷款获得率、农户贷款户均贷款额、小微企业贷款户均贷款额等指标来评估农户与小微企业的贷款使用情况。

三、金融服务质量

在金融发展过程中，金融生态环境的重要性日益显现，信用体系等金融基础设施建设对于拓展金融服务发挥举足轻重的作用。本章使用县域城镇地区个人信用档案建档率、农村地区个人信用档案建档率、企业信用档案建档率等指标考察县域金融服务质量的差异性。一般认为，金融服务投诉率能够反映出对金融服务需求者合法权益的保护程度，在此基础上，本章添加了金融服务投诉率这一指标。

进一步地，本章选取因子分析法对以上指标进行合成。因子分析法是探讨在相关关系的变量之间是否存在不能直接观察到但对可观察变量起支配作用的潜在因子的分析方法。本章利用江苏县域普惠金融发展数据库，计算各县域普惠金融发展指数，进而对其进行比较分析，最终揭示江苏县域普惠金融发展整体情况及其特征。

第四节 普惠金融评价体系在江苏县域的应用

一、普惠金融发展单维度评价比较分析

考虑到县域普惠金融指标数据的可得性、可持续性和稳健性，江苏农村金融发展研究中心于 2015 年建立了 2011 ~ 2014 年江苏县域普惠金融发展数据库①。该数据库根据江苏统计局、中国人民银行南京分行、江苏银监局和江苏省政府金融工作办公室等部门相关统计数据构成，涵盖了全省 52 个县（市）的普惠金融发展情况数据，包括银行机构和非银行机构经营情况及其对农业、农村和特定群体的金融服务覆盖情况以及无网点银行覆盖、银行卡发行、农业保险覆盖率和信用体系等金融基础设施建设情况等指标和信息。基于上述县域普惠金融发展评价指标体系，结合江苏县域普惠金融发展数据库，该部分从金融可得性、金融服务使用情况和金融服务质量 3 个维度分析 2011 ~ 2014 年江苏县域普惠金融发展概况。描述性统计结果如表 3 - 2 所示。

表 3 - 2   江苏县域普惠金融发展评价指标描述性统计

指标	2011 年	2012 年	2013 年	2014 年
每十万人的商业银行网点数	14.39	14.76	15.08	15.44
每千平方千米的商业银行网点数	100.52	102.87	105.63	108.58
每十万人拥有的 ATM 机数	31.46	37.38	44.77	50.05
每千平方千米的 ATM 机数	230.55	267.45	321.14	363.28
每十万人拥有的 POS 机数	700.26	826.32	1030.92	1250.90
每千平方千米的 POS 机数	5314.92	6214.12	7721.25	9407.14
每十万人拥有的金融服务人员数	197.33	205.95	215.09	223.88
助农取款代理点覆盖率	42.46	81.61	93.77	98.43
银行卡联网通用率	90.31	91.28	92.20	93.40
银行个人结算账户人均开户量	2.27	2.54	2.94	3.51
拥有银行卡的成年人比例	82.74	84.78	86.87	88.18
电子银行人均开通账户数	0.38	0.53	0.80	1.04

---

① 受到数据可得性和可持续性的制约，部分指标（如助农取款代理点覆盖率、个人和企业信用档案建档率等）主要统计的是 2011 年以来情况，因此本章主要分析 2011 年以来的江苏县域普惠金融发展情况。

续表

指标	2011 年	2012 年	2013 年	2014 年
电子银行人均活动账户数	0.16	0.24	0.31	0.45
农户正规贷款获得率	24.86	33.64	37.48	16.25
小微企业正规贷款获得率	42.95	31.04	25.90	34.20
农户贷款户均贷款额	1.90	2.48	2.68	3.09
小微企业贷款户均贷款额	259.27	269.99	271.60	155.89
农业保险覆盖率	68.19	69.42	72.45	74.02
城镇地区个人信用档案建档率	64.87	67.87	70.69	73.24
农村地区个人信用档案建档率	61.48	65.27	68.63	72.60
企业信用档案建档率	56.83	60.07	63.35	68.78
金融服务投诉率	0.35	0.34	0.35	0.23

根据表 3-2 统计结果可以得到以下结论：首先，江苏县域金融可得性持续提高，银行网点密度、ATM 机密度、POS 机密度及金融服务人员均明显增加，助农取款代理点覆盖率在 2014 年基本实现全覆盖，银行卡联网通用率则稳中有升。具体而言，2014 年，每十万人拥有的商业银行网点数均值为 15.44 个，比 2013 年与 2011 年分别增长 3.29%、7.30%；每千平方千米的商业银行网点数均值为 108.58 个，比 2013 年与 2011 年分别增长 2.79%、8.02%；每十万人拥有的 ATM 机数均值为 50.05 个，比 2013 年与 2011 年分别增长 11.79%、59.09%；每千平方千米的 ATM 机数均值为 363.28 个，比 2013 年与 2011 年分别增长 13.12%、57.57%；每十万人拥有的 POS 机数均值为 1250.90 个，比 2013 年与 2011 年分别增长 21.34%、78.63%；每千平方千米的 POS 机数 9407.14 个，比 2013 年与 2011 年分别增长 21.83%、76.99%；每十万人拥有的金融服务人员数均值为 223.8 个，比 2013 年与 2011 年分别增长 4.97%、131.82%；助农取款代理点覆盖率与银行卡联网通用率分别达到 98.43%、93.40%。其中，银行网点密度与银行卡联网通用率增长速度缓慢，ATM 机密度、POS 机密度与助农取款代理点覆盖率比 2011 年都实现了 50% 以上的增长率，金融服务人员增长速度最快。金融可得性的明显提升主要得益于江苏省政府出台一系列普惠金融改革政策，例如，放宽县域农村金融市场准入、实施农村支付结算"快通工程"、推进"农村金融综合服务站全覆盖"计划以及持续支持面向农村贫困家庭的扶贫贴息贷款项目等。

其次，相比金融服务可得性的快速增长，金融服务使用情况则处于波动状态。一方面，银行账户使用数量、电子银行使用情况、农户贷款户均贷款额、农业保险覆盖率均有所增长；另一方面，农户正规贷款获得率、小微企业正规贷款获得率与小微企业贷款户均贷款额有所下降，向县域农户及小微企业提供正规贷款服务仍面临不小的挑战。2014 年，江苏县域银行个人结算账户人均开户量均值为 3.51 个，比 2013 年与 2011 年分别增加 19.39%、54.63%。拥有银行卡的成年人比例均值为 88.18%，这一比例接近于国际上高收入国家的平均水平。电子银行人均开通账户数均值为 1.04 个，比 2013 年与 2011 年分别增长 30%、173.68%，然而其人均活动账户数均值仅 0.45 个，这意味着活动账户比例不足一半，但是增速较快，电子银行人均活动账户数比 2013 年与 2011 年分别增长 45.16%、181.25%。值得关注的是，农户正规贷款获得率为 16.25%，相比于 2013 年略有下降，小微企业正规贷款获得率为 34.20%，比 2013 年有所提升；从贷款金额来看，贷款农户的户均贷款余额平均为 3.09 万元，比 2013 年与 2011 年分别增长 15.30%、62.63%，小微企业贷款户均贷款余额均值为 155.89 万元，相比于 2013 年有大幅度下降，这表明，农户和小微企业这类群体依然难以获得银行贷款支持。农业保险覆盖率均值为 74.02%，近年来一直保持平稳增长，但是增幅趋缓。

最后，由于农村金融市场信息不对称程度高，个人及企业信用档案建设显得尤为重要。近年来，江苏大力发展县域金融基础设施，优化县域金融生态环境。江苏县域企业及个人信用档案降档率逐年提高，金融服务投诉率有所下降。截至 2014 年底，江苏县域城镇地区个人信用档案建档率均值为 73.24%，比 2013 年上涨了 2.55 个百分点；县域农村地区个人信用档案建档率均值为 72.60%，比 2013 年增加了 3.97 个百分点；县域企业信用档案建档率均值为 68.78%，有较大的增长幅度，比 2013 年增加 5.43 个百分点。金融服务投诉率均值为 0.23%，相比前三年有所下降。

二、普惠金融发展综合得分比较分析

依据普惠金融发展水平评价指标体系，进一步结合江苏经济发展和产业结构在苏南、苏中、苏北存在区域差异的基本特征及技术上的可操作性，选取 2011 ~ 2014 年江苏 52 个县（市）的相关数据，运用因子分析法对不同维度指标进行合成，测算出县域普惠金融发展水平的综合得分。依据旋转后的因子在矩阵获得衡量普惠金融发展的公因子分别为可获得因子、服务情况因子和服务质量因子，如表 3-3 所示，0 表示样本平均水平，负值表示在平均水平以下，正值表示在平均水平以上。理论上，普惠金融发展指数只是一个相对指数，可用于同一地区纵向时间序列比较和不同地区之间的横向比较。但是，该指数本身的数值不代表普惠金融程度的具体大小，而只用于衡量样本期或区域之间普惠金融发展水平的差距。

表 3 - 3 江苏县域普惠金融发展年均因子分值

年份	可获得因子（f1）				服务情况因子（f2）				服务质量因子（f3）			
	苏南地区	苏中地区	苏北地区	总体	苏南地区	苏中地区	苏北地区	总体	苏南地区	苏中地区	苏北地区	总体
2011	0.72	-0.29	-0.68	-0.17	0.25	-0.46	-0.65	-0.34	-0.38	0.05	-0.23	-0.20
2012	0.97	-0.12	-0.72	-0.07	0.52	-0.28	-0.50	-0.15	-0.31	0.12	-0.03	-0.07
2013	1.27	-0.05	-0.66	0.06	1.03	0.00	-0.41	0.12	-0.22	0.24	0.09	0.04
2014	1.50	0.06	-0.61	0.18	1.60	0.24	-0.36	0.37	0.06	0.40	0.23	0.23

　　整体而言，江苏县域普惠金融发展水平不断提升；但是，苏南地区、苏中地区和苏北地区在普惠金融发展具体层面的表现并不一致。从金融服务可得性来看，"可获得因子"的得分差距较大，苏南获得水平远远高于苏中与苏北地区。鉴于可得性指标，如银行网点密度、ATM 机密度、POS 机密度、银行卡联网通用率、金融从业人员密度的改善主要依赖于经济实物投入，随着经济发展水平的提高，县域金融可获得水平均有显著改善且县域之间的差距逐步减小。

　　金融服务使用情况因子与经济发展水平有一定的相关性，但是相关程度低于金融服务可得性因子。苏南地区"服务情况因子"得分从 2011 ~ 2014 年明显提高，苏中地区次之，苏北地区提升程度最小，并且苏南地区"服务情况因子"得分大于苏中地区，苏北地区得分最低。可能的原因是由于经济欠发达的苏北地区正规金融市场完善程度、市场竞争度等方面依然远远落后于苏南地区、苏中地区，从而改善其正规金融使用情况能力较弱，农户及小微企业非正规融资较多。金融服务质量在各县域间分布较为均衡，"服务质量因子"的得分差距不是十分明显，并且与经济发展水平的相关性较弱，说明金融服务质量的提升主要依赖于观念进步和制度建设。江苏县域个人及小微企业信用档案建档率逐年提高，2014 年，大部分县域信用档案建档率超过 50% ，个别县域达到 100% 。综合以上分析可知，一方面，加快普惠金融发展在一定程度上需要依赖于经济投入；另一方面，迅速提高经济欠发达地区的普惠金融程度不仅需要一定的投入，还需要相关的制度创新和金融创新。

第五节　本章小结

　　大力促进县域普惠金融的发展对于迅速提升我国普惠金融发展程度至关重要。2007 年以来，江苏省政府在县域范围内出台一系列普惠金融改革措施，县域普惠金融发展经历了一个快速发展的历程。此外，江苏县域之间经济金融发展水平的差异性也为观察县域普惠金融发展水平提供了良好的样本。

本章使用江苏县域普惠金融发展数据库，在建立因子分析模型的基础上，通过 22 个量化指标测算出 2011～2014 年江苏 52 个县（市）在金融可得性、金融服务使用情况和金融发展质量 3 个维度的因子得分，进而构建县域普惠金融发展评价体系，评估江苏县域普惠金融发展整体趋势以及地域间的差异。结果表明，江苏县域普惠金融发展水平不断提升，但是，苏南、苏中和苏北普惠金融发展水平并不一致，表现出明显的区域差异特征。未来发展以普惠金融为定位的中小金融机构、推广移动金融、加强经济欠发达地区金融基础设施投入和全面普及金融知识教育有助于提高县域普惠金融发展水平。

第四章　信息通信技术与普惠金融发展

本章将"普惠金融"进一步与"信息化"联系起来，研究信息化趋势下普惠金融发展的变化趋势。具体而言，本章从宏观层面分析市场供需均衡解在信息化趋势下如何实现开始，进而解释信息技术促进普惠金融发展的机制，随后结合相关实证研究佐证理论分析的结论。

第一节　信息通信技术影响普惠金融发展的理论机制

一、向农村家庭、城镇低收入家庭提供金融服务的制约因素分析

已有研究表明，在向偏远地区、农村家庭及城镇低收入家庭提供金融服务的过程中，交易成本相对较高，加上存在正外部性问题这两方面因素（田霖，2010；胡元聪和杨秀清，2010），减弱了金融机构的供给意愿。正外部性的概念最早出现在亚当·斯密《道德情操论》与《国富论》中，在解释个体对个人利益追求时提到了外部性这一概念，他认为外部性是指"在追求他本身利益时，也常常促进社会的利益"。换句话说，正外部性是指某一个主体的经济活动对其他主体产生了正面影响，增加了别人的效用或是减少了他人的成本。

然而，这种正外部性却导致了金融机构向偏远地区、农村家庭及城镇低收入家庭提供金融服务时权利与义务的不对等，使得金融机构与社会经济主体之间利益配置处于非均衡状态，从而降低了金融机构的供给动力。正是由于长期存在的正外部性，使得政府部门在引导金融机构向偏远地区、农村地区增加金融供给时，不得不向机构提供大量的财政补贴（胡元聪和杨秀清，2010），影响了普惠金融的高效、可持续发展。基于上述分析，本节将构建一个理论模型，首先试着从正外部性的角度对金融机构缺乏向上述地区或人群提供金融服务动力的成因进行分析，进而分析信息通信技术在这一过程中对金融机构供给意愿的影响机制：

假设金融机构在向上述地区或人群提供金融服务的过程中，市场处于完全竞争状态，且假设市场中仅有 A 和 B 两个金融机构，满足如下条件：

第一，机构设立网点、提供金融服务的行为在某种程度上可视为私人品供给；

第二，提供基础性金融服务也有一定获利空间（尽管可能并不多）；

第三，社会的总目标是金融服务覆盖面尽可能地扩大。

设 Q_A 为机构 A 向上述地区或人群提供金融服务的总量，类似地，设 Q_B 为机构 B 的供给总量；此外，区域市场随着机构 A 的进入，金融服务供给总量增加，竞争程度会提高，B 也会被激励增加金融服务供给。因此，上述关系可表示为如下：

$$Q_A = F(C_A) \text{且} \frac{\partial Q_A}{\partial C_A} > 0 \qquad (4-1)$$

$$Q_B = F(C_B, Q_A) \text{且} \frac{\partial Q_B}{\partial C_B} > 0, \frac{\partial Q_B}{\partial Q_A} > 0 \qquad (4-2)$$

其中，C_A、C_B 分别表示机构 A、B 提供金融服务的成本，这一成本来源于人力投入 L、资本投入 K 和技术投入 T 等多个方面。式（4-2）中的 $\frac{\partial Q_B}{\partial Q_A} > 0$ 表示了正外部性的存在。由此得到 A、B 两个金融机构各自利润最大化的目标函数：

$$\pi_A = P_A Q_A - wC_A \qquad (4-3)$$

$$\pi_B = P_B Q_B - wC_B \qquad (4-4)$$

进一步从金融机构自身出发推导其利润最大化条件：

$$\frac{\partial \pi_A}{\partial C_A} = 0 \Rightarrow P_A \frac{\partial Q_A}{\partial C_A} = P_A mP_C^A = w \qquad (4-5)$$

$$\frac{\partial \pi_B}{\partial C_B} = 0 \Rightarrow P_B \frac{\partial Q_B}{\partial C_B} = P_B mP_C^B = w \qquad (4-6)$$

其中，$P_A mP_C^A$ 与 $P_B mP_C^B$ 分别表示机构 A、B 所提供金融服务的边际产品价值。进而考虑社会利润最大化的目标方程式（4-7），两个机构对应的利润最大化条件分别如式（4-8）、式（4-9）所示：

$$\pi_S = P_A Q_A + P_B Q_B - wC_A - wC_B \qquad (4-7)$$

$$\frac{\partial \pi_S}{\partial C_A} = 0 \Rightarrow P_A mP_C^A + P_B \frac{\partial Q_B}{\partial Q_A} \frac{\partial Q_A}{\partial C_A} = P_A mP_C^A + P_B \frac{\partial Q_B}{\partial Q_A} mP_C^A = w \qquad (4-8)$$

$$\frac{\partial \pi_S}{\partial C_B} = 0 \Rightarrow P_B mP_C^B + P_B \frac{\partial Q_B}{\partial Q_A} \frac{\partial Q_A}{\partial C_B} = w \qquad (4-9)$$

从式（4-9）来看，机构 B 出于自身利润最大化考虑做出的供给决策符合出于社会利润最大化考虑做出的供给决策；但对 A 而言，自身利益最大化下的供给决策（$P_A mP_C^A = w$）与考虑社会利益目标做出的供给决策（$P_B mP_C^B + P_B \frac{\partial Q_B}{\partial Q_A} \frac{\partial Q_A}{\partial C_A}$

= w）并不一致。此时如果存在 C_{A1}、C_{A2}，分别满足：

当 $C_A = C_{A1}$ 时，$P_A m P_C^A = w$ 成立 （4－10）

当 $C_A = C_{A2}$ 时，$P_B m P_C^B + P_B \dfrac{\partial Q_B}{\partial Q_A} \dfrac{\partial Q_A}{\partial C_A} = w$ 成立 （4－11）

此时的 C_{A1} 实际上表示机构 A 为了满足社会利益目标提供金融服务时的成本，而 C_{A2} 表示了其他类型金融机构出于自身利益最大化目标提供金融服务时的成本。

梳理前文的分析，考虑到机构 A 提供金融服务时正外部性的存在，且 $\dfrac{\partial Q_B}{\partial Q_A} > 0$，所以有：

$P_A m P_C^A (C_{A1}) > P_A m P_C^A (C_{A2})$ （4－12）

从长期看，若将金融机构的供给行为看做厂商供给商品，则边际生产率递减的规律仍然存在（甚至会有一开始就达到饱和状态的可能），即有 $C_{A1} > C_{A2}$。

综上所述，当机构 A 在向偏远地区、农村家庭及城镇低收入家庭提供金融服务时，由于正外部性的存在，为满足社会利益目标而提供的金融服务的供给成本必将高于其他金融机构为满足自身利益最大化目标的供给成本。权利和义务之间的不对等必然会减弱机构 A 的供给意愿，最终出现机构 A 在满足自身利润最大化条件下的最优供给量始终小于整个社会最优目标下机构 A 所应提供的供给量的现象。由此，正外部性的存在导致了金融机构向偏远地区、农村家庭以及城镇低收入家庭提供金融服务的供给量减少。

二、信息通信技术与金融服务覆盖面：基于供给层面的理论解释

接下来，进一步分析信息通信技术对上述交易成本以及正外部性问题所产生的影响。

如图 4－1 所示，假设机构考虑自身利益提供金融服务的边际私人收益曲线为 MPB，外部性的存在使得除了供给方之外的其他金融机构获得的外部边际收益为 MEB，全社会的边际社会收益为 MSB，则如下关系成立：MSB = MPB + MEB。初始条件下，机构 A 提供金融服务时的预算约束线与其自身的私人边际收益曲线相同，考虑到正外部性的存在，对机构 A 而言，最优点是在私人边际收益曲线与边际社会成本曲线相交处，即图 4－1 中 A 点，此时 A 的最优供给量为 q_1。但从社会目标角度来看，其期望 A 的最优供给量应为 q_2（即边际社会收益曲线与边际社会成本曲线相交处点 B），由于正外部性的存在，金融机构将出于自身利益考虑提供最优供给 q_1，且 q_1 小于 q_2。此时，可以从两方面考虑信息通信技术对供给层面的影响：

（一）降低 A 机构边际成本曲线的截距：减小供给的固定成本

机构 A 的供给成本可以分为固定成本和变动成本两个部分。其中，固定成本主要由人力投入 L、资本投入 K 组成，现实中则具体表现为人员配备、物理网点

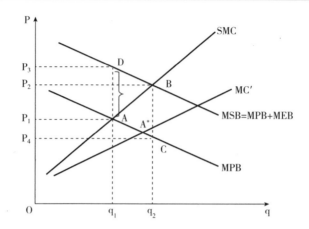

图 4 − 1　金融供给的高成本与外部性的解决：信息通信技术的影响

建设和设备采购等。以江苏某农村商业银行为例，新增一个 ATM 机的成本核算主要包括两部分，一是 16 万元左右的固定设备投入费用，二是 10 万 ~ 15 万元的人员工资费用和设备维护费用，前者可以算作固定成本的投入，后者可以看作变动成本的投入。

　　考虑信息通信技术运用于金融供给使得供给的手段或方式发生改变（见表 4 − 1），以目前各地区大面积铺开试点实践的无网点银行为例，利用信息通信技术，金融机构可以与社区或者村庄内的小商铺合作，所需要付出的仅是按照固定周期帮助商店升级其通信设备（这种通信设备在调研中大多为一台智能终端电话机，功能包括转账、汇款、刷卡消费等），给予店主以金额很小的通信费补贴，就可以将金融供给的覆盖范围扩大到整个社区或者村庄。首先，这种做法大幅降低了机构以往的固定成本（免去了新增网点所必需的固定成本），在给予合作商铺适当补贴①的情况下还可以降低自身的维护成本，同时金融机构可以通过后台系统对上述的机具设备进行调控，大幅度降低了人力资本成本。

表 4 − 1　信息通信技术对金融供给的影响趋势与实践效果

	基础性金融服务的信息化	信贷融资的信息化
影响对象	传统支付体系 其他传统金融服务体系	间接融资 直接融资

---

　　①　调研中还发现，政府大力支持金融机构运用信息通信技术、推进无网点银行实践，对无网点银行（目前以农村地区为主）的设立会给予一定的补助，这进一步降低了金融机构提供金融服务的固定成本投入。

续表

	基础性金融服务的信息化	信贷融资的信息化
涉及技术	无线支付、移动支付与其他近场支付技术、语音支付等 比特币等虚拟货币技术 信息管理和数据库技术、大数据技术等	数据库管理技术 第三方网络内的大数据量化处理技术 云计算与大数据挖掘技术等
演变内容	各银行的手机银行与网上银行；第三方支付平台；其他移动支付与近场支付环境 个人在线财富分析服务、数字金融风险精算和保险等 证券金融服务和衍生传统银行等	各类 Peer to Peer 互联网融资平台 第三方（如阿里巴巴）的小额贷款平台 各类互联网众筹平台 其他互联网银行（民营性质如网商银行、微众银行等）
实践效果	1. 跨时间、空间进行资源配置 2. 实现技术和供给手段创新 3. 降低信息搜寻成本和交易成本 4. 线上化物理供给降低运营成本 5. 实现金融服务获取的便利化 6. 扩大客户规模，可复制能力强 7. 提升服务效率和服务质量等	1. 跨时间、空间进行资金配置 2. 实现技术和供给手段创新 3. 降低交易成本和信息搜寻成本 4. 线上化物理供给降低运营成本 5. 实现金融服务获取的便利化 6. 重塑可贷群体的规模和市场边界，延伸至更多的小微经济主体 7. 建设完善小微主体信用体系，创新风险管理和审核技术等

注：根据《数字金融理论、实践与监管》（范文仲等，中国金融出版社，2014 年 10 月）、《互联网＋银行变革与监管》（阎庆民等，中信集团出版社，2015 年 7 月）、调研访谈信息以及网络收集整理得到。

此外，信息通信技术的运用丰富了金融供给渠道和种类。以第三方支付、电商金融等为代表的金融新业态也开始向偏远地区、农村地区小微主体提供金融供给，使得传统的金融机构也在一定程度上享受到了供给渠道增多所带来的外部溢出，进一步降低了金融机构的固定资金投入。

（二）降低曲线的斜率：减少维护费用并摊薄变动成本

信息通信技术对金融服务供给的另一个影响是改变了机构的变动成本，具体体现在以下两个方面：

其一，前文已提及的免去了费用不菲的人员巡查、维护成本。在偏远地区或是农村地区，区域特征、人员素养以及交通基础设施等原因，使得传统金融机构无法避免承担高昂的人员巡查和设备维修的成本。信息通信技术的运用改变了传统的金融供给方式，使得一部分金融供给"脱媒"，很大程度上减少了上述的变动成本。

其二，信息通信技术的运用使金融机构处理交易数据更加高效且便捷，金融供给模式甚至出现了"流水线"模式。尽管前期一定量的技术研发费用可能无法避免，但金融覆盖面的扩大将会大幅度稀释掉这部分研发成本。此外，信息通信技术与金融供给结合所形成的线上供给方式和线下移动终端设备均具备容易复制的特点，更容易达到规模经济，从而降低机构金融供给边际成本曲线的斜率。

综上所述，运用信息通信技术以降低金融机构供给的固定成本和变动成本，以形成规模经济为途径稀释了前期技术投入开发和后期人员维护等成本，最终从两个方面改变了金融机构 A 的边际成本曲线：一是减小了曲线截距，二是降低了曲线斜率，使得机构 A 的边际成本曲线（MC′）与社会的边际成本曲线（SMC）不再重合。交易成本的大幅减少，金融机构最优供给量将会大量增加，接近（甚至等于）社会预期的最佳供给量，从而缓解了传统金融供给过程中的正外部性问题，不同地区的金融服务覆盖面都将有所扩大。

第二节　信息通信技术对金融交易成本的影响

使用信息通信技术在一定程度上降低了金融机构的交易成本，提高了金融机构向偏远地区、农村地区提供金融服务的意愿。一项来自全球移动通信协会（GSMA）的统计数据显示[1]，菲律宾的银行通过传统的网点或柜面渠道提供金融服务的平均成本是 2.5 美元/笔，而随着信息通信技术的加速运用，使用线上方式（如网上银行或手机银行等）提供同样质量的服务单笔平均交易成本降为 0.5 美元；在秘鲁，传统的金融服务供给方式的交易成本为 0.85 美元/笔，而网络方式仅为 0.32 美元/笔[2]。

事实上，早在 20 世纪 90 年代，借助于快速发展的信息通信技术，美国的银行类金融机构创新了金融服务供给方式、大幅降低了交易成本（严盖，2012），图 4 - 2 比较了在提供同样的一笔基础性金融服务时，信息通信技术利用程度不同的供给渠道与传统银行柜面渠道的交易成本差异。

不难看出，利用信息通信技术提供金融服务的平均成本远低于通过传统的银行物理网点提供金融服务的成本。在这之中，手机银行、网上银行被认为是银行充分利用信息通信技术降低交易成本的重大创新，通过大力推动电子银行业务，开发多样便捷、低成本和高效率的终端设备，扩大金融服务的覆盖面。中国人民银行的统计数据显示，截至 2014 年末，在提供同样一笔业务时，手机银行、电

---

① 资料来源：http://finance.stockstar.com/JL2011121600000511.shtml。

② 资料来源：http://tech.hexun.com/2011-11-30/135832958.html。

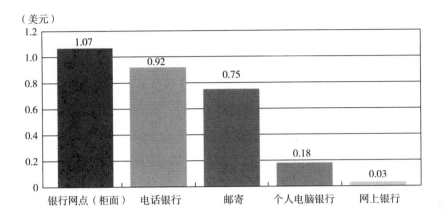

图 4-2　20 世纪 90 年代美国银行不同渠道下每笔业务的平均交易成本核算

子银行的交易成本平均仅为 0.6 元，而银行网点（人工柜面）的交易成本则为 4 元。信息通信技术在帮助银行跨越时间和空间方面限制的同时，也大幅降低了银行的成本。

接下来，本节首先以江苏 GC 农商行为调研对象初步给出金融机构利用信息通信技术降低交易成本的证据；接着，收集了 2010～2015 年江苏 11 市农村商业银行、农村信用社的部分经营数据，通过测算给出信息通信技术降低金融机构交易成本的直接证据①。

2012 年 GC 农商行利用信息通信技术研究开发出了新的金融业务通信设备终端——银行远程金融交易转账电话机具。首次尝试借助信息通信技术设立无网点银行，降低偏远地区、农村地区的金融服务供给成本。通过整理与该行财会部门负责人的调研访谈记录，本节首先归纳比较了银行在利用这一新的信息通信技术前后向农村地区提供金融服务的成本变化与差异如表 4-2 所示。

表 4-2　GC 农商行借助信息通信技术扩大金融服务覆盖面前后的成本比较

	未利用信息通信技术前	利用信息通信技术开发新产品后
提高农村地区金融服务覆盖面的可选方案	通过新增 ATM 机器来增加农村地区金融服务供给	设立无网点银行、银行远程金融交易转账电话机具实现对农村地区金融服务的全覆盖
固定投入（购置机具）	165000 元/台	2000 元/台

---

①　囿于数据可获性，目前仅有江苏 11 个县市所有农信社及由农信社改制而来的农村商业银行的部分经营数据，暂缺苏州市、常州市的相关数据，但这并不影响结论中对总体变化趋势的判断。

续表

	未利用信息通信技术前	利用信息通信技术开发新产品后
平均使用年限	5 年	10 年
折旧费用	33300 元/台/年	200 元/台/年
维护费用	7200 元/台/年	180 元/台/年
通信费用	7000 元/台/年	1200 元/台/年
场地租赁费用	10000 元/台/年	0 元
其他费用	13500 元/台/年①	540 元/台/年②
成本合计	353500 元/台	21200 元
平均每笔交易收益	3.48 元	1.2 元
盈亏平衡时的最低要求	需保证日均交易量达：55.66 笔才能实现盈亏平衡	需保证日均交易量达：5.81 笔才能实现盈亏平衡
覆盖范围	一个村或社区	一个村或社区

注：根据调研获取的数据整理得到。

在未结合信息通信技术以前，银行增加对偏远地区、农村地区的金融服务供给时可选择的主要方式是设立 ATM 机或新的银行网点，以新设 ATM 机为例，根据最终的成本核算，要想实现盈亏平衡每台设备每日至少需要 50 笔交易，而农村地区的交易频次低，显然难以满足上述要求。这决定了机构在向上述地区和弱势群体提供金融服务时，若要满足他们最基本的金融需求而不亏损，只能通过提高供给价格或者依赖足额的政府补贴；相反，银行通过依托于信息通信技术的无网点银行、银行远程金融交易转账电话机具等新兴渠道，所提供的服务种类与服务覆盖范围不仅与前者基本类似，而且成本只为原先设置物理网点成本的 6%，这在很大程度上降低了银行的交易成本。调研数据同样显示，截至 2015 年末，GC 农商行通过投放这一新技术设备，实现了对当地所有行政村的全覆盖，总数达 139 台。

此外，电子银行是目前银行类金融机构结合信息通信技术创新供给方式、降低交易成本和扩大金融服务覆盖面的重要创新。笔者收集了 2010～2015 年江苏 11 市农村商业银行、农村信用社的部分经营数据，首先统计描述了各地区金融机构电子银行业务的发展情况及其对柜面业务的替代率变化趋势，如图 4-3、表 4-3 所示。

---

① 包括人员维护、色带、电费等。

② 主要以补贴代理点、无网点银行站长等为主。据统计，实际每台月交易笔数平均为 75 笔，按平均每笔补贴商户 0.6 元，则平均每年每台补贴商户费用为 540 元。

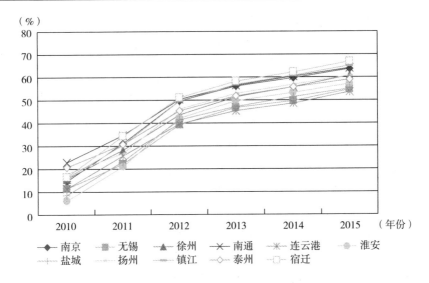

图4-3　江苏各市县农村金融机构电子银行对传统柜面业务替代率变化趋势

表4-3　2010~2015年江苏各市县农村金融机构电子银行对传统柜面业务替代率①

单位:%

年份	2010	2011	2012	2013	2014	2015
南京	14.67	31.03	49.58	56.24	59.56	63.62
无锡	11.39	22.17	39.30	46.61	49.70	54.47
徐州	15.50	28.14	43.65	51.32	55.59	60.60
南通	22.71	34.47	50.52	56.55	60.28	63.76
连云港	11.32	25.70	39.57	45.38	48.73	53.49
淮安	6.09	21.18	42.19	49.79	53.20	57.14
盐城	8.64	23.14	41.27	47.16	51.42	55.03
扬州	17.74	26.89	46.12	52.77	56.84	60.62
镇江	16.06	30.34	49.64	56.69	60.60	65.16
泰州	20.70	30.65	45.51	51.89	55.57	58.82
宿迁	16.41	34.38	51.08	58.27	62.09	66.76

注：根据调研获取的数据整理得到。

---

①　电子银行对传统柜面业务的替代率＝通过电子银行（包括网上银行、手机银行、无网点银行等）所提供的服务笔数/（传统银行网点柜面业务笔数＋ATM机、存取款一体机等）提供的同类业务的笔数。这一替代率在一定程度上反映了金融机构对信息通信技术创新运用的程度与信息通信技术水平的提高程度。

在 2010 年前后，江苏各农村商业银行开始结合信息通信技术研究开发自身的电子银行（包括网上银行、手机银行等）。从表 4 - 3 来看，随着信息通信技术的日渐成熟和推广范围的扩大，电子银行渠道所提供的金融服务对传统银行网点柜面服务的替代率连年上升。截至 2015 年末电子银行业务对柜面替代率均值达59.95%。在此基础上，本节进一步利用已有数据（包括电子银行渠道单笔业务的平均交易成本、业务总笔数及传统银行网点渠道单笔业务的平均成本、总笔数）估算上述各市金融机构总的交易成本，如表 4 - 4 所示。

表 4 - 4　2010～2015 年江苏各市县农村金融机构交易成本①核算②

单位：万元

年份	2010	2011	2012	2013	2014	2015
南京	107.52	98.51	87.30	78.54	75.69	73.22
无锡	46.87	42.31	38.31	36.27	34.71	33.44
徐州	192.12	174.23	154.63	136.78	131.50	126.87
南通	174.67	157.26	140.54	137.22	132.03	127.86
连云港	99.49	90.32	81.84	78.63	75.55	73.44
淮安	107.88	99.40	88.01	81.83	78.59	75.81
盐城	225.31	202.51	183.43	168.36	161.87	154.71
扬州	131.83	121.51	110.71	101.22	97.32	93.92
镇江	72.91	66.86	60.44	56.14	53.75	52.16
泰州	158.44	144.73	127.66	110.56	106.04	102.98
宿迁	134.64	120.99	106.96	105.29	100.77	97.25

　　注：根据调研获取的数据整理得到。

　　根据表 4 - 3 可知，随着传统银行通过电子银行渠道提供金融服务业务的普及（电子银行渠道对传统柜面渠道的替代率逐年提高），机构在新增金融服务过程中总的交易成本却在不断下降（见图 4 - 4）。这意味着，随着商业银行电子银行业务与信息通信技术结合的紧密程度不断加深，一方面，手机银行、网上银行

---

　　①　总交易成本 =（电子银行渠道发生的业务笔数×该渠道平均每笔业务交易成本）+（传统柜面发生的交易笔数×该渠道平均每笔交易成本）。观察数据可以发现，通过电子银行渠道发生的业务笔数连年增长，而通过传统柜面业务发生的交易笔数则有下降的趋势。

　　②　在具体测算时，以 2010 年江苏居民消费价格指数为基准，将每年的价格指数变化纳入考虑，得到表 4 - 4 中的真实值，发现在考虑价格指数后，这一下降态势更加明显。

等新兴渠道对传统银行金融服务供给渠道的替代率逐年上升①；另一方面，银行提供金融服务时的交易总成本呈现逐年下降的变化趋势。这充分说明，随着信息通信技术水平的提高，银行借助这一技术实现了金融供给方式的创新，大幅降低了交易成本，随之而来的是金融服务覆盖范围的不断扩大。

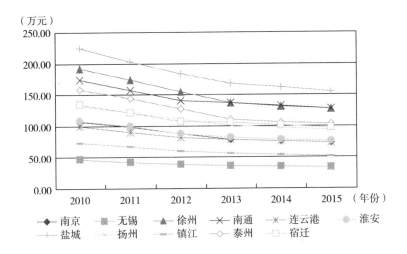

图4-4　2010～2015年江苏各市县金融机构交易总成本变化趋势

第三节　信息通信技术影响金融服务
覆盖面的实证研究

一、理论分析

一般说来，向偏远地区、农村家庭、城镇低收入家庭提供金融服务时，首先要提高这些地区或人群获得基础性金融服务的可能性、满足其基本金融需求。但是，基础性金融服务的供给往往类似于一种准公共物品，同样具备大多准公共物品在供给过程中的问题，即供给总量不足、供给方式或者市场机制缺乏效率，不同区域、阶层之间的服务供给不均等（刘航和韩婷，2013）。

---

①　需要注意的是，不仅替代率得到了不断提高，数据显示，各地区金融机构的总交易笔数（电子渠道和传统柜面渠道合计）同样在不断增加。以GC农商行为例，从2011年柜面替代率34%增加到2015年末59.30%，总业务笔数则从2011年的27.2万笔增加到2015年的67.2万笔。其他各地区农商行的业务笔数增长趋势基本相同。

传统金融市场上，供给主体以各类正规金融机构尤其是以银行为主，比较固定。一方面，由于基础性金融服务具有准公共物品的性质，初期市场供给对价格的敏感度不高，表现在图4-5中，即初始的供给曲线 S_1 斜率较大；另一方面，由于基础性金融服务（包括存、取、汇、兑等）近似于消费必需品，即便考虑到城乡间金融基础设施建设水平存在差异，即城镇地区的传统金融服务获取渠道较农村地区多（例如城镇 ATM 机等终端的数量更多），但终究是通过传统银行网点获得金融服务，获取渠道仍相对单一，使得市场需求对价格的弹性仍然很小，即初始的市场需求曲线 D_1 斜率较大。传统金融市场上基础性金融服务初始的市场供给曲线 S_1 与需求曲线 D_1 相交于均衡点 E_1。

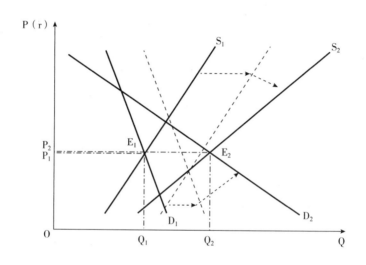

图4-5　基础性金融服务的供给与需求特征

进一步分析信息通信技术的加入对上述金融服务供需均衡的影响。

（1）对供给方面的影响：信息通信技术水平的提高丰富了金融机构的供给方式和渠道，金融机构的交易成本进一步降低、供给效率进一步提高。主要表现在：随着信息通信技术的不断发展，电子化、信息化的金融供给手段日新月异，供给技术水平有了大幅提高，逐渐被打破传统金融体系下的城乡二元供给机构；此外，随着互联网等信息基础设施的普及，电商等金融新业态开始参与到金融供给中，使得基础性金融服务的供给渠道更加丰富。新增的供给渠道使得需求主体对从银行的传统物理网点获得金融服务的需求减少，网上银行等低成本的新渠道对传统银行柜面渠道的替代率不断提高，从而降低了机构的交易成本，信息通信技术易复制的特点决定了实现规模效益的难易程度，提高了金融机构的供给效率。

随着信息通信技术的进步，基础性金融服务出现了"脱媒化"的趋势，一定程度上降低了机构为扩大金融服务覆盖面而增加物理网点的高昂成本，稀释了基础性金融服务供给的平均成本，从而市场供给曲线产生整体向右移动的趋势。此外，信息通信技术的发展衍生出了一些新的供给渠道，供给渠道的增多使得金融机构对供给价格的敏感度要高于原先金融体系内传统的金融服务供给主体[①]，供给曲线逐渐变得"平坦"。综上所述，农村基础性金融服务的市场供给曲线向右移动并变得稍"平坦"，形成新的市场供给曲线 S_2。

（2）对需求方面的影响：信息通信技术发展增加了供给渠道，也意味着弱势群体获得金融服务的渠道多元化；随着基础性金融服务供给"脱媒化"程度的提高，弱势群体获得金融服务更加便捷、成本更低（例如各地农村无网点银行的试点实践等），在降低交易成本的同时，刺激了这部分人群的潜在金融需求，市场需求曲线逐渐向右移动；除此之外，依托信息通信技术的电商金融、数字金融新业态也不断加入到各类金融服务的供给中来，为攻坚金融供给的"最后一公里"做出了贡献，尤其是在带动农村家庭、城镇低收入家庭的金融需求方面，使得金融供给的市场竞争程度变得激烈，金融服务的种类、供给方式层出不穷，增强便利性的同时提高了市场需求对于供给价格的敏感性，需求曲线逐渐变得"平坦"，最终形成新的市场需求曲线 D_2。

综上所述，新的市场供给曲线 S_2 与需求曲线 D_2 相交于均衡点 E_2，随着市场供需的均衡点从原来的 E_1 变动为 E_2，均衡时的供给总量从 Q_1 大幅增加到 Q_2，而从图 4－5 来看，均衡时的价格变动可能不大（小幅增加），由 P_1 变动为 P_2。上述变化的现实含义是原先难以获得金融服务的弱势群体也受到了基本金融服务的覆盖。

二、信息通信技术对金融服务覆盖面影响的实证检验

（一）资料来源

接下来，本小节将通过构建计量模型实证检验信息通信技术对金融服务覆盖面的影响。参照已有研究，影响金融服务覆盖面的主要因素包括了区域基础设施状况（董晓林和徐虹，2012；何广文，2016）、金融市场结构（刘锡良，2008；王伟等，2011）乃至当地的教育水平（Osili 和 Paulson，2014；马九杰等，2013），等等。为此，本节主要收集了以下两部分数据：

一是 2011～2014 年江苏 13 市 48 县金融机构的调查数据及人民银行南京分

---

① 这十分符合实际情况：以第三方支付平台为例，其早期为促使用户养成使用习惯、抢占市场份额，大多数平台一般收取很少或不收取服务费甚至发放奖励以激励用户使用其服务。但从 2016 年开始，各大第三方支付平台开始调整其收费标准、增加收费项目（如转账等）、限制提现额度、部分项目直接收取手续费或用"积分"替代。从长期来看，这些服务随着市场需求影响变动，价格波动较明显。

行帮助补充的一部分统计数据，这些数据作为各地区的金融服务覆盖面（本节以农户家庭的金融服务获得率来衡量地区的金融服务覆盖面）[①]、金融市场竞争程度等的测度基础。二是收集相关统计年鉴，包括《江苏省统计年鉴》《中国县（市）统计年鉴——江苏部分》《中国县域统计年鉴（县域卷）——江苏部分》。

在 2015 年全国各省 GDP 排名中，江苏位列第二且仅次于广东，作为全国的经济大省，截至 2015 年末，江苏全省金融机构人民币存款余额 107873 亿元，贷款余额 78866.3 亿元，仅次于广东，位列第二；全省社会融资规模为 11394 亿元，位列全国首位。此外，数据显示：2015 年末，江苏电信业务总价值量达 1764.6 亿元、电信业务收入达 837.1 亿元，均位居全国第二。这些数据从某种角度反映了江苏的金融发展、信息通信技术水平均处于全国领先水平的现实背景，因此，以江苏为例研究信息通信技术对金融服务覆盖面的影响，所得结论具有代表性。

（二）模型设定与变量选择

本节实证分析信息通信技术对金融服务覆盖面的影响，在控制了其他变量后，检验信息通信技术是否对提高不同地区金融覆盖的广度，扩大金融服务的覆盖面有正面影响，以验证假说1。模型的基本形式如下：

$$FM_{it} = \beta_0 + \beta_1 ICT_{it} + \beta_2 G_{it} + \beta_3 H_{it} + \beta_4 C_{it} + \beta_5 X_{it} + e_{it} \qquad (4-13)$$

式（4-13）中，因变量 FM_{it} 作为金融服务覆盖面的代理变量，如前文所述，FM_{it} 表示农户家庭金融服务获得率。i 表示地区，t 表示年份。需要说明的是，此处的"金融服务"指存、取、汇、兑及部分的融资需求，它们都是金融机构提供的、弱势群体所需的最基本的金融服务。在统计期内农户从当地金融机构使用过上述任意一种金融服务，即被视为受益于金融服务，获得率则为获得了金融服务的农户户数占当地农户总户数的比例。

ICT_{it} 是关键解释变量，参照历年《江苏通讯业发展蓝皮书》《江苏省互联网发展状况报告（2015 年度）》《江苏省宽带发展水平报告（2015 年）》对不同地区信息通信技术发展水平的测度标准，本实证模型用各地区"接入互联网的家庭户数占家庭总户数的比重（aintnum）"衡量该地区的信息通信技术发展水平，并在稳健性检验时采用"户均移动电话数（atelnum）"作为该变量的替代变量。

G_{it} 表示区域公平性变量，包含两个层面：一是区域内的经济公平性，采用"城乡收入差距的对数值（ldiffincom）"来表示；二是区域内的社会公平性，用

---

① 如前文所述，当前，江苏城镇家庭基本实现了金融服务全覆盖，偏远地区家庭、农村家庭是金融服务覆盖面扩大过程中最主要的受益对象；此外，从供给层面上看，金融服务覆盖面的扩大主要得益于对原先金融服务供给不足的农村地区服务边界的拓展，因此以农村家庭金融服务获得率作为衡量地区的金融服务覆盖面代理变量是较为合适的。

·52·

"每万人福利性单位床位数（床/万人）"（awelfbednum）来表示。回顾以往研究对普惠金融公平性的讨论，虽然已有部分研究认为，公平并不是普惠金融所强调的，同时普惠金融也不是以均等为目的而进行的金融资源的再分配（贝多广，2015；王颖和曾康霖，2016），但毋庸置疑的是，普惠金融背后所追求金融服务的供给是获得机会的均等化，依然避免不了会受到传统经济学关于"公平"问题的思辨影响，可能的情况是，在经济公平性和社会公平性相对较高的地区，金融覆盖的广度也相应较高。

H_{it}代表不同地区金融市场的特征变量。参照已有研究和现实情况，金融服务的获得成本（包括了时间成本、交通成本等）是影响家庭金融服务获得率的一个重要因素，而获得成本与当地金融市场初期的资源禀赋状况、基础设施建设水平、市场竞争程度等有重要关联，同时，从前文的理论分析可知，上述这些因素对金融机构的交易成本同样会产生影响。为此，本部分首先将反映当地金融市场竞争程度的变量纳入模型，分别用存、贷款的赫芬达尔指数 HHI 来衡量当地金融市场的竞争程度。

式（4-14）给出了市场集中度（包括存款集中度与贷款集中度）计算的通用公式，以存款集中度的计算为例，T 表示的是该地区所有银行类金融机构的总存款，S_i 表示第 i 家银行的存款，n 是市场中银行类金融机构的总个数，HHI 值越小表示市场竞争越激烈。

$$HHI = \sum_{i=1}^{n} (S_i/T)^2 \qquad (4-14)$$

C_{it}表示一个地区的信用环境变量，信用环境可以在一定程度上反映市场摩擦的大小（例如信息不对称深度），进而会对银行类金融机构提供金融服务的意愿产生重要影响，使得金融覆盖面发生变化。理论上，地区信用环境越好，金融机构的金融服务供给意愿越强，金融覆盖的广度也越高。

最后，在式（4-13）中还控制了地区金融基础设施水平（每十万人的商业银行网点数）、公共交通基础设施水平（每平方千米公路里程数）、教育基础设施水平（每万人专职教师数量）、当地宏观经济发展水平（人均GDP）等变量。

当地初期的金融基础设施水平以及公共交通基础设施水平是影响金融服务覆盖面的重要因素。而"每十万人的商业银行网点数"反映了地区初始金融服务的密集性，一般说来，金融基础设施越密集的地区，金融服务覆盖面相对越大。同时，区域内交通等公共基础设施的完善，在一定程度上有利于降低由于距离等空间因素带来的交易成本，使金融服务的覆盖面有所扩大。

所有变量的解释和描述性统计如表4-5所示。

表4-5 主要变量描述性统计

变量名、含义及符号	均值	整体标准误	最小值	最大值
被解释变量				
金融服务获取率（FM_{it}）： 获取金融服务的农户户数/当地农户总户数	0.58	0.30	0.17	0.83
解释变量				
信息通信技术水平的替代变量				
户均移动电话数（atelnum）	2.74	1.66	0.77	11.30
接入互联网的户数占总户数比重（aintnum）	0.50	0.38	0.14	2.35
地区公平性变量				
城乡收入差距的对数值（ldiffincom）	0.70	0.43	0.29	2.24
每万人福利性单位床位数（床/万人）（awelfbednum）	149.26	58.85	23.01	336.33
区域金融市场竞争变量				
存款 HHI（savehhi）	0.21	0.10	0.10	1.00
贷款 HHI（loanhhi）	0.21	0.09	0.10	1.00
地区信用环境变量				
地区个人信用档案建档率（%）（ruraxin）	68.28	25.76	5.10	100.00
区域金融基础设施变量				
每十万人的商业银行网点数（个）（apwangdian）	19.20	66.28	4.50	95.93
其他控制变量				
人均 GDP（万元/人）（agdp）	8.85	20.74	1.64	13.76
每万人专职教师数量（人）（aedurate）	238.08	82.11	130.24	747.52
每平方千米公路里程数（ahighmil）	1.60	0.49	0.86	3.08
第一产业占 GDP 比重（%）（agrgdp）	11.82	6.11	0.90	24.40
样本总数（N）	192			
面板时间跨度（T）	4			

（三）实证结果与讨论

对式（4-13）进行回归分析，重点考察不同地区的信息通信技术水平对当地金融服务覆盖面的影响。由于所采用数据的时间跨度为4，属于短面板数据，而通常对面板数据而言可能的估计方法包含三种，即混合回归、固定效应模型与随机效应模型。本小节在进行回归分析前，首先针对估计参数的模型进行检验，选择合适的模型。检验结果如表4-6所示，固定效应模型最为适合短面板数据。

表 4 - 6　面板数据估计时适用模型的检验结果

	检验方法	检验统计量	Prob.	检验结论
混合 ols 回归模型与 FE 模型比较	F 检验	F （47，134） = 26.67	0.00	FE
混合 ols 回归模型与 RE 模型比较	BP 检验	X2 （1） = 194.70	0.00	RE
FE 与 RE 模型的比较	Hausman 检验	X2 （10） = 19.68	0.00	FE

在进行回归分析前，考虑到选取的变量中地区公共基础设施建设水平、金融基础设施水平等与当地经济发展水平（人均 GDP）等变量之间可能存在多重共线性问题[①]，因此首先进行多重共线性检验。通常，当 VIF < 3 时，可认为各变量之间基本不存在多重共线性；当 VIF > 10 时，可认为各变量之间存在严重的多重共线性；当 3 < VIF < 10 时，可认为各变量之间存在一定程度（较低）的多重共线性。本节运用 Stata14.0 对上述变量进行了 VIF 检验，诊断结果如表 4 - 7 所示。

表 4 - 7　多重共线性诊断

Variable	VIF	1/VIF
人均 GDP （万元/人）	206.66	0.005
每十万人的商业银行网点数（个）	205.76	0.005
接入互联网的户数总户数比重	5.18	0.194
第一产业占 GDP 比重	4.15	0.241
城乡收入差距的对数值	3.17	0.316
每万人福利性单位床位数（床/万人）	1.94	0.515
每平方千米公路里程数	1.89	0.529
每万人专职教师数量（人）	1.29	0.774
农村地区个人信用档案建档率（%）	1.29	0.776
贷款 HHI	1.28	0.782
存款 HHI	1.16	0.861
Mean VIF	39.43	

从结果上看，"人均 GDP（万元/人）"（agdp）与"每十万人的商业银行网点数（个）"（apwangdian）两个变量之间共线性较强。但考虑到"人均 GDP

---

①　在以往的研究中，使用面板数据进行实证检验通常不汇报多重共线性检验结果，这是因为面板数据自身可以减弱多重共线性影响；但笔者考虑到本节采用的是静态面板数据且样本量不大，为最大限度保证实证结果的稳健，本节检验了可能存在的多重共线性问题。

（万元/人）"（agdp）代表了区域内的总体经济发展水平，而"每十万人的商业银行网点数（个）"（apwangdian）代表了区域内金融基础设施建设的水平，两者分别代表了影响金融服务覆盖面的两个不同层面因素，在具体分析时分别对其进行深入的讨论依然有必要，因而本节考虑将两者分别加入模型进行回归分析。

此外，考虑到异方差问题对面板数据模型的估计可能存在影响，因此在每次回归后，均使用聚类稳健标准误对回归结果中的异方差进行修正，最终得到的回归结果显示如表4－8所示。

表4－8　信息通信技术对金融服务覆盖面影响的模型回归结果

变量	金融服务覆盖面的代理变量：金融服务获得率（FM_{it}）			
	（1）	（2）	（3）	（4）
	未修正异方差	修正异方差	未修正异方差	修正异方差
接入互联网的户数总户数比重	0.1391 *	0.1391 ***	0.1398 *	0.1398 *
	(0.0765)	(0.0517)	(0.0765)	(0.0816)
城乡收入差距的对数值	0.0564	0.0564	0.0564	0.0564
	(0.0549)	(0.0537)	(0.0549)	(0.0537)
每万人福利性单位床位数（床/万人）	0.0008 **	0.0008 *	0.0008 **	0.0008 *
	(0.0002)	(0.0005)	(0.0003)	(0.0005)
存款 HHI	− 0.0155	− 0.0155	− 0.0154	− 0.0154
	(0.0872)	(0.0606)	(0.0872)	(0.0607)
贷款 HHI	− 0.0294 ***	− 0.0294 ***	− 0.0296 ***	− 0.0296 ***
	(0.0105)	(0.0096)	(0.0105)	(0.0096)
农村地区个人信用档案建档率（%）	0.0002	0.0002 *	0.0002	0.0002 *
	(0.0001)	(0.0001)	(0.0001)	(0.0001)
每十万人的商业银行网点数（个）	0.0002	0.0002	—	—
	(0.0001)	(0.0006)		
人均 GDP（万元/人）	—	—	0.0003	0.0003 **
			(0.0002)	(0.0001)
每平方千米公路里程数	0.0616	0.0616 *	0.0513	0.0513 *
	(0.0486)	(0.0360)	(0.0486)	(0.0309)
每万人专职教师数量（人）	− 0.0000	− 0.0000	− 0.0000	− 0.0000
	(0.0001)	(0.0002)	(0.0001)	(0.0002)
第一产业占 GDP 比重（%）	− 0.0314 ***	− 0.0314 **	− 0.0314	− 0.0315 **
	(0.0099)	(0.0122)	(0.0099)	(0.0122)

续表

变量		金融服务覆盖面的代理变量：金融服务获得率（FM$_{it}$）			
		（1）	（2）	（3）	（4）
		未修正异方差	修正异方差	未修正异方差	修正异方差
Constant		0.5989***	0.5989***	0.5979	0.5979***
		(0.1853)	(0.1452)	(0.1853)	(0.1452)
R－squared	组内标准误（within）	0.3204		0.3204	
	组间标准误（between）	0.0185		0.0188	
	总体标准误（overall）	0.0072		0.0073	

注：括号中的是标准误，*、**和***分别代表在10%、5%和1%的水平上显著。

从表4－8中列（2）、列（4）的估计结果可以发现：

首先，代理不同地区信息通信技术水平的关键解释变量对地区金融服务覆盖面有显著正向影响，且比较使用聚类稳健标准误修正异方差前后的计量结果可以发现，两次模型的回归结果均显著（不放入地区经济发展水平变量时关键解释变量在1%的水平上显著为正，不放入地区金融基础设施变量时关键解释变量则在10%的水平上显著为正）。这证明了信息通信技术水平的提高有助于提高金融覆盖的广度，即有助于扩大金融服务的覆盖面。

其次，观察反映地区公平性的变量，经济公平性对金融服务覆盖面的影响均不显著，在修正异方差后，社会公平性变量"每万人福利性单位床位数"对金融服务覆盖面的影响在10%的水平上显著为正（但系数数值仍是很小），这可能意味着，金融服务覆盖面的扩大依然带有一定的公平属性，这也恰好符合普惠金融最终目标中"实现基础性金融服务获取机会的均等化"的定义。但是，不可忽略的是，尽管金融服务覆盖面的扩大必然会涉及公平的问题，但这并不意味着普惠金融的最终目标就是实现公平。根据前文的推理，基于完全公平视角下的强制性资源再分配并不是真正高效的普惠金融，普惠金融应该是通过一定的技术手段效率更高地、成本更低地实现金融服务覆盖面的扩大；与此同时，普惠金融的含义也绝不单纯是满足农村家庭、城镇低收入家庭基础性的金融服务需求，还应该进一步地激发其潜在的多元化金融需求，扩大其金融服务获得种类，提高其多元化金融服务获得层次。

再次，金融市场特征相关变量的符号和显著性水平基本符合预期。其中，反映贷款竞争程度的"贷款HHI"在1%的水平上显著为负，意味着贷款竞争强度越大的地区金融服务覆盖面也越大。可能的原因是，金融市场竞争加剧的提高有助于激励金融机构扩大金融服务的范围、丰富金融供给的种类，开拓新的客户资源，最终在一定程度上扩大不同地区的金融服务覆盖面。

最后，公共基础设施变量和产业结构变量均对金融服务获得率有显著影响，公共基础设施变量在10%的水平上显著为正，产业结构变量在5%的水平上显著为负。"每平方千米公路里程数"在某种程度上体现了当地的交通基础设施水平，根据前文的理论分析，这一水平的提高不仅有助于机构交易成本的降低，还有助于家庭获得金融服务成本的减少。此外，与其他产业相比，农业产业受到自然风险、市场风险等多方面因素的影响，其风险属性与特征使得金融机构的避险倾向更加强烈，这导致了第一产业占GDP比重较高的地区，金融机构提供金融服务的意愿会有一定程度的下降。

（四）稳健性检验

除了使用聚类稳健标准误增强回归结果稳健性，本节还以"户均移动电话数"（atelnum）代替模型一中的关键解释变量"接入互联网的户数占总户数比重"（aintnum）进一步进行稳健性检验，回归结果如表4-9所示（该处仅汇报了稳健标准误下的回归结果）。

表4-9　信息通信技术对金融服务覆广度影响的稳健性检验

变量	金融覆广度的代理变量：金融服务获得率（FM_{it}）	
	(5)	(6)
户均移动电话数	0.1345**	0.1351**
	(0.0659)	(0.0659)
城乡收入差距的对数值	−0.1372	−0.1380
	(0.0853)	(0.0853)
每万人福利性单位床位数（床/万人）	0.0009**	0.0009**
	(0.0004)	(0.0004)
存款HHI	0.0046	0.0048
	(0.0585)	(0.0585)
贷款HHI	−0.0259*	−0.0262*
	(0.0149)	(0.0150)
农村地区个人信用档案建档率（%）	0.0008*	0.0002*
	(0.0004)	(0.0001)
每十万人的商业银行网点数（个）	0.0002	—
	(0.0006)	
人均GDP（万元/人）	—	0.0003***
		(0.0001)

续表

变量	金融覆广度的代理变量：金融服务获得率（FM_{it}）	
	（5）	（6）
每平方千米公路里程数	0.0449	-0.0446
	(0.0347)	(0.0346)
每万人专职教师数量（人）	-0.0000	-0.0000
	(0.0002)	(0.0002)
第一产业占 GDP 比重（%）	-0.0320**	-0.0320**
	(0.0129)	(0.0129)
Constant	0.4794**	0.4780**
	(0.1995)	(0.1996)

注：括号中的是标准误，*、**和***分别代表在10%、5%和1%的水平上显著。

对比稳健性检验的结果与表4-8的模型回归结果发现，核心解释变量、其他控制变量的系数方向、显著性均没有发生大的变化，两次回归结果基本保持一致，说明表4-8的模型回归结果较为稳健、结论可靠。

第四节　本章小结

本章从家庭金融服务获得的视角出发，研究信息通信技术对金融服务覆盖面的影响。金融服务覆盖面的扩大过程中最为主要的服务对象无疑是农村家庭，针对这部分弱势群体而言，普惠金融首先应当解决的是农村家庭获得基本金融服务的机会均等化。本章结合实际现实情况，首先从信息通信技术影响基础性金融服务的供需均衡角度出发，理论分析了信息通信技术对普惠金融的影响机制：通过丰富供给渠道和降低机构向偏远地区、农村地区、城镇低收入家庭提供金融服务的变动成本和固定成本，使市场供需均衡解发生变化，最终扩大了不同地区的金融服务覆盖面。

其次，本章从供给层面理论分析了信息通信技术与普惠金融覆盖面的关系。信息通信技术通过降低金融机构供给的固定成本和变动成本，使得机构边际成本曲线的截距和斜率同时变小，均衡点向右移动，提高了金融机构金融服务的最优供给量，在一定程度上解决了金融机构供给高成本和正外部性问题，最终促进了普惠金融覆盖面的扩大。

最后，本章利用 2011～2014 年对江苏 13 市 48 县金融机构的调查数据，采用短面板固定效应模型，实证检验了信息通信技术对县域金融服务覆盖面的影响，在考虑了异方差并进行了稳健性检验之后，得出以下结论：

第一，不同地区的信息通信技术均对当地普惠金融产生了正面影响，具体表现为扩大了当地的金融服务覆盖面，即从金融服务的覆盖面来看，更多原先没有获得金融服务的人群获得了金融服务。

第二，分析其他控制变量的回归结果可以发现，社会公平性程度、区域基础设施建设水平、信用环境、经济发展水平的提高均有利于金融服务覆盖面的扩大；而地区金融市场的贷款集中度对金融服务覆盖面有显著的负向影响，表明了市场竞争程度的提高也有利于当地的金融服务覆盖面的扩大。

第五章 普惠金融发展的微观群体差异

前述章节从宏观供给层面探讨了如何构建普惠金融体系、县域普惠金融的发展情况以及信息通信技术的发展对于普惠金融进程的影响。本章聚焦微观需求层面，分析我国普惠金融发展的现实情况并探究城镇家庭、移民家庭以及农村家庭金融获得水平可能存在的差异及其影响因素。

第一节 普惠金融发展群体差异的特征分析

普惠金融的核心是有效、全方位地为社会所有阶层和群体提供金融服务，尤其是欠发达地区和社会低收入人群的金融可得性（周小川，2013）。表5-1展示了世界银行对主要经济体普惠金融发展水平的比较，反映了我国普惠金融发展的一些重要特征：

第一，我国基础金融（如银行账户拥有率）普惠程度（66.30%）高于世界平均水平（46.82%）和其他金砖国家水平（如巴西、印度、南非等），但与发达经济体平均86.38%的账户拥有率相比仍有较大差距。

第二，我国居民银行贷款获得率（6.51%）较低，不仅远低于发达经济体（14.23%）和世界平均水平（10.40%），也低于其他金砖国家；与之相对应的是民间借款，相比发达经济体，我国居民更多地参与非正规信贷市场（平均21.04%），尽管这一特征在其他金砖国家同样较为普遍。

第三，我国不同收入水平居民的金融可得性存在群体差异，低收入群体的基础金融服务使用率不高，最贫困的1/5人口的成年人中，仅有38.44%持有银行账户，远低于全国平均水平，超过30%的民间借款比例也显示该群体更加依赖于非正规信贷市场。因此，实现普惠金融任重而道远，为中国家庭营造更加有效的金融市场环境、改善家庭普惠金融状况需要全面了解我国家庭金融获得的现状及其影响因素，如表5-1所示。

已有文献关于我国普惠金融的实证研究主要集中在宏观层面。例如，使用金融机构网点分布或存贷款数据衡量区域金融体系的普惠水平（谭燕芝等，2014）。

表 5 – 1　2011 年部分国家居民层面普惠金融发展水平比较　　　单位：%

国家	银行账户获得率	银行贷款获得率	民间借款获得率
中国	66.30	6.51	21.04
中国收入最低的 20% 家庭	38.44	8.21	30.59
巴西	55.45	6.85	14.78
印度	37.33	8.09	18.99
南非	56.60	11.10	35.70
美国	90.47	20.96	12.42
德国	98.48	11.47	8.33
日本	96.98	7.14	3.62
澳大利亚	99.30	17.50	8.68
发达经济体平均	86.38	14.23	13.22
世界平均	46.82	10.40	23.16

资料来源：世界银行 2012 年全球普惠金融数据库（Global Financial Inclusion Database）。

然而，仅从区域层面衡量普惠金融发展水平依然无助于探究普惠金融的难点和突破口。原因在于：一方面，即使是在同一地区，不同收入、受教育程度和资产水平家庭的金融可得性依然存在差异；另一方面，从供需匹配的角度来看，仅增加供给而无视需求的异质性，可能并不能真正拓展金融覆盖深度。

微观层面涉及该问题的研究缺少对家庭银行账户、信贷获得的研究以及不同群体家庭金融获得差异的系统性比较分析。首先，现有研究侧重于分析单一农村家庭或移民家庭信贷获得，如农村家庭的正规信贷约束、金融排斥、民间借贷等问题（李锐和朱喜，2007；刘西川和程恩江，2009）以及移民家庭金融排斥、金融获得"两头难"问题（马九杰和沈无知，2012）。其次，与本章研究较为类似的是 Fungáčová 和 Weill（2015），他们首次从微观层面分析中国居民普惠金融问题，但是受到数据限制，仅从收入、性别和受教育程度三个维度研究其对金融可得性的影响，无法控制供给方面因素和影响信贷需求的其他因素。

实际上，金融市场参与具有群体差异性，但目前的研究主要是以跨国移民为分析对象。

与美国本地居民相比，移民获得支票或储蓄账户的概率较低（Osili 和 Paulson，2008），拥有的预防性储蓄（Amuedo – Dorantes 和 Pozo，2001）和金融资产较少（Chatterjee，2009），Carroll 等（1994）对加拿大的研究也得到了相似的结论，即移民的储蓄率水平更低。同时，尽管一些学者研究转型时期户籍制度对收入（陈珣和徐舒，2014）、消费（陈斌开等，2010）、移民群体信任（汪汇等，

2009）和公共参与（陈钊等，2014）等方面的影响，但是研究户籍身份差异对家庭金融获得影响的严谨理论和实证研究仍是空白。

长期以来，学术研究聚焦在中国农村家庭的金融获得，但随着中国城乡二元经济结构的逐渐转型和城镇化发展的不断推进，关注移民家庭经济融合问题越发具有现实意义。在此背景下，城镇、农村和移民三类家庭在金融可得性上可能存在的群体差异性及其决定因素成为本章的研究重点。对此，本章节的逻辑是，考虑到发展中国家农村金融市场发展落后，金融抑制现象普遍，我们检验在城市居住的城镇家庭以及与农民有着相似生活、教育经历的移民家庭的金融获得是否优于农村家庭。进一步地，我们评估同处发达金融市场，却受户籍制度分割的城镇家庭与农村家庭、移民家庭在金融获得上是否存在差异。综上所述，区别于现有从宏观层面对普惠金融的研究，本章使用微观家庭数据，在需求层面上系统研究中国普惠金融的现实状况，此外，本章还探究了城镇家庭、移民家庭以及农村家庭金融获得水平可能存在的差异及其影响因素，并进一步剖析了金融市场、制度与金融资源分配之间的内在关联。

第二节　普惠金融发展群体差异的理论分析：
市场失灵还是制度歧视

本节系统研究当前中国城镇、农村和移民家庭金融获得的群体差异性以及引起这种差异的理论机理，其中农村和移民家庭的金融获得可能受到市场、制度等因素的制约。首先是农村家庭，现有研究表明，诸多发展中国家农村金融市场的运行效率较低，农户信贷配给普遍存在（Carter，1988；Tsai，2004），农村金融市场的系统性缺陷是导致市场失灵的主要原因（Hoff 和 Stiglitz，1990），具体表现为农村金融市场呈现信息不对称程度较高、缺乏合适的抵押物、交易成本较高、存在协同风险等系统性缺陷，引致农村微观经济主体陷入金融排斥困境。与大多数发展中国家相似，我国农村地区仍面临着较为严重的信贷配给问题（程郁等，2009；张龙耀和江春，2011）。但是，相比其他发展中国家，中国农村金融市场缺陷还具有一定的特殊性，即我国金融体系呈现出城市金融市场和农村金融市场并存的"二元"结构特征，城乡金融市场无论在金融总量、结构抑或制度等方面均存在较大的差异，农村金融市场相对落后，具体表现为：一方面，国有银行的分支机构从乡镇撤离，加之农村正规金融机构自身的逐利性和风险规避性使资金大量外流，导致市场垄断和供给不足；另一方面，农户贷款具有规模小、风险高、分散等特点，导致交易成本相对较高，而且在农地集体所有制下，农村土地和住房等难以成为有效的抵押担保，降低了金融机构的信贷供给意愿。因此，与处于城市金融市场中的家庭（包括城镇家庭和移民家庭）相比，农村家庭的金融获得可能主要受到垄断、信息不对称、抵押约束等市场失灵因素的影响，使得市场价格机制无法起到合理配置农村地区金融资源的作用。

其次是在当前中国户籍制度下，城市地区包括具有当地城市户籍的城镇家庭和移民家庭。移民家庭的经济融合有助于发展其流出地和流入地的经济并减少贫困，而金融获得和包容则是经济融合的重要组成部分。Rhine 和 Greene（2006）的研究发现，受教育水平较低、收入较低、家庭规模较大的移民更容易受到金融排斥。同时，迁移导致的信息不对称和歧视也是移民家庭金融获得水平较低的主要原因（Diaz - Serrano 和 Raya，2014）。Benyishay（2012）研究表明，因随机冲击而迁移的危地马拉移民会受到融资约束，即使移民选择留在目的地并且有能力偿还贷款，因迁移导致的信息不对称使其获得正规贷款的可能性降低12%。中国的情况有所不同，随着城镇化进程的不断推进，大量农村剩余劳动力转向城镇。在户籍制度的影响下，中国的城市化进程已经形成了城市内部的社会分割，即同一城市内部形成了包含户籍人口和非户籍人口的"新二元结构"（陈斌开等，2010）。城市中非户籍人口通常缺乏社会保障、就业稳定性较差以及医疗和教育等公共服务使用率较低，整体上移民家庭的城市融入水平较低。田明（2013）指出，城市融入困难是农业转移人口空间流动速度快，在城市居留时间短的重要影响因素。有效融入当地社会能够降低空间流动性，提高居留的稳定性。在当前我国仍未建立起覆盖全国的个人信用体系的情况下，人口流动对金融市场运行的影响主要体现在人口频繁的迁移降低了移民家庭在流出地和流入地的可用信息累积，可能会导致其与金融机构之间更高的信息不对称。此外，移民面临更大的未来不确定性和职业不稳定性，无法获得城市户籍还会抑制家庭的住房需求，降低其资本积累。因此，由户籍制度及其关联制度导致的移民流动性较高和资本积累不足是造成金融市场摩擦的原因之一。

在正规金融市场欠发达的地区，民间金融可能会通过社会资本发挥重要的作用。马光荣和杨恩艳（2011）认为，依托亲友关系的非正规金融弥补了农村正规金融发展滞后的缺陷。张雪春等（2013）则指出，从短期来看民间借贷是银行存款的替代品，而长期来看则是银行贷款的互补品。Petersen 和 Rajan（1994）研究发现，通过在较长的一段时间内与借款人建立关系，贷款人对借款人的风险程度有了更深入的了解，从而可通过克服道德风险、逆向选择和合同的执行等方式来缓解融资约束。因此，受到金融排斥的农村家庭能够通过社会资本降低供需双方的信息成本和机会主义倾向，获取民间借款，缓解资金需求。社会网络越发达的农户，民间借贷行为越活跃，以社会网络为基础的农户民间借贷行为是传统乡土社会的典型特点（杨汝岱等，2011）。然而，对于移民家庭而言，迁移到新的位置往往代表了移民家庭与流出地社会网络关系的切断，劳动力市场分割、居住区分割也阻碍了移民家庭在城市重新构建社会网络。由于其原有农村社会资本的瓦解以及城市社会资本的欠缺，增加了移民家庭与金融产品供给者之间的信息不对称程度，从而降低了其通过社会资本获取金融产品与服务的能力。

Guiso 等（2004）验证了社会资本与金融获得之间的关系，研究发现，从意大利南部迁往北部的移民使用支票或持有股票的概率更低，主要原因是他们的社会资本水平较低。

综上所述，农村金融市场的系统性缺陷导致其以逆向选择和道德风险两种方式表现出严重的信息不对称，可能使农村家庭金融获得水平较低，而民间金融通过村落人际关系网络与信任减少逆向选择和道德风险在农村发挥了重要的作用。据此，本章提出以下两个假说：

假说5－1：与城镇家庭相比，农村家庭正规金融获得水平较低，民间金融获得水平较高。

假说5－2：与移民家庭相比，农村家庭正规金融获得水平较低，民间金融获得水平较高。

对于金融机构而言，移民家庭具有更加严重的信息不对称性，主要表现为户籍制度的限制阻碍了其在城乡之间的流动，同时也减少了其在城市和农村两地的社会资本和信息积累，不利于他们向流出地以及流入地的金融机构或亲朋好友传递信息。无论是正规金融机构还是民间金融主体可能都不愿意为他们提供金融服务，其金融获得水平可能有所下降。此外，鉴于移民家庭的农户身份没有改变，依旧进行生产性经营，所以其民间贷款需求可能高于城镇家庭。据此，提出以下假说：

假说5－3：与城镇家庭相比，移民家庭正规金融获得水平较低，民间金融获得水平较高。

第三节　普惠金融发展群体差异的现状描述

一、资料来源和样本描述

本节数据来自中国家庭金融调查与研究中心于 2011 年在全国范围内开展的第一次家庭金融入户调研项目。该项目采用分层、三阶段与规模度量成比例的抽样设计，提高样本的随机性和代表性。调查范围覆盖了全国 25 个省份 80 个县的 320 个村（居）委会，总调查样本为 8438 户家庭，调查涉及家庭资产和金融财富、负债和融资约束、收入、消费、代际转移支付以及人口特征等信息。本章从储蓄（银行账户）和负债（银行贷款、民间借款以及信用卡）两个维度衡量我国家庭普惠金融水平。

区别于现有研究，本节将 8438 户样本家庭划分为三类：一是依据家庭居住地，将样本划分为城市家庭和农村家庭；二是依据户籍状态，将户主为非农户口和农业户口的家庭分别定义为非农户口家庭和农业户口家庭；三是将户主具有农业户口且居住在城镇的家庭定义为移民家庭。王春光（2001）将 20 世纪 80 年代初次外出的农村流动人口归为第一代农民工，把年龄在 25 岁以下、于 20 世纪 90 年代及以后外出务工经商的农村流动人口归为第二代农民工。因此，本章以 1989 年为界限，将 2011 年户主年龄大于等于 40 岁的移民家庭称为移民家庭 I，将户主年龄小于 40 岁的移民家庭称为移民家庭 II，如表 5－2 所示。

表5－2　依据户籍特征的样本家庭分类　　　　　　　　　单位:%

按居住地分类	按户籍分类	样本数	比例
城市家庭	城镇家庭	3647	43.22
	移民家庭 I	1014	12.02
	移民家庭 II	533	6.32
农村家庭	农村家庭	3244	38.44
合计	—	8438	100

注：基于 CHFS（2011）整理得到，以下表同。

二、家庭金融可得性及其群体差异的描述性统计

基于家庭参与金融市场的相关经历，本节将家庭拥有活期或定期银行账户界定为家庭拥有银行账户，将家庭在经营负债、房产负债、车辆负债或教育负债中有银行贷款的家庭视为获得银行贷款，从其他渠道获得贷款的家庭视为家庭获得民间借款，此外，还区分出家庭是否持有信用卡账户。

表5－3 详细描述了样本家庭金融可得性水平，显示出我国 60.94% 的家庭拥有银行账户，15% 的家庭获得银行贷款，35.11% 的家庭参与民间借款，5.49% 的家庭持有信用卡。具体而言，城镇家庭的银行账户拥有率为 73.46%，这一数值远高于农村家庭的 46.33%，而移民家庭银行账户拥有率与城镇家庭较为接近，其中，移民家庭 II 比移民家庭 I 高 10 多个百分点，表明我国不同群体间银行账户可得性差异较大。就负债而言，城镇家庭银行贷款比率为 17.14%，移民家庭尤其是移民家庭 I 的银行贷款比率最低且占比为 11.24%，农村家庭银行贷款比率为 13.75%，而城镇、移民和农村家庭获得民间借款的比率分别为 28.96%、

37.56%、40.88%。此外，对比城镇、移民和农村家庭的银行贷款和民间借款获得情况，可以看出，我国移民家庭和农村家庭银行贷款获得水平较低。从信用卡持有率来看，我国信用卡账户可得性普遍较低，但是城镇家庭信用卡获得率大于移民家庭，农村家庭信用卡获得率最低。综合以上分析，中国金融市场主要呈现出城镇家庭、移民家庭正规金融获得比例较高，农村家庭更多地依赖非正规金融的特点。

表5-3 样本家庭金融可得性的群体差异比较 单位:%

群体分类	样本数	账户	负债		
		银行账户	银行贷款	民间借款	信用卡
城镇家庭	3647	73.46	17.14	28.96	8.14
移民家庭	1547	62.06	12.61	37.56	4.98
其中：移民家庭 I	1014	58.48	11.24	41.52	4.44
移民家庭 II	533	68.86	15.20	30.02	6.00
农村家庭	3244	46.33	13.75	40.88	2.74
合计（平均）	8438	60.94	15.00	35.11	5.49

第四节 研究方法与变量设置

一、模型构建

本节主要分析不同群体间的金融产品与服务可得性差异及其影响因素，结合上文对城镇、移民和农村家庭金融获得的分析，设定如下 Probit 模型进行实证检验：

$$Y = 1[\beta_0 + \beta_1 urban + \beta_2 migrantI + \beta_3 migrantII + \lambda X_i + \varepsilon_i > 0] \quad (5-1)$$

$$Y = 1[\beta_0 + \tilde{\beta}_1 urban + \tilde{\beta}_2 migrantI + \tilde{\beta}_3 migrantII + \lambda X_i + \varepsilon_i > 0] \quad (5-2)$$

式（5-1）、式（5-2）中，Y 是虚拟变量：取值为 1，表示家庭获得不同的金融产品或服务，即银行账户、银行贷款、民间借款、信用卡账户；取值为 0，表示家庭未获得金融产品或服务。选用主要解释变量：城镇家庭（urban）、农村家庭（rural）、移民家庭 I（migrant I）、移民家庭 II（migrant II），将这些变量分别对应赋值为 1，反之为 0。式（5-1）、式（5-2）分别代表回归模型一和回归模型二，下标 i 代表了第 i 户家庭、X_i 为控制变量、ε_i 为随机扰动项。

本节通过式（5-1）考察了处于城市金融市场的城镇家庭、移民家庭与农村金融市场中农村家庭的金融获得差异性。根据研究目的，本节所关心的回归系数 β_1、β_2、β_3 分别代表农村家庭与城镇家庭、移民家庭Ⅰ、移民家庭Ⅱ的金融可得性差异。式（5-2）则用以比较农村家庭、移民家庭与城镇家庭金融可得性差异，其中，β_1 表示农村家庭与城镇家庭金融获得差异，β_2 表示移民家庭Ⅰ与城镇家庭金融获得的差异，β_3 表示移民家庭Ⅱ与城镇家庭金融获得的差异，可以看出回归系数之间的关系为：$\tilde{\beta}_1 = \beta_1$；$\tilde{\beta}_2 = \beta_2 - \beta_1$；$\tilde{\beta}_3 = \beta_3 - \beta_1$。

二、变量设置

表5-4为样本的户主信息以及家庭特征的统计结果：38.4%的家庭为农村家庭，移民家庭Ⅰ和移民家庭Ⅱ分别占比 12.10%、6.3%，城镇家庭占比为43.2%，城市家庭为城镇家庭与移民家庭的总和；73.1%的户主是男性；户主平均年龄为49.975岁；户主是党员的比例为14.9%，表明我国家庭拥有较少的政治资本；户主已婚比例为86.4%；户主的风险态度介于平均风险偏好和略低风险偏好之间；家庭平均有3.476个成员，其中劳动力占比为61.8%，说明我国家庭规模较小；30.9%的户主受教育程度为初等教育，53.5%的户主受教育程度为中等教育，15.6%的户主受教育程度为高等教育；90.8%的家庭拥有房屋，我国家庭拥有房产的比例较高；但是仅有14.5%的家庭拥有车辆，我国家庭拥有车辆的比例较低；家庭的月通信费用约为132元；过去一年有19%的家庭年收入比正常年份低。

表5-4 变量定义和描述性统计

变量名	变量定义和描述	均值	标准差	最小值	最大值	样本数
农村家庭	是=1；否=0	0.384	0.486	0	1	8438
移民家庭Ⅰ	是=1；否=0	0.120	0.325	0	1	8438
移民家庭Ⅱ	是=1；否=0	0.063	0.243	0	1	8438
城镇家庭	是=1；否=0	0.432	0.495	0	1	8438
城市家庭	是=1；否=0	0.616	0.486	0	1	8438
性别	男=1；女=0	0.731	0.443	0	1	8438
年龄	户主年龄（岁）	49.975	14.032	16	111	8431
政治资本	是否党员 是=1；否=0	0.149	0.356	0	1	8313
婚姻状况	是否已婚 是=1；否=0	0.864	0.343	0	1	8351
风险偏好	高风险=1；略高风险=2；平均风险=3；略低风险=4；无风险=5	3.847	1.234	1	5	8295
家庭规模	家庭规模人口数	3.476	1.548	1	18	8438

续表

变量名	变量定义和描述	均值	标准差	最小值	最大值	样本数
劳动力占比	劳动力占比	0.618	0.334	0	1	8438
教育$_{初等}$	接受过初等教育 是 = 1；否 = 0	0.309	0.462	0	1	8359
教育$_{中等}$	接受过中等教育 是 = 1；否 = 0	0.535	0.499	0	1	8359
教育$_{高等}$	接受过高等教育 是 = 1；否 = 0	0.156	0.362	0	1	8359
拥有房屋	有 = 1；无 = 0	0.908	0.289	0	1	8437
拥有车辆	有 = 1；无 = 0	0.145	0.352	0	1	8436
通信费用	通信费（元/月）	132.074	168.413	0	3636	8278
收入冲击	家庭收入是否低于正常年份 是 = 1；否 = 0	0.190	0.392	0	1	8421
收入层次	收入五等分虚拟变量 是 = 1；否 = 0	0.200	0.400	0	1	8438

考虑到变量之间可能存在多重共线性问题，会影响到估计结果的一致性与有效性，本节使用方差膨胀因子 VIF 进行多重共线性诊断，结果显示解释变量 VIF 最大为 2.34 且平均 VIF 为 1.50，说明变量之间不存在多重共线性问题，从而确保模型估计的准确性。

第五节　普惠金融发展群体差异性实证分析

一、家庭金融可得性的群体差异性影响因素计量结果

研究关于家庭在银行账户、银行贷款、民间借款、信用卡账户等方面的金融可得性，考虑到家庭金融可得性的影响因素是多方面的，表 5 - 5 给出了未加入家庭特征以及加入家庭特征后的回归结果。分别对应以户主性别、年龄、年龄平方项、政治资本、婚姻情况、风险态度、家庭结构、劳动力占比、受教育程度、家庭房产、家庭车辆、家庭通信费用、收入冲击、家庭年收入为控制变量组合的不同影响因素。为了直观分析回归结果系数在加入家庭特征前后的变化情况，本节直接汇报各种影响因素的回归系数。

表5-5　家庭金融可得性的群体差异性影响因素

解释变量	(1)	(2)	(3)	(4)	(5)	(6)	(7)	(8)
	银行账户		银行贷款		民间借款		信用卡账户	
回归模型（一）：金融市场差异								
城镇家庭	0.719***	0.337***	0.143***	-0.119**	-0.324***	-0.073*	0.524***	0.306***
	(0.031)	(0.040)	(0.037)	(0.050)	(0.031)	(0.040)	(0.054)	(0.070)
移民家庭Ⅰ	0.306***	0.210***	-0.122**	-0.185***	0.017	0.049	0.218***	0.106
	(0.045)	(0.049)	(0.059)	(0.065)	(0.045)	(0.048)	(0.083)	(0.091)
移民家庭Ⅱ	0.584***	0.184**	0.064	-0.344***	-0.293***	-0.121*	0.365***	-0.050
	(0.061)	(0.075)	(0.072)	(0.087)	(0.061)	(0.073)	(0.098)	(0.120)
回归模型（二）：户籍身份差异								
移民家庭Ⅰ	-0.412***	-0.127**	-0.265***	-0.066	0.340***	0.123**	-0.307***	-0.200**
	(0.046)	(0.052)	(0.057)	(0.068)	(0.045)	(0.051)	(0.075)	(0.091)
移民家庭Ⅱ	-0.135**	-0.154**	-0.079	-0.225***	0.031	-0.048	-0.159*	-0.356***
	(0.061)	(0.074)	(0.071)	(0.086)	(0.061)	(0.072)	(0.091)	(0.111)
家庭特征	未控制	已控制	未控制	已控制	未控制	已控制	未控制	已控制
观察值	8438	7996	8438	7996	8438	7996	8438	7996
Pseudo R²	0.049	0.119	0.004	0.126	0.012	0.056	0.029	0.118

注：由于篇幅限制，没有报告除关注变量之外家庭特征的系数和标准误。回归模型（一）与回归模型（二）的控制变量、城镇家庭与农村家庭的结果含义是一致的，所以只汇报了一次控制变量的结果，并且没有汇报农村家庭变量的结果，下同。括号内系数为稳健标准误，***、**和*分别表示双尾t检验值在1%、5%和10%水平上统计显著。

在回归模型一中分城乡二元金融市场，我们比较城镇家庭、移民家庭与农村家庭的金融可得性差异。不加入家庭特征时，城镇家庭比农村家庭获得更多的银行账户、银行贷款和信用卡账户，获得更少的民间贷款，假说5-1得到验证；加入家庭特征时，城镇家庭显著获得更多银行账户和信用卡账户，且获得更少的银行贷款和民间借款，这一发现部分验证了假说5-1。原因可能来自农村金融市场存在信息不对称、高成本、高风险、低效率等特征，从而引起农村地区严重的金融排斥问题。但是，由表5-5第（4）列可知，与假说5-1有悖的是农村家庭获得更多的银行贷款，鉴于银行贷款的界定范围、数据的局限性以及城乡家庭在贷款类型、贷款结构、贷款额度等方面存在较大差异，本节仅衡量家庭是否获得银行贷款，并不能准确评价城乡家庭银行贷款的可得性差异。因此，我们在后文中将进一步分析群体间银行贷款类型的获取情况。

无论是否加入家庭特征，整体而言，移民家庭稳健地比农村家庭获得更多的银行账户，获得更少的银行贷款。此外，民间借款可得性差异主要体现在移民家庭Ⅱ的民间借款获得概率低于农村家庭，同时在考虑家庭特征之后，移民家庭Ⅰ、移民家庭Ⅱ与农村家庭的信用卡账户获得水平差异不显著。因此，面对较为发达的城市金融市场，移民家庭仅仅可以获得基础性的金融服务，如银行账户的获得，但因其流动性的增强与社会资本水平的降低减少了流出地以及流入地的金融机构和亲朋好友的信息获取，从而信贷获得水平有所降低。

　　在户籍身份差异这一视角下，分析回归模型（二）可知，移民家庭比城镇家庭获得更少的银行账户、银行贷款、信用卡账户，获得更多的民间借款，假说5－3得到验证。移民家庭进入城市后所能接触到的金融资源供给与城镇家庭并没有明显区别，但是移民家庭却比城镇家庭获得更少的正规金融产品与服务。造成这一结果的原因可能是因为在户籍制度下，移民家庭不能和城镇家庭享受同等的政策对待和公共品资源，他们难以获得城市户籍，无法成为永久移民，暂时和不稳定的迁移行为使其难以达到与城镇家庭同等的金融获得水平。具体而言，在控制家庭特征时，移民家庭Ⅰ和移民家庭Ⅱ均比城镇家庭获得更少的银行账户、银行贷款、信用卡账户，但移民家庭在民间借款维度上的金融可得性却表现出不一致性，即移民家庭Ⅰ比城镇家庭获得更多的民间借款，而移民家庭Ⅱ与城镇家庭的民间借款可得性差异不显著。另外，在控制其他影响因素下，与移民家庭Ⅱ相比，除民间借款外，移民家庭Ⅰ与城镇家庭的金融可得性更为接近，即在城市工作时间较长的移民，可能积累了更多的社会资本和资产（Laszlo和Santor，2009），其金融获得水平有所改善，但是由于平均而言移民家庭Ⅰ可抵押资产低于城镇家庭，其金融获得仍主要依赖于民间借贷。

二、家庭银行贷款可得性差异影响因素计量结果

　　由上文可知，农村家庭比城镇家庭获得更多的银行贷款，主要源于城乡家庭在贷款类型、贷款结构、贷款额度等方面存在较大差异，但是由于数据的局限性，本章无法控制需求差异从而导致结果偏误。主流观点认为，发展中国家农户对正规信贷的需求以生产性为主，正规金融机构通过提供各种金融服务支持农户开展生产经营活动。同时，由于农业的周期性以及农户收入的波动性导致农村家庭的谨慎性消费，阮小莉和仲泽丹（2013）研究表明，城市居民比农村居民的消费观念更为开放，对消费信贷的接受意愿更为强烈，消费信贷能力更高。鉴于本章所衡量的银行贷款具体包括生产经营性贷款、消费贷款以及教育贷款，为了准确剖析我国不同群体信贷需求的用途特征，进一步将银行贷款划分为生产经营性贷款、消费贷款以及教育贷款，以探究城镇家庭、移民家庭、农村家庭这三类群体在不同类型银行贷款可得性上的差异及其影响因素如表5－6所示。

表5-6　银行贷款可得性的群体差异性影响因素

解释变量	(1) 生产经营性贷款	(2) 消费贷款	(3) 教育贷款
回归模型（一）：金融市场差异			
城镇家庭	-0.673***	0.191***	-0.569***
	(0.079)	(0.055)	(0.121)
移民家庭Ⅰ	-0.502***	-0.018	-0.097
	(0.103)	(0.074)	(0.118)
移民家庭Ⅱ	-0.804***	-0.088	-0.059
	(0.146)	(0.095)	(0.211)
回归模型（二）：户籍身份差异			
移民家庭Ⅰ	0.171	-0.209***	0.472***
	(0.116)	(0.076)	(0.142)
移民家庭Ⅱ	-0.130	-0.279***	0.510**
	(0.152)	(0.093)	(0.225)
家庭特征	已控制	已控制	已控制
观察值	7996	7996	7996
Pseudo R^2	0.132	0.160	0.150

注：表中各列估计时控制变量的选取与上文完全一致，为节省篇幅不再报告，下文同。括号内系数为稳健标准误，***、**和*分别表示双尾 t 检验值在1%、5%和10%水平上统计显著。

从表5-6的分析中我们可以得到以下两个结论：农村家庭比城镇家庭、移民家庭获得更多的生产性贷款，且通过1%的显著性检验。对此现象的解释是，与许多发展中国家相似，我国现行的信贷政策与正规贷款产品中仍然存在着用信贷手段补贴农业生产，无论是农村信用社发放的农户小额贷款，还是中国人民银行为鼓励农村信用社支持"三农"所提供的支农再贷款，都是希望能够支持农户从事小规模的种养殖业。然而，移民家庭本身农地规模较小或者可能通过流转、抛荒农地等形式放弃其农业生产，转而迁移到城市，其获得收入的方式与城镇家庭逐渐靠近，生产性融资不再是这一群体的主要需求。

城镇家庭比农村家庭获得更多的消费贷款和更少的教育贷款，而移民家庭与农村家庭之间的消费贷款与教育贷款获得差异均不显著。从已有研究可知，农村家庭与移民家庭本身消费倾向低、储蓄倾向高，传统乡土社会勤俭的消费观念仍制约着他们及时、有效地获取贷款和使用赊账模式，从而压抑了他们的消费金融需求。我国的消费金融产品以住房贷款和车辆贷款为主，期限以中长期为主，消费金融的服务机构以商业银行为主，服务对象还没有覆盖到农村家庭。同时，商业银行也没有推出专项支持移民家庭的金融产品与服务，移民家庭的身份界定模糊，涉农贷款的归属政策不明确。农村家庭与移民家庭相比于城镇家庭获得更多的教育贷款，主要源于样本中的教育贷款有70%的比例为国家政策扶持的助学贷款，而农村家庭与移民家庭的收入水平较低，政策扶持的助学贷款可以缓解教育资金需求。

三、进一步讨论：金融发展水平与家庭金融可得性的群体差异

经济学理论认为金融发展能够缓解信息不对称从而改善资源配置。对这一问题的思考有助于我们从中国金融市场化改革角度去检验金融发展能否通过缓解信息不对称来提高我国家庭金融获得水平，进一步地，金融发展水平的不断提高是缩小还是扩大群体间金融获得水平差距也是本章关心的一个问题。为了探讨金融发展水平是否会对金融获得水平以及群体间金融获得的差异产生影响，本章将通过设定省级金融发展指标判断金融发展对金融可得性的影响情况。具体而言，本章选用金融发展规模，即贷款与国内生产总值（GDP）的比值以表征金融发展指标，该指标的原始数据来自《中国金融年鉴》（2011）。此外，我们使用了金融发展与城镇家庭、金融发展与移民家庭Ⅰ、金融发展与移民家庭Ⅱ的交互项，通过其系数符号与显著性来分析金融市场的发展水平对城镇家庭与农村家庭、移民家庭与农村家庭、移民家庭与城镇家庭金融可得性的群体差异是否有影响以及有什么样的影响。回归结果如表5-7所示。

表5-7 金融发展对普惠金融群体差异性的影响

解释变量	(1)	(2)	(3)	(4)
	银行账户	银行贷款	民间借款	信用卡账户
回归模型（一）：金融市场差异				
城镇家庭	0.617***	0.124	0.319***	0.477***
	(0.099)	(0.119)	(0.099)	(0.179)
移民家庭Ⅰ	0.788***	0.302	0.221	0.212
	(0.152)	(0.200)	(0.148)	(0.270)
移民家庭Ⅱ	0.529***	0.192	0.264	0.355
	(0.168)	(0.220)	(0.172)	(0.292)
金融发展	0.303***	0.240***	0.038	0.261*
	(0.073)	(0.087)	(0.072)	(0.138)
城镇家庭×金融发展	-0.263***	-0.227**	-0.357***	-0.158
	(0.083)	(0.096)	(0.083)	(0.145)

续表

解释变量	(1)	(2)	(3)	(4)
	银行账户	银行贷款	民间借款	信用卡账户
移民家庭 I × 金融发展	− 0.534 ***	− 0.448 **	− 0.166	− 0.099
	(0.133)	(0.175)	(0.129)	(0.221)
移民家庭 II × 金融发展	− 0.314 **	− 0.467 ***	− 0.339 **	− 0.339
	(0.126)	(0.177)	(0.134)	(0.224)
回归模型（二）：户籍身份差异				
移民家庭 I	0.171	0.178	− 0.098	− 0.264
	(0.142)	(0.188)	(0.139)	(0.232)
移民家庭 II	− 0.088	0.067	− 0.056	− 0.122
	(0.156)	(0.206)	(0.161)	(0.254)
金融发展	0.303 ***	0.240 ***	0.038	0.261 *
	(0.073)	(0.087)	(0.072)	(0.138)
移民家庭 I × 金融发展	− 0.271 **	− 0.222	0.191	0.059
	(0.119)	(0.159)	(0.116)	(0.184)
移民家庭 II × 金融发展	− 0.051	− 0.240	0.018	− 0.181
	(0.111)	(0.161)	(0.122)	(0.186)
家庭特征	已控制	已控制	已控制	已控制
观察值	7996	7996	7996	7996
Pseudo R^2	0.121	0.128	0.062	0.120

注：括号内系数为估计的稳健标准误，***、**和*分别表示双尾 t 检验值在 1%、5%和 10% 水平上统计显著。

首先，本节发现金融发展对于提高普惠金融水平具有重要作用。金融发展可以促进银行账户和银行贷款的获得，并且在 1% 的水平下显著；同时在 10% 的水平下显著提高了信用卡账户的获得水平，这意味着随着正规金融市场发展水平的提高，我国家庭普惠金融水平得到显著改善。从回归结果（3）显示，金融发展水平对民间借款产生正向影响，一定程度上说明民间借贷发挥着对正规银行体系的补充作用，考虑到民间金融的产生源于正规金融的供给不足以及供给结构失调，产生互补效应的原因可能是金融发展水平的提高为非正规金融部门的发展提供了更为宽松的环境，从而使民间金融市场得到进一步的发展。

其次，本节能够从交互项的符号和显著性来发现金融发展是如何影响群体间金融获得的差异性。从回归模型（一）中我们发现，在银行账户、银行贷款、民间借款三个层面移民家庭与金融发展的交互项、城镇家庭与金融发展的交互项都显著为负。因此，以上发现的实际含义是：金融发展有助于缩小移民家庭与农村家庭、城镇家庭与农村家庭的金融获得差异性。可能的原因是在更加成熟的金融市场中，金融产品与服务供给者可以通过更有效的信息评估机制和信息甄别机制，从而进行更为合理的金融产品与服务供给。如回归模型（二）所示结果，在银行账户和银行贷款层面，移民家庭Ⅰ与金融发展的交互项为负，尤其在银行账户层面，该系数在5%的显著性水平上统计显著，而民间借款和信用卡账户层面的移民家庭与金融发展的交互项不显著。这说明金融发展能够在一定程度上缩小移民家庭Ⅰ与城镇家庭的银行账户和银行贷款获得水平的差距，当然这依旧得益于金融市场的发展有助于缓解逆向选择和道德风险的问题，从而使信息披露更完全。

第六节　本章小结

本章使用2011年中国家庭金融调查（CHFS）数据，研究城镇、农村和移民家庭金融可得性存在的群体差异性及其影响因素。本章的基本结论是，首先，与城镇家庭相比，农村家庭获得更少的银行账户、信用卡账户，获得更多的民间借款；移民家庭比农村家庭获得更多的银行账户，获得更少的银行贷款和民间借款；移民家庭比城镇家庭获得更少的银行账户、银行贷款和信用卡账户，获得更多的民间贷款。其次，进一步探究城镇、农村和移民家庭银行贷款可得性的群体差异性及其影响因素，研究表明：农村家庭比城镇家庭、移民家庭获得更多的生产性贷款；农村家庭与移民家庭的消费贷款和教育贷款差异不显著，但是他们均获得比城镇家庭更多的教育贷款。最后，我们分析了金融发展对金融可得性群体差异的影响，验证了金融发展水平的提高可以通过改善市场信息化程度提高我国家庭金融可得性，并且缩小群体之间的金融获得差异。基于上述研究本章认为，农村信贷市场高交易成本和高风险引致的市场失灵可以为城乡家庭金融可得性差异提供解释，但是移民家庭和城镇家庭金融可得性的差异则主要源于户籍制度及其关联制度带来的移民流动性较高以及原有农村社会资本瓦解而城市社会资本难以重构，导致信息不对称程度提高。

本章具有重要的经济和政策含义。由于普惠金融可以有效改善金融体系排斥性的现状，在有限的时间内将金融服务由少数人获得转变为多数人获得，能够赋予个人尤其是弱势群体经济和社会权利，使所有层面的人能够获得金融服务，因此，改革户籍制度以提高移民的城市融合度、加快构建居民尤其是农村信用体系将是缩小我国家庭金融可得性差异的重要途径。此外，把信贷支持作为完善普惠金融体系的重点，立足不同群体贷款需求多样化的趋势，在贷款用途、贷款方式、担保机制、风险管理等方面全方位创新贷款产品，进而提高金融服务的匹配度和适应性。更为重要的是，对于处于转轨经济时期的中国而言，只有通过政府采取有效政策或市场实现技术创新提高金融发展水平，缩小金融获得差距，才能推动普惠金融发展，进一步促进经济发展和消除不平等。

第六章 信息通信技术与家庭金融可得性

第五章聚焦微观层面探讨了普惠金融的微观群体差异，本章在此基础上研究信息通信技术对家庭金融可得性的影响。首先，厘清普惠金融主要的目标群体——农村家庭、城镇低收入家庭的需求特征以及信息通信技术与家庭金融服务可得性的现状，在基础性金融服务得到满足后，这部分弱势群体是否会追求更多元化的金融服务？其次，更进一步分析信息技术在激发家庭潜在的、更高层次的金融需求中起到了哪些作用。最后，结合微观数据构建计量模型实证检验。

第一节 家庭金融需求的特征分析

普惠金融是提供可持续的、负担得起的金融服务，使穷人也能进入正规经济体系，其服务的目标群体主要为农村家庭及城镇低收入家庭。已有文献中不乏关于普惠金融服务对象的金融需求特征分析，研究的重点多在于储蓄、汇兑等基础性金融服务的满足度，以及贷款的可得性上。由于普惠金融服务的客户群体分布广、数量多，其中仍有部分弱势群体无法获得基础性金融服务。根据中国社科院发布的研究报告，自2014年起，我国"三农"金融缺口达3.05亿元。

自乡村振兴战略实施以来，农村地区产业转型升级和创新发展的背后蕴含大量潜在的资金需求，农村家庭及城镇低收入家庭的金融需求呈现多元化的趋势。通过实地调研，刘明轩等（2015）发现，除了融资性需求以外，超过50%的农村家庭希望获得保险、担保等服务，超过40%的农户对于股票等风险性金融资产有迫切的投资意愿。司世阳（2013）认为，农户的金融需求按照需求层次理论可以划分为温饱型、小康型和富裕型三类，需求主体在获得基础性金融服务后，其自身潜在的、高层次的金融需求会被进一步激发。

农村家庭、城镇低收入家庭在资源禀赋方面与较富裕阶层相比仍存在较大差异，但其参与金融市场的意愿，获得金融支持的潜在需求是不可忽视的。近年来，中国经济高速发展，尤其是各项惠农政策的实施，农村居民的可支配收入和家庭资产增幅加大，激发了农村市场潜在的、高层次、多样化的非基础金融服务需求（王宇，2008）。但是，城镇低收入居民及农村居民受自身投资能力限制，资产的可交易性不高且流动性较差，难以通过租赁或资产变现实现投资，而传统金融机构往往只提供相对单一的金融服务；此外，金融信息获取渠道单一，信息筛选效率低以及金融知识相对欠缺使得这些家庭潜在的金融需求难以显化，从而无法被金融机构准确识别。

实际上，影响家庭金融需求的因素不仅包括其自身的资源禀赋，还包括家庭所在地的市场环境、金融基础设施等。有研究表明，在东部发达地区，平均收入水平在 1 万元以下的家庭比西部地区收入在 2 万元左右的家庭拥有更多参与金融市场的机会（王宇和周莉，2009）。这也在一定程度上说明，虽然收入等资源禀赋对弱势群体是否参与金融市场产生影响，但外部市场环境、信息获取成本等在激发潜在金融需求方面可能发挥更大作用。由于无法便利、快捷地获取有价值的金融信息，自身金融知识储备相对匮乏，农村家庭、城镇低收入家庭潜在的金融需求难以被挖掘，加之金融机构缺乏为弱势群体提供多元化服务的内在动力，使得这部分群体易被金融体系边缘化。

第二节　信息通信技术影响家庭金融可得性的现状分析

World Bank（2014）的一份研究报告[①]曾指出，鉴于世界各国、不同地区普惠金融体系建设的成果和经验，金融普惠不仅能够对宏观经济的发展具有潜在的、不容忽视的变革性力量，还能为个人或企业提供更丰富的金融资源，充分地满足不同阶层、群体的金融需求。换言之，提高金融覆盖的广度、扩大金融服务的覆盖面，使得那些原先获取不到金融服务的地区和人群得到金融服务是一种金融普惠；具体到微观层面上，作为一个生产与生活的统一体，每一个家庭自身获得金融服务种类的增加同样可以被认为是一种金融普惠。普惠金融体系本身应该是一个全方位、多层次的金融体系（焦瑾璞，2014），金融普惠的最终结果不仅应该使得弱势群体同其他社会阶层和群体一样，具有基础性金融服务获得机会的公平性，还应该充分实现服务产品的全面性和多样性。所谓服务的全面性和多样性，是指不仅包括存、取、汇、兑等基础性的金融服务，还包括信贷、保险，甚至银行理财、代理、租赁等在内的全功能、多层次的金融服务。换言之，在金融

---

①　World Bank. 2014. 2014 Global Financial Development Report. September. Washington，DC.

普惠的过程中应当注重激发弱势群体潜在的金融需求，使其从难以获得所需的金融服务转变为获得种类更多、层次更高的金融服务。

越来越多的理论研究还表明，信息通信技术驱动下的金融发展与金融普惠实践之间存在很强的相关性（谢平和刘海二，2013；焦瑾璞，2014）。以互联网为代表的新兴产业，不仅成为中国经济新常态下经济增长的重要动力，也成为推进金融普惠的新契机。从初期基础性金融服务的互联网化，到越来越多的非基础性金融服务与信息通信技术的深度结合，创新出了种类丰富、层次更高的数字金融产品和服务。由于兼具信息通信技术与金融双重属性，信息化的金融服务有别于传统的金融服务，从获得方式和便利性上来看，金融产品和服务的信息化使得家庭更容易接触和了解到这些原先难以接触和了解的服务；信息渠道的拓展、信息传输便利性的提高，也让越来越多的家庭有更多的机会筛选和获得上述的非基础性金融服务，激发他们潜在的金融需求。

早期的技术外移理论及相关研究指出，消费者在选择网络市场上的消费品时（技术外溢性消费品），传统的价格手段或产品价格是次要的。在技术锁定的客观条件下，新技术产品能否有效覆盖消费者并提高其实际使用的程度，不仅取决于需求主体对新技术产品预期程度和效用偏好，还很大程度上取决于获取这些新技术产品的门槛。

然而一项最新的统计数据显示（见表6－1），尽管2016年末中国网民规模达7.31亿，互联网普及率达到53.2%，从2005年开始一直到数字金融元年（2012年），中国互联网普及率的年均增速始终保持在10%以上（2005～2010年的平均增长率达到了30.37%），但是，不仅城镇家庭之间互联网的普及程度存在较大差异，城乡间的互联网普及率差距也很大——2016年城镇地区互联网普及率为69.1%，农村地区互联网普及率仅为33.1%，城乡间互联网普及率的差异较2015年的34.2%进一步扩大为36%。

表6－1　中国网民规模、互联网普及率及同比增速情况统计

单位：万人，%

年份	网民规模	网民规模同比增速	互联网普及率	互联网普及率同比增速
2006	13700	—	10.50	—
2007	21000	53.28	16.00	52.38
2008	29800	41.90	22.60	41.25
2009	36400	22.15	28.90	27.88
2010	45730	25.63	34.30	18.69
2011	51310	12.20	38.30	11.66

年份	网民规模	网民规模同比增速	互联网普及率	互联网普及率同比增速
2012	56400	9.92	42.10	9.92
2013	61758	9.50	45.80	8.79
2014	64875	5.05	47.90	4.59
2015	68826	6.09	50.30	5.01
2016	73125	6.25	53.20	5.77

资料来源：根据2016年CNNIC中国互联网络发展状况统计调查整理得到。

城乡间的信息化基础设施、互联网普及率的巨大差距表明了"数字鸿沟"的真实存在。这也在一定程度上反映出不同家庭内部信息通信技术水平的巨大差距。一般而言，家庭自身的信息通信技术水平越高，越有助于培养其使用信息通信技术设备的习惯，拓宽信息获取的渠道、提高信息筛选的效率（谢平和邹传伟，2012；谢雪梅和高艳苗，2013），进一步地，也可以提高其对更多种类的金融服务的了解程度，从而激发潜在的、多元化的金融需求。

基于此，本章接下来重点研究如下问题：家庭自身信息通信技术水平的提高是否有助于其获得更多种类的金融服务？对弱势群体（农村家庭、城镇低收入家庭）和非弱势群体（城镇高收入家庭等）而言，上述作用效果的大小差异如何？信息通信技术水平的高低对家庭获得基础性金融服务和非基础性金融服务是否存在差异化的影响？并基于上述问题的回答努力得到一系列重要的政策建议。

第三节　信息通信技术对家庭金融可得性的影响机制

从前文可知，农村家庭和城镇低收入家庭不仅有基本金融服务的需求，也有大量未被挖掘的潜在的、高层次的金融需求。在财富积累到一定水平后，由于缺少获得相关金融信息的渠道，缺乏筛选信息的能力以及相对欠缺的金融教育，使得其潜在的金融需求被抑制，无法实现金融服务的获得。

我们以家庭的融资需求为例，许多学者证实除了资金提供者的贷款条件造成的供给型信贷配给之外，部分弱势群体还会由于缺乏对申贷流程的了解，认为自身资质较差，或手续过复杂，或失去抵押品风险过高而主动放弃申请信贷，从而形成自我信贷配给（程郁和罗丹，2009）。苟琴和黄益平（2014）的研究发现，自我信贷配给的借款人约占信贷配给人数的2/3，这一比例远远超过预期，因此如果我们忽视借款人的潜在需求则会产生对融资约束的有偏估计。国外学者也对这一问题进行了诸多研究，Cole 和 Sokolyk（2016）认为，如果自我信贷配给的借款人去申请贷款，大约 1/3 的需求主体可以成功获得资金支持。

以往的研究发现，当财富水平一定时，家庭是否有获得非基础性金融服务的信息渠道与家庭潜在的非基础性金融服务能否转变为实际的金融服务可得性有非常重要的关联（尹志超等，2014）。如果家庭能够从社会关系中的信息共享捕捉到资本市场的信息，则可以通过学习基本的操作方法，从而有机会获得较高层次的金融服务。

如图 6-1 所示，金融机构在提供金融服务时需要设置获得门槛等条件，由于家庭财富水平等资源禀赋差异，部分未能达到获得门槛的家庭则无法获得相应的金融服务；对于自身资源禀赋满足获得门槛要求的需求主体，又可以进一步划分为两类：其一是在满足供给方获得门槛的条件下实际获得了金融服务；其二是满足获得门槛但未能获得金融服务。后者又可划分为两类情况：一是由于缺乏相关金融知识，不了解甚至不知道相关金融产品，或者是认为获取服务的成本过高而主动退出金融市场；二是由于没有基础性或非基础性的金融需求，即使了解金融产品并且满足获得门槛的条件也没有相关需求。在自身满足获得条件而未获得金融服务的群体中，前者具有潜在的金融需求，一旦克服某些不利因素主动参与金融市场，其潜在金融服务需求将会转变为实际的服务获得。结合前文的分析可以发现，普惠金融服务的目标群体中，即我们所探讨的农村家庭及城镇低收入家庭中普遍存在潜在的金融服务需求，这也成为信息通信技术得以在弱势群体中发挥积极作用的契机。

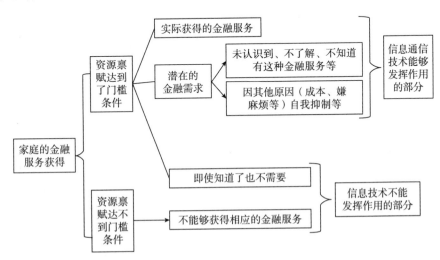

图 6-1 家庭金融服务的实际获得、潜在需求与信息通信技术的影响

因此，图6-1的上半部分包含了信息通信技术对家庭金融可得性、金融需求的主要影响因素。一方面，信息通信技术降低了家庭的金融服务获得成本、提高了获取金融服务的便捷程度，从而增加家庭使用金融服务的频率。另一方面，信息通信技术降低了家庭获得金融服务的交易成本、提高了家庭的金融认知水平、拓宽了家庭的信息获取渠道，从而使得原先被抑制的潜在金融需求转变为实际的金融服务获得。从家庭层面上看，上述后者正是金融普惠程度提高的一种表现。

结合现实情况同样可以发现，信息通信技术水平的提高对激发家庭潜在的、多元化的金融需求有着积极的影响：一方面，信息通信水平的提高拓宽了家庭获取信息的渠道，表现为原先必须依靠传统金融机构、电视新闻才能获得的金融信息可以通过手机应用的信息推送、浏览互联网等更便捷、更经济的方式来实现。另一方面，信息通信技术与非基础性的金融服务的深度融合使得越来越多的数字金融产品和服务得以创新。一般来说，家庭获取这些创新的数字金融产品和服务更容易，操作起来更简单。此外，信息通信技术易复制的特点使其更容易形成规模效应，金融机构的供给门槛得以降低，消费者获得多种类、高层次的金融服务的门槛也降低了。

基于以上分析，本书对家庭获得的金融服务种类进行划分，归纳出现实中较为普遍的9类金融服务，并基于需求层次理论对9类金融服务划分为基础性金融服务和非基础性金融服务。具体来看，9类金融服务包括存款、取款、汇款、兑付、信用卡、基金、债券、外汇、贷款，其中，将存款、取款、汇款、兑付作为4类基础性金融服务，表示家庭为了确保资金流动性和安全性所需满足的基本金融需求；信用卡、基金、债券、外汇、贷款则是5类非基础性金融服务，表示家庭为了防范风险、管理资产和提高收益而产生的更高层次的金融需求。

最后，需要说明的是，信息通信技术对家庭金融产生影响，但这种影响仅限于信息通信技术可能激发不同家庭的潜在的、多元化的金融需求。随着信息通信技术水平的提高，金融服务的获取渠道得以拓宽，获取金融服务的交易成本降低，这使得一部分资源禀赋达到金融机构提供服务的门槛条件的家庭能够较为容易地获得金融服务，因此，原先被压抑的、潜在的金融需求能够转变为实际的金融需求。理论上，信息通信技术的上述影响对弱势群体（农村家庭、城镇低收入家庭）的边际作用效果要大于对非弱势群体（城镇高收入家庭）的效果。一般来说，由于财富、收入水平等条件的制约，弱势群体更容易受信息获取（未认识到、不了解或不知道）、交易成本（成本高、手续烦琐等）等影响产生需求的自我抑制，潜在的金融需求难以转变为实际的金融服务获得。因此，为获得同样的金融服务，农村家庭、城镇低收入家庭所负担的交易成本占家庭财富的比重显然要大于那些富裕阶层。

基于成本和效用的角度，我们进一步从理论上分析信息通信技术对家庭金融服务获得种类和层次的影响机制。我们假设每个家庭获得的金融服务是可以量化的，构建的基础模型如下：

$$U_{total}(X_t, C_t) = maxE_t \sum_0^t U_t(X_t, C_t) \tag{6-1}$$

$$s.t \quad X_t = X_{1t} + X_{2t} \tag{6-2}$$

$$C_t = C_{1t} + C_{2t} \tag{6-3}$$

$$C_{1t} = C_1(X_{1t} + X_{2t}) \tag{6-4}$$

其中，U_{total} 代表一个家庭获得的金融服务的总效应，U_{total} 受到家庭在第 t 期所获得的金融服务的总量 X_t 以及为获得这些金融服务所花费的总成本 C_t 的影响。进一步地，我们将金融服务的总量 X_t 划分为两类，其一是家庭在第 t 期通过传统渠道（如银行）获得的金融服务的总量 X_{1t}，其二家庭通过网上银行、手机银行等非传统的渠道获得的金融服务 X_{2t}。同样地，我们按照获取金融服务的渠道将家庭所负担的金融服务的成本 C_t 划分为两类，C_{1t} 表示某一时期内家庭通过传统渠道获取金融服务的总成本，C_{2t} 表示某一时期内家庭通过信息化渠道获取金融服务所承担的总成本。

上述方程需要满足如下条件：

（1）$\dfrac{\partial U_t}{\partial X_t} > 0$，当家庭在一定时期内获得的金融服务增加，家庭整体的效用水平上升，农村家庭、城镇低收入家庭等弱势群体可获得的金融服务越多，金融普惠的程度也越高。

（2）$\dfrac{\partial U_t}{\partial C_t} < 0$，家庭获取一定的金融服务要承担更高的成本时，家庭整体的效用水平也相对降低。

（3）$\dfrac{\partial C_{1t}}{\partial X_{1t}} > 0$，家庭从银行网点等传统渠道获得金融服务的成本与金融服务的总量呈正相关关系，即假设家庭为获取金融服务所承担的交通成本、信息成本和时间成本等会随着金融服务获得量的增加而增加，但其平均成本是不变的。

在家庭财富等其他资源禀赋既定的条件下，主体想要获取更多的基础性金融服务或者是更多元化的非基础性金融服务，前提是其具备一定的金融素养，熟悉或了解过相关金融产品，潜在的金融需求才有可能被激发。也就是说，是否有获得相关金融信息的渠道变得尤为重要。现实中，由于低收入家庭或农村家庭大部分处于相对落后地区，其通过传统渠道获取信息的成本较高且信息来源较为单一。

（4）$\dfrac{\partial C_{1t}}{\partial X_{2t}} < 0$，正如电子银行业务对于传统柜台业务具有一定的替代作用，从理论上来说，信息化渠道对于通过传统渠道获取金融信息也具有一定的替代作用。尽管信息获取渠道不尽相同，但殊途同归，其最终目标都是通过获得更丰富、更多元化的金融服务来满足主体的金融需求。家庭信息通信技术水平关乎其能否通过信息化渠道获得金融服务，以及获得服务的种类和层次。我们用 A_t 代表家庭的信息通信技术水平，K_t 表示其他影响从信息化渠道获得金融服务的因素：

$$X_{2t} = X_{2t}\ (A_t,\ K_t),\ \text{并且} \frac{\partial X_{2t}}{\partial A_t} > 0 \tag{6-5}$$

家庭通过信息技术渠道获取金融服务受到家庭所使用的信息技术水平的影响，当信息技术水平提高时，家庭则更有可能获得多元化、多种类的信息化金融服务。继而将家庭效用水平纳入分析框架中：一个家庭有更高的通信技术水平，随着时间的推移，信息技术的初始投入成本随着时间的推移不断摊销[①]，从而家庭利用信息渠道获取金融服务的成本逐步减少。由于信息化渠道获得的金融服务对传统金融服务有替代作用，当 X_{2t} 增加时，X_{1t} 相应减少。

相比于传统的信息获取方式（如报刊），现代通信技术拓宽了信息来源渠道，极大降低了信息的搜寻成本并且提高了信息获取和筛选的效率，为弱势群体接触金融产品和金融服务提供了可能，也增加了需求主体对更高层次的非基础性金融服务的认知水平。当需求主体其他禀赋都相同的情况下，信息技术水平较高的家庭更有可能通过非传统的信息渠道获得大量关于金融服务的信息，从而激发其即期的潜在需求，在后期这种潜在需求更有可能转变为真实的金融服务获得，从而增加家庭可获得的服务种类。加之信息化渠道相较于传统金融服务获取金融服务的成本较小，因此家庭为获取金融服务所承担的成本也逐渐减少。

综上所述，随着信息通信水平的提高，家庭可获得的金融服务总量及种类增加，承担的服务获得成本下降，家庭的总效用水平得到提高。对于低收入家庭而言，信息技术一方面使其更多地了解金融信息，另一方面降低获取服务的成本，从而最大程度上激发潜在的金融需求，使得金融服务目标得以下沉，金融普惠水平提高。

Hong 等（2004）认为，在当今社会获得基础性金融服务已经是家庭不可缺

---

① 结合现实情况，除了初期在开通相关服务可能耗费极少的成本外，家庭通过信息化的渠道获取相应的金融服务几乎不需要耗费额外成本。由于操作简便、获取方式灵活，家庭通过信息化渠道获取金融服务的频率更高，这也变相地摊薄了初期的成本投入。在很多情况下，供给主体为鼓励用户更多地使用信息化金融服务，还会给予需求方一定的补贴。

少的消费必需品。当低收入家庭或农村家庭通过各种媒介接触到金融信息，基础性金融服务的成本较低时，多数家庭的金融需求便可转化为实际的服务获得。然而，非基础性金融服务的获得门槛相对较高，对于低收入家庭来说承担交易成本较高的非刚性需求负担较重，容易导致需求主体产生自我抑制行为，从而形成潜在需求。Hong 等（2004）认为，缺少相关信息渠道是资源禀赋较低的家庭没有参与金融市场的重要原因，信息不对称使得家庭缺少相关金融知识，容易造成认知偏差，认为自己无法承担服务成本或无法获得服务。越来越多的学者在研究信贷配给现象的同时，关注到部分需求方由于贷款手续复杂、抵押品要求高或认为自己无法获得贷款主动退出信贷市场，这种自我配给现象在信息资源匮乏的弱势群体中更为严重。国内外学者还通过实证模型研究不同类型的信贷配给。苟琴和黄益平（2014）发现，在受到信贷配给的借款人中，约2/3的借款人具有资金需求但并未向金融机构申请服务，即抑制自身需求形成自我信贷配给，而这部分潜在的金融需求难以被供给方识别。随着信息技术的不断发展，家庭获取金融信息的渠道拓宽，在可获得的金融服务种类增加的同时，家庭潜在的、更高层次的金融需求被进一步激发。

第四节　资料来源和变量选取

一、资料来源

本章使用的资料来源于西南财经大学"中国家庭金融调查与研究中心"2013年在全国范围内开展的中国家庭金融调查（China Household Finance Survey，CHFS）[1]。在剔除异常值样本并删去了流动家庭（因外出打工等原因举家迁移）的样本以后，本章得到农村家庭样本 7022 户，城镇家庭样本总数为 19191 户，为研究需要将城镇家庭样本按收入 5 等分组，其中低收入和中低收入城镇家庭样本总数 7677 户。本章的实证部分分为两个阶段展开：

第一阶段，首先以农村家庭样本为例采用倾向得分匹配法（PSM）检验家庭自身的信息通信技术水平对其金融服务获得种类的影响，并使用低收入及中低收

---

① 中国家庭金融调查采用分层、三阶段与人口规模成比例（PPS）的抽样方法，通过科学抽样、现代调查技术与调查管理手段，收集中国家庭金融微观信息。调查样本覆盖全国 29 个省、262 个县（区、县级市）、1048 个社区（村），共包含 28000 多户家庭的资产与负债、收入与支出、保险与保障、人口特征、年龄结构以及就业情况等多个方面的信息。CHFS 项目采用了多项措施控制抽样误差和非抽样误差，数据代表性好、质量高（甘犁等，2013）。

入城镇家庭样本①进行稳健性检验；其次，进一步测算信息通信技术对城镇高收入家庭样本的净效应，比较信息通信技术对上述弱势群体和非弱势群体的边际作用效果。

第二阶段，针对农村家庭和城镇低收入家庭样本，进一步细分其获得的金融服务的种类，比较家庭自身的信息通信技术水平能否对其基础性和非基础性金融服务的获得产生差异化的影响：首先以农村家庭样本为例、采用工具变量法Ivpobit模型实证检验上述影响效果，随后利用城镇家庭中的低收入与中低收入家庭样本进行稳健性检验。

二、变量选取

（一）家庭信息通信技术水平的界定与衡量

从总体上看，家庭的信息通信技术水平是指家庭在利用信息通信技术联结互联网络、拓宽信息获取渠道、提高信息传输与筛选效率等方面的能力。随着信息通信技术的快速发展，家庭的信息通信技术水平不断提高，城乡家庭对联网计算机、智能手机等信息化设备的拥有量也不断增加。以往的研究中大多以家庭对信息通信技术设备的拥有和实际使用情况作为衡量家庭信息通信技术水平的标准（杨京英和杨红军，2007）。基于此，用"家庭电脑是否接入互联网"这一哑变量度量家庭的信息通信技术水平，将电脑接入互联网的家庭视为信息通信技术水平相对较高的家庭。

（二）家庭获得的金融服务种类的划分

基于前文的分析，结合现实中家庭主要获得的金融服务种类，同时限于CHFS调查问卷的题项，对家庭获取的主要的金融服务种类划分如下：包括存款（定存和活期）、取款、汇款、兑付、信用卡、基金、债券、外汇、贷款（消费性贷款和生产性贷款）9类；进一步将"存、取、汇、兑"4类作为基础性的金融服务，反映了家庭为了确保资金流动性和安全性所需满足的基本金融需求，将"信用卡、基金、债券、外汇、贷款"这5类作为非基础性的金融服务，反映了家庭为了防范风险、管理资产和提高收益而产生的更高层次的金融需求。根据需求层次理论和前文的分析，获得非基础性金融服务的家庭相比仅获得基础性金融服务的家庭，其获得金融服务的层次更高，参与金融市场的程度也更高（Campbell，2006；尹志超等，2014）。

（三）其他可能的匹配变量选取

参考已有文献，可能影响家庭获得金融服务的种类和层次的因素还有很多，

本章从如下几个层面选取相关变量：一是户主层面，包括户主年龄、受教育程度、风险偏好、性别、政治面貌等；二是家庭结构层面，包括抚养比、家庭年龄结构等；三是家庭经济水平层面，包括家庭总资产水平、家庭人均收入、金融资产拥有量等；四是外部特征方面，包括地区控制变量、居住地外部基础设施水平、到市中心距离等以及其他一些控制变量。

第五节　信息通信技术对金融服务获得种类
影响的实证分析

一、研究方法与模型构建

要分析家庭层面的信息通信技术水平对其获得的金融服务种类的影响，理想的方式是比较同一个家庭在其他条件不变的情况下，在信息通信技术水平较低时和较高时能够获得并实际使用的金融服务种类的变化。但对于截面数据而言，显然难以达到上述要求。并且，对截面数据采用较常规的最小二乘法进行估计时，一方面，由于不同家庭之间各项特征的异质性带来了信息通信技术水平高低之间的基线差异；另一方面，由于可能存在的遗漏变量问题，使得影响家庭信息通信技术水平的某些其他因素没有被观察到。为了减少上述问题对实证检验结果的不利影响，本章考虑在反事实框架下采用倾向得分匹配法（PSM）来研究家庭自身的信息通信技术水平对其金融服务获得种类的影响。

倾向得分匹配法（PSM）理论框架是"反事实推断模型"。即假定任何可能带有因果联系的研究对象之间，都存在观测到的和未被观测到的两种不同条件下的结果。例如"A 是导致 B 的原因"，即是一种"事实陈述法"，而反事实的推断即："如果没有 A，那么 B 的结果将怎样（尽管此时的 A 可能已经发生）。"换言之，可以假定存在两个不同的组别，一个是干预组（Treated Team），另一个则是控制组（Control Team），前者处于干预状态下，反事实就是当处于控制组内的潜在结果。

作为一种近年来被广泛应用于反事实因果关系分析的方法，PSM 方法使得一些原先无法采用实验方法来区分处理组和对照组的数据样本有了近似于实验方法的可能。通过尽可能地产生随机分组控制可观测变量。考虑到 PSM 模型对变量设定的要求和研究数据截面条件的限制，本章借鉴 Rosenbaum 和 Rubin（1983）、许竹青等（2013）的模型设定，以"家庭电脑是否接入互联网"作为既定条件下衡量家庭信息通信技术水平高低的指标，以此测算家庭信息通信技术水平高低的概率，首先用 Logit 模型进行匹配估计，模型基本形式如下：

$$P_{computer}(X_i) = Prob(computer = 1 \mid X_i) = \frac{\exp(bX_i)}{1 + \exp(bX_i)} \qquad (6-6)$$

式（6-6）中，$P_{computer}(X_i)$ 表示家庭信息通信技术水平的倾向值得分，computer 为处理变量，如果家庭电脑接入互联网，则 computer 取值为 1，否则为 0，X_i 表示匹配变量。据此得到倾向匹配评分后，接下来可以通过各种匹配方法得到家庭的信息通信技术水平对其金融服务获得种类影响的处理组平均干预效应 ATT（The Average Effect of Treatment on the Treated）。

$$ATT = E\{E[Y_{1i} \mid computer = 1, P_{computer}(X_i)] - E[Y_{0i} \mid computer = 0,$$
$$P_{computer}(X_i)]\} \qquad (6-7)$$

式（6-7）中，Y_{1i} 和 Y_{0i} 分别表示同一家庭在处理组和非处理组这两种情形下的输出结果。

根据以往的研究经验，为检验估计结果的稳健性，可以采用多种不同的匹配方法以更好地克服内生性问题。基于陈强（2014）的研究方法，本章采用如下几种匹配方法：近邻匹配（Nearest Neighbor Matching Method）、半径卡尺匹配（Radius Matching Method）、核匹配（Kernel Matching Method）以及局部线性回归匹配（Local Linear Regression Method）。

近邻匹配方法是从信息通信技术水平低的家庭中为信息通信技术水平高的家庭寻找倾向评分接近的进行匹配；半径匹配是预先设置一个卡尺 Caliper 参数（如 0.01），将所有信息通信技术水平高与低的家庭之间倾向评分差异小于规定卡尺标准的样本均作为匹配对象。核匹配是根据所有信息通信技术水平低的家庭的平均权重为每个信息通信技术水平高的家庭组建匹配的对照组。核匹配可以视为一种整体匹配法，每个个体的匹配结果为不同组的全部个体（但通常去掉在 common support 之外的个体），只是根据个体距离不同给予不同的权重（近者权重大，远者权重小，超出一定范围权重为 0）。局部线性回归匹配则是采用局部线性回归估计进行的匹配方法。

根据陈强（2014）的研究，一般认为不存在适用一切情形的绝对好的匹配方法，但匹配估计通常要求比较大的样本量，样本量越高则匹配质量越高，而本章采用的样本量基本符合要求。

二、匹配变量选择与描述性统计

（一）匹配变量的选择

在倾向评分匹配前，首先使用 Logit 模型对初始的匹配变量进行筛选，本章中，初始选择的变量如表 6-2 第一列所示，根据前文的分析，主要包括了户主相关特征、家庭结构特征、家庭经济特征、家庭信息通信技术水平特征、家庭外部基础设施环境特征等。通过四次 Logit 模型，剔除对家庭信息通信技术水平（有无可联网的电脑）没有显著影响的变量，最终得到的匹配变量共 12 个（见

表6－2中第四次回归结果）。

表6－2　确定匹配变量：影响家庭信息通信技术水平的因素

变量	变量含义	第一次	第二次	第三次	第四次
hhfengxiang	户主风险态度：偏好型	0.064 (0.110)	—	—	—
hhdangyuan	户主政治面貌（是否党员）	0.076 (0.106)	0.078 (0.106)	—	—
hhfengxianz	户主风险态度：中性	0.020 (0.085)	0.010 (0.083)	0.012 (0.083)	—
laorenzhanbi	家庭年龄结构 （65岁以上老人占比）	0.856** (0.347)	0.854** (0.347)	0.853** (0.347)	0.852** (0.347)
netdeep	家庭网络通信花费占 日常支出比重	2.381*** (0.266)	2.389*** (0.266)	2.392*** (0.266)	2.392*** (0.266)
hhage	户主年龄	-0.016*** (0.004)	-0.016*** (0.004)	-0.016*** (0.003)	-0.016*** (0.003)
hhxueli	户主受教育程度	0.336*** (0.043)	0.336*** (0.043)	0.344*** (0.042)	0.345*** (0.042)
fuyangbi	家庭抚养比	-0.905*** (0.112)	-0.904*** (0.112)	-0.903*** (0.112)	-0.903*** (0.112)
lincome	家庭总收入对数值	0.682*** (0.096)	0.682*** (0.096)	0.680*** (0.096)	0.681*** (0.096)
lzichan	家庭总资产对数值	0.241*** (0.027)	0.241*** (0.027)	0.242*** (0.027)	0.242*** (0.027)
lrcconsum	家庭日常消费支出对数值	0.681*** (0.041)	0.683*** (0.041)	0.684*** (0.041)	0.684*** (0.041)
ljinrongzichan	家庭金融资产对数值	0.161*** (0.019)	0.161*** (0.019)	0.161*** (0.019)	0.161*** (0.019)
lrenjuninc	人均收入对数值	0.621*** (0.097)	0.622*** (0.097)	0.620*** (0.097)	0.620*** (0.097)
weizhi	家庭外部基础设施条件： 以家庭居住地表示	0.227*** (0.065)	0.227*** (0.065)	0.225*** (0.065)	0.225*** (0.065)
shijian	打车从家到市中心的时间	-0.006*** (0.001)	-0.006*** (0.001)	-0.006*** (0.001)	-0.006*** (0.001)

续表

变量	变量含义	第一次	第二次	第三次	第四次
	Constant	−6.149***	−6.145***	−6.182***	−6.179***
		(0.514)	(0.514)	(0.511)	(0.511)
	Pseudo R²	0.231	0.231	0.231	0.231
	Observations	7022	7022	7,022	7022

注：括号里是估计系数的标准误；***、**和*分别表示在1%、5%和10%的置信水平上具有统计显著性。

表6-2的结果初步显示，户主年龄、家庭抚养比对家庭电脑是否接入互联网的影响显著为负，而其他变量则对家庭的信息通信技术水平有显著的正向影响。需要注意的是，家庭抚养比一定程度上反映了家中有劳动能力的人抚养无劳动力者的压力，抚养比越高的家庭压力可能越大，家庭日常生存压力过大可能会减少其提高信息通信技术水平的意愿；此外，户主年龄越大，在一定程度上会影响家庭层面对新生事物的接受意愿，回归结果显示户主年龄越大的家庭，信息通信技术水平相对也越低。上述回归结果基本符合预期判断。

（二）描述性统计

根据前文的分析，本章第一阶段用倾向得分匹配法（PSM）对城乡混合样本进行分析，这一过程中涉及三类变量，除了已经得到的12个匹配变量外，还包括了干预变量与输出变量，其中干预变量又称示性变量，本章以"家庭电脑是否接入互联网"作为示性变量，进而区别信息通信技术水平高的与信息通信技术水平低的家庭。输出变量以上文提及的"金融服务获得的种类"来衡量。涉及的变量描述性统计如表6-3所示：

表6-3　变量及描述性统计结果

变量名、含义及符号	均值	标准差	最小值	最大值
示性变量				
信息通信技术水平：电脑是否接入互联网（ict-shuiping）	0.189	0.392	0.000	1.000
输出变量				
获得金融服务的种数（finckind）	2.634	0.773	0.000	9.000
匹配变量				
家庭网络通信花费占日常支出比重（netdeep）	0.145	0.244	0.000	1.000
户主年龄（hhage）	53.765	12.717	18.000	113.000
户主受教育程度（hhxueli）	0.614	0.768	0.000	4.000

续表

变量名、含义及符号	均值	标准差	最小值	最大值
户主风险态度：中性（hhfengxianz）	0.166	0.372	0.000	1.000
家庭抚养比（fuyangbi）	0.424	0.530	0.000	12.000
家庭总收入对数值（lincome）	8.688	2.387	−20.324	13.655
家庭总资产对数值（lzichan）	1.468	1.790	−7.824	7.165
家庭日常消费支出对数值（lrcconsum）	6.923	1.594	0.000	12.793
家庭金融资产对数值（ljinrongzichan）	−1.411	2.113	−12.024	6.142
人均收入对数值（lrenjuninc）	7.408	2.357	−22.270	12.713
家庭外部基础设施条件（weizhi）	1.915	0.470	0.000	5.000
打车从家到市中心的时间（shijian）	58.714	43.056	0.000	609.000

三、结果与讨论

本章采用Stata14.0软件进行分析，倾向得分匹配法（PSM）的结果如下：

根据实证结果，匹配后的处理组样本个数为1510个，对照组样本个数为5512个，表6−4反映了匹配前后信息通信技术水平高的家庭与信息技术水平低的家庭基于匹配变量均值的对比情况。

表6−4 匹配变量匹配前后的对比结果

Variable	Unmatched Matched	Mean		% bias	% reduct bias	t − test	
		Treated	Control			t	p > t
laorenzhanbi	U	0.054	0.086	−24.100	—	−7.690	0.000
	M	0.535	0.568	−2.400	90.000	−0.770	0.441
netdeep	U	0.852	0.141	−28.900	—	−8.730	0.000
	M	0.852	0.095	−5.100	82.500	−1.690	0.091
hhage	U	48.617	52.710	−37.200	—	−12.470	0.000
	M	48.617	48.540	0.700	98.100	0.200	0.843
hhxueli	U	0.991	0.581	51.100	—	18.500	0.000
	M	0.991	0.930	7.700	85.000	2.000	0.045
fuyangbi	U	0.319	0.441	−26.800	—	−8.460	0.000
	M	0.319	0.327	−1.800	93.300	−0.600	0.547
lincome	U	9.448	8.612	36.700	—	12.240	0.000
	M	9.448	9.421	1.200	96.800	0.350	0.726
lzichan	U	2.578	1.398	78.500	—	25.780	0.000
	M	2.578	2.611	−2.200	97.200	−0.680	0.499

续表

Variable	Unmatched Matched	Mean		% bias	% reduct bias	t - test	
		Treated	Control			t	p > t
lrcconsum	U	8.024	6.870	88.700	—	28.700	0.000
	M	8.024	8.019	0.400	99.500	0.120	0.907
ljinrongzichan	U	0.151	1.762	73.700	—	25.180	0.000
	M	0.151	0.239	-3.200	95.700	-0.890	0.372
lrenjuninc	U	8.000	7.234	31.700	—	10.600	0.000
	M	8.000	7.970	1.400	95.700	0.410	0.684
weizhi	U	4.845	4.935	-17.200	—	-6.780	0.000
	M	4.845	4.883	-7.200	58.200	-1.770	0.076
shijian	U	47.454	60.486	-34.800	—	-11.120	0.000
	M	47.454	48.915	-3.900	88.800	-1.260	0.209

PSM 方法的一个重要作用在于能够使得倾向得分相近的信息通信技术水平低的家庭与信息通信技术水平高的家庭形成配对组，进而进行匹配估计以减少估计偏差。根据 Rosenbaum 和 Rubin（1983）的研究，只有当匹配前后高水平和低水平家庭在匹配变量上无明显差异时，才能初步认为倾向匹配结果具有可靠性和说服力。通常而言，可以通过观察匹配前后的标准偏差情况来判别两组家庭在匹配变量上是否有显著差异，标准偏差越小时（一般认为标准偏差的绝对值必须小于20），匹配效果越好。为此，进一步做出匹配前后匹配变量的标准偏差图（见图6-2），

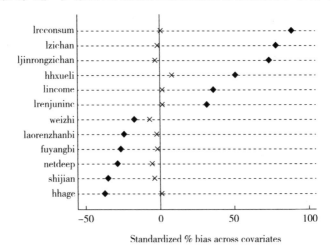

图6-2 匹配前后匹配变量的标准偏差值

从图上看，匹配后所有匹配变量的标准偏差均控制在20以内（基本在10以内），可以认为本次估计结果较为可靠。

为进一步检验匹配效果的合理性和有效性，本章给出了近邻匹配法下的匹配效果如图6-3和图6-4所示。

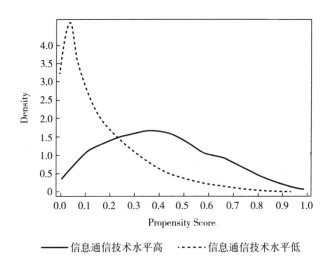

信息通信技术水平高 ⋯⋯ 信息通信技术水平低

图6-3 匹配前倾向得分值分布

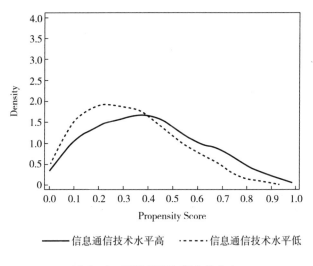

信息通信技术水平高 ⋯⋯ 信息通信技术水平低

图6-4 匹配后倾向得分值分布

图6-5和图6-6进一步给出了匹配后的倾向得分分布情况，控制组和处理

组在倾向值得分的分布上更加一致，模型拟合效果良好（AUC = 0.840，ROC 曲线下的面积越大越好），且满足共同支撑假设检验（AUC = 0.521，ROC 曲线下曲线面积越接近 0.5 越好）。

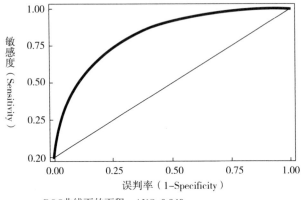

ROC曲线下的面积：AUC=0.840

图 6 - 5　模型拟合效果

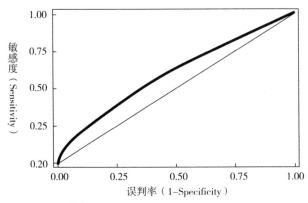

ROC曲线下的面积：AUC=0.521

图 6 - 6　共同支撑假设检验

　　最后，本章首先采用近邻匹配方法，计算家庭自身的信息通信技术水平对其获得的金融服务种类的净效应。结果如表 6 - 5 所示。

　　为确保上述实证结果稳健、使研究更具有说服力，本章进一步采用半径卡尺匹配法、核匹配法以及局部线性回归匹配法来估计输出变量的平均处理效果，并以此作为上述实证结果的稳健性检验，结果如表 6 - 6 所示。此外，本节还对城镇家庭样本中的低收入和中低收入家庭进行实证检验，并与农户家庭的情况做比较，这也可以作为进一步的稳健性检验结果。

表 6 – 5　近邻匹配的 ATT 比较

Variable	Sample	Treated	Controls	ATT	S. E.	T – stat
finckind	Unmatched	1. 024	0. 613	0. 411	0. 023	18. 270
	Matched	1. 020	0. 978	0. 042	0. 023	1. 810 *

注：*** 、 ** 和 * 分别表示在 1% 、5% 和 10% 的置信水平上具有统计显著性。

表 6 – 6　倾向值匹配法得到的平均干预效应（包括稳健性检验）

	农村家庭样本			中低及低收入城镇家庭		
	ATT	S. E.	T – stat	ATT	S. E.	T – stat
近邻匹配	0. 042	0. 023	1. 810 *	0. 208	0. 042	5. 020 ***
半径匹配	0. 063	0. 029	2. 150 **	0. 247	0. 035	7. 070 ***
核匹配	0. 044	0. 021	2. 110 **	0. 217	0. 036	5. 950 ***
局部线性回归匹配	0. 042	0. 021	1. 970 **	0. 199	0. 051	3. 900 ***
ATT 均值	0. 048			0. 218		

注：*** 、 ** 和 * 分别表示在 1% 、5% 和 10% 的置信水平上具有统计显著性。

表 6 – 6 显示：无论采用哪一种匹配方法进行检验，农村家庭、城镇的低收入与中低收入家庭自身的信息通信技术水平都会显著地增加其获得金融服务的种类。

进一步地比较农村家庭和城镇家庭的平均干预效应（见表 6 – 7），以及比较"城镇低收入及中低收入家庭"的平均干预效应和"城镇高收入、中高收入家庭"的平均干预效应（见表 6 – 8）。

表 6 – 7　农村家庭 vs 城镇家庭倾向值匹配法得到的平均干预效应

	农村家庭样本			城镇家庭全样本		
	ATT	S. E.	T – stat	ATT	S. E.	T – stat
近邻匹配	0. 042	0. 023	1. 810 *	0. 030	0. 004	8. 170 ***
半径匹配	0. 063	0. 029	2. 150 **	0. 042	0. 003	15. 980 ***
核匹配	0. 044	0. 021	2. 110 **	0. 036	0. 003	12. 240 ***
局部线性回归匹配	0. 042	0. 021	1. 970 **	0. 030	0. 004	7. 430 ***
ATT 均值	0. 048			0. 034		

注：*** 、 ** 和 * 分别表示在 1% 、5% 和 10% 的置信水平上具有统计显著性。

表6-8　城镇低、中低收入家庭 vs 高、中高收入家庭平均干预效应

	中低及低收入城镇家庭（finckind）			中高及高收入城镇家庭（finckind）		
	ATT	S. E.	T－stat	ATT	S. E.	T－stat
近邻匹配	0.208	0.042	5.020***	0.022	0.012	1.800*
半径匹配	0.247	0.035	7.070***	0.025	0.012	2.120**
核匹配	0.217	0.036	5.950***	0.032	0.018	1.750*
局部线性回归匹配	0.199	0.051	3.900***	0.030	0.017	1.730*
ATT 均值	0.218			0.027		

注：***、**和*分别表示在1%、5%和10%的置信水平上具有统计显著性。

由于篇幅所限，此处没有具体汇报表6-7和表6-8的匹配前后的效果图，两次的匹配后所有匹配变量的标准偏差均控制在20以内（基本在10以内），并且模型拟合效果良好，都通过了共同支撑假设检验。

根据表6-6、表6-7以及表6-8的结果可以得到如下结论：

第一，从总体上看，无论采用哪一种匹配方法或是用哪一组样本数据进行测算，结果都显示家庭自身的信息通信技术水平的提高对其获得金融服务种类的增加有显著的正向影响，家庭自身的信息通信技术水平越高，越有助于其获得更多种类的金融服务。

第二，进一步比较信息通信技术对弱势群体和非弱势群体作用效果的差异可以发现，信息通信技术水平对不同类型家庭金融服务获得种类的影响效果有很大的区别。具体而言：首先，对比农村家庭和城镇家庭样本可以发现，农村家庭自身信息通信技术水平的提高对增加其金融服务种类的平均处理效应为0.048，而城镇家庭自身信息通信技术水平对增加其金融服务种类的平均效应为0.034，农村家庭的净效应大于城镇家庭；其次，对比城镇低、中低收入家庭与城镇高、中高收入家庭，家庭自身的信息通信技术水平对低收入及中低收入的城镇家庭金融服务获得种类的积极影响的平均处理效应达到了0.218，然而，对高收入及中高收入组家庭的平均处理效应仅为0.027。

这意味着，从总体上看，家庭自身信息通信技术水平的提高对其获得金融服务种类的增加有积极作用。并且，对收入水平较低的家庭的作用要显著大于对收入水平高的家庭的作用，对农村家庭的作用要显著高于对城镇家庭的作用；换言之，上述影响对弱势群体的作用效果要显著大于对非弱势群体的作用效果。

综上所述，从总体上看，家庭的信息通信技术水平越高，越有助于其获得更多种类的金融服务；并且这一影响对弱势群体的作用效果要显著高于对非弱势群体的作用效果。

第六节　信息通信技术对金融服务获得层次影响的实证分析

前文已经证明了家庭自身信息通信技术水平的提高对其获得金融服务种类的增加有积极作用，接下来进一步考察，信息通信技术的影响是主要集中于增加弱势基础性的金融服务获得的种类，还是更多地影响了其非基础性金融服务获得的种类。根据前文的分析，基础性金融服务的获得更多地满足了家庭刚性的金融需求。随着信息通信技术水平的提高，家庭获取信息的渠道也增加了。而微观主体总是需要依托一定的信息获取渠道来获得参与金融市场的相关信息（Hong et al.，2004）。理论上，信息获取渠道的增加和交易成本的下降有助于帮助家庭增加金融知识，也能够在一定程度上激发其潜在的多元化金融需求。

为此，本节首先仍以农村家庭的样本作为研究对象进行实证分析，考察家庭自身的信息通信技术水平对其金融服务获得层次的影响。基于需求层次理论和家庭金融服务获得的实际情况，将家庭获得的主要的金融服务种类划分为存款（定存和活期）、取款、汇款、兑付、信用卡、基金、债券、外汇、贷款（消费性贷款和生产性贷款）9类；根据微观主体金融需求的层次，进一步将上述9类金融服务划分为基础性金融服务和非基础性金融服务，以"存、取、汇、兑"4类作为基础性的金融服务，反映了家庭为了确保资金流动性和安全性所需满足的基本金融需求，并将"信用卡、基金、债券、外汇、贷款（消费性贷款和生产性贷款）"这5类作为非基础性的金融服务，反映了家庭为了防范风险、管理资产和提高收益等而产生的更高层次的金融需求。从家庭金融服务种类的多元化与金融市场参与程度的角度而言，获得非基础性金融服务的家庭相比仅获得基础性金融服务的家庭而言，其获得金融服务的层次更高，参与金融市场的程度也更高（Campbell，2006；尹志超等，2014）。

本节采用 Ivpobit 模型实证检验家庭自身的信息通信技术水平对其金融服务获得的层次的影响。模型的基本形式如下：

$$jichuxing_i^* = \theta_0 + \theta_1 ictdeep_i + \theta_2 H_i + \theta_3 J_i + \theta_4 X_i + \varepsilon_i \tag{6-8}$$

其中，$jichuxing_i = 1(jichuxing_i^* > 0)$

$$fjichuxing_i^* = \theta_0 + \theta_1 ictdeep_i + \theta_2 H_i + \theta_3 J_i + \theta_4 X_i + \varepsilon_i \tag{6-9}$$

其中，$fjichuxing_i = 1(fjichuxing_i^* > 0)$

式（6-8）中，$jichuxing_i^*$ 为 $jichuxing_i$ 的潜变量，$jichuxing_i$ 表示家庭是否获得了基础性的金融服务，等于1表示获得，否则为0。

类似的式（6-9）中 fjichuxing$_i^*$ 为 fjichuxing$_i$ 的潜变量，fjichuxing$_i$ 表示家庭是否获得非基础性的金融服务，等于 1 表示获得，否则为 0。H$_i$ 表示户主特征（包括年龄、受教育程度、政治面貌等），J$_i$ 表示家庭特征（包括人口结构、年龄结构、收入水平、消费水平、资产状况等），X$_i$ 表示其他控制变量（包括外部基础设施、到市中心的距离等），ε$_i$ 为随机误差项。

需要说明的是，在具体衡量家庭信息通信技术水平时，本节选用的是家庭网络通信花费占家庭日常消费总支出的比重，这一比重在一定程度上反映出家庭对信息通信技术的使用程度。但是，考虑到家庭信息通信技术水平与家庭自身特征之间存在可能的内生性，为防止上述内生性对模型估计结果造成不利影响，需要选用合适的工具变量来替代这一变量，本书选取全村（或社区）的家庭信息通信技术的平均水平 ictdeep 作为样本家庭信息通信技术水平的工具变量。理论上，样本家庭所在社区的信息通信技术水平与该家庭自身的信息通信技术水平之间存在重要关联，但整村（或社区）的信息通信技术水平不受单个家庭内在特征的控制，可以较好地避免因为反向因果关系产生的内生性问题，相对于样本家庭是获得基础性的还是获得非基础性的金融服务而言是严格外生的，因此可以使用该指标作为家庭信息通信技术水平的工具变量，控制其内生性，从而确定信息通信技术的真实作用。

一、模型设定与变量选取

本节首先仍以农村家庭的样本进行实证分析，部分变量的描述性统计与上节一致，本部分汇报三个重要的新增变量的描述性统计结果，如表6-9所示。

表6-9　新增变量的描述性统计

变量名称	符号	说明	均值	标准差
获得基础性金融服务	jichuxing	家庭是否获得基础性的金融服务	0.395	0.489
获得非基础性金融服务	fjichuxing	家庭是否获得非基础性的金融服务	0.065	0.247
家庭信息通信技术水平	ictdeep	村（社区）的信息通信技术水平	0.232	0.232

随后，首先对上述模型进行多重共线性诊断，结果表明本部分所选变量之间的 VIF 值均小于 3，不存在严重的多重共线性问题。

二、实证结果与稳健性检验

根据上文的分析，Iv-probit 模型在回归结果之后需要测算相应解释变量对被解释变量的边际效应，如表6-10所示，各解释变量对被解释变量的边际效应及其对应的稳健标准误如下：

表6–10 信息通信技术对农村家庭基础性与非基础性金融服务获得的影响

变量	变量含义	获得基础性金融服务		获得非基础性新金融服务	
		边际效应	标准误	边际效应	标准误
ictdeep	家庭的信息通信技术水平的工具变量	0.0167	0.0301	0.0991 ***	0.0119
hhage	户主年龄	0.0001	0.0005	− 0.0011 ***	0.0003
hhxueli	户主受教育水平	0.0133 **	0.0062	0.0051	0.0040
hhfengxiang	户主风险态度：偏好型	− 0.0034	0.0158	0.0436 ***	0.0088
hhfengxianz	户主风险态度：中性	0.0113	0.0124	0.0217 ***	0.0075
hhdangyuan	户主政治面貌（是否党员）	0.0082	0.0158	0.0119	0.0097
laorenzhanbi	家庭年龄结构（65岁以上老人占比）	0.0552	0.0424	− 0.0068	0.0278
fuyangbi	家庭抚养比	0.0087	0.0117	− 0.0078	0.0080
lzichan	家庭总资产对数值	− 0.0016	0.0035	0.0054 **	0.0021
ljinrongzichan	家庭金融资产对数值	0.1355 ***	0.0019	0.0081 ***	0.0016
lrcconsum	家庭日常消费支出对数值	− 0.0023	0.0048	0.0233 ***	0.0033
lrenjuninc	人均收入对数值	0.0067 ***	0.0025	0.0052 ***	0.0011
weizhi	家庭外部基础设施条件：以家庭居住地表示	0.0258 ***	0.0095	0.0186 **	0.0080
shijian	打车从家到市中心的时间	− 0.0001	0.0001	0.0003 ***	0.0001

注：***、**和*分别表示在1%、5%和10%的置信水平上具有统计显著性。

从实证结果上看，农村家庭自身的信息通信技术水平对其获得基础性金融服务的影响的边际效应符号为正，但并没有通过显著性检验。相反，对其获得非基础性金融服务的影响在1%的水平上显著为正，表明在控制其他因素的影响后，信息通信技术水平越高的农村家庭获得非基础性金融服务的概率也越高；从边际效应来看，相对于信息通信技术水平低的家庭而言，信息通信技术水平每增加一个单位，家庭获得非基础性金融服务的概率要高出9.91%，这也说明家庭信息通信技术水平有助于家庭提高获得金融服务的层次，在一定程度上刺激其潜在的多元化的金融需求，增加其获得非基础性金融服务的可能性。

最后，为了确保上述实证结果的可靠性，与第一阶段类似，进一步以城镇地区的低收入和中低收入家庭样本替换农村家庭样本，进行稳健性检验，如表6–11所示。

稳健性检验显示：从总体上看，关键解释变量和其他主要的解释变量的系数符号与显著性水平与主模型的回归结果基本一致。对于城镇低收入与中低收入家庭而言，家庭自身的信息通信技术水平对其获得基础性金融服务的影响为正，但没有通过显著性检验。而对其获得非基础性金融服务的影响则在1%的水平上显著为正，且边际效应达到了9.09%，这与农村家庭样本的实证结果是一致的。

表 6-11 稳健性检验：城镇低和中低收入组家庭

变量	变量含义	获得基础性金融服务		获得非基础性新金融服务	
		边际效应	标准误	边际效应	标准误
ictdeep	家庭的信息通信技术水平的工具变量	0.0059	0.0336	0.0909***	0.0340
hhage	户主年龄	-0.0005	0.0005	-0.0017***	0.0004
hhxueli	户主受教育水平	0.0305***	0.0057	0.0159***	0.0048
hhfengxiang	户主风险态度：偏好型	-0.0021	0.0193	0.0207	0.0147
hhfengxianz	户主风险态度：中性	0.0279**	0.0135	0.0321***	0.0111
hhdangyuan	户主政治面貌（是否党员）	0.0456**	0.0192	0.0178	0.0151
laorenzhanbi	家庭年龄结构（65岁以上老人占比）	0.0424	0.0484	-0.0797	0.0491
fuyangbi	家庭抚养比	-0.0118	0.0144	-0.0021	0.0130
lzichan	家庭总资产对数值	-0.0005	0.0029	0.0442***	0.0032
ljinrongzichan	家庭金融资产对数值	0.1234***	0.0024	-0.0030	0.0025
lrcconsum	家庭日常消费支出对数值	0.0085	0.0055	0.0258***	0.0051
lrenjuninc	人均收入对数值	0.0087***	0.0030	0.0088***	0.0025
weizhi	家庭外部基础设施条件：以家庭居住地表示	0.0130***	0.0034	0.0069**	0.0032
shijian	打车从家到市中心的时间	-0.0001	0.0002	0.0002	0.0002

注：***、**和*分别表示在1%、5%和10%的置信水平上具有统计显著性。

第七节　本章小结

本章将研究视角转移到家庭层面上，分析信息通信技术对农村家庭和城镇低收入家庭金融服务获得种类的影响，并进一步分析信息通信技术对其获得基础性金融服务和非基础性金融服务的差异化的影响。基于需求层次理论及本书一开始对金融普惠的概念界定，首先从成本和效用的角度分析信息通信技术影响家庭金融服务获得种类及层次的机制。理论分析的结论显示，家庭自身信息通信技术水平的提高增加了金融服务获得的渠道与信息获取的渠道、提高了家庭的信息筛选效率，也降低了获得金融服务的交易成本、减轻其对潜在需求的自我抑制程度，最终增加了家庭获得金融服务的种类、提高了获得金融服务的层次，并且上述影响在理论上对弱势群体的作用效果要大于对非弱势群体的作用效果。

其次，利用 2013 年中国家庭金融调查（CHFS）的数据，采用倾向得分匹配法（PSM）、工具变量法 Ivprobit 模型进行实证检验。研究结果表明：

第一，从总体上看家庭自身的信息通信技术水平的提高对其获得金融服务种类的增加有积极作用。而且，对农村家庭的作用效果要显著大于对城镇家庭的作用效果，对收入水平较低的家庭的作用效果要显著大于对收入水平高的家庭的作用效果；换言之，上述影响对弱势群体的作用效果要显著大于对非弱势群体的作用效果，这首先证明了家庭自身信息通信技术水平的提高有助于促进家庭层面上的金融普惠。

第二，对农村家庭和城镇低收入家庭而言，自身的信息通信技术水平对其获得基础性金融服务的影响并不显著，但对其获得非基础性金融服务的影响在 1% 的水平上显著为正，表明在控制其他影响因素后，信息通信技术水平越高的家庭获得非基础性金融服务的概率也越高。这说明家庭自身信息通信技术水平的提高更有助于提高弱势群体获得金融服务的层次，并在一定程度上激发其潜在的多元化金融需求，增加其获得非基础性金融服务的可能性。

基于上述的研究内容和结论，本章的贡献和创新之处在于，借助需求层次理论，从信息渠道拓展、获得金融服务的成本与效用等方面，分析了家庭自身的信息通信技术水平对其金融服务获得种类和层次的影响机制并给出了实证证据。尽管这一影响可能并不只针对弱势群体，但是本章的研究进一步比较分析了不同家庭之间的这一作用效果的差异，表明上述的积极影响对弱势群体（农村家庭和城镇低收入家庭）的边际作用效果要比对非弱势群体的边际作用效果更大。这也反映出对于金融普惠的理解，不应当仅仅停留在提高金融覆盖面，使得原先得不到金融服务的弱势群体也能获得金融服务，还应重视增加其金融服务获得的种类、提高其层次，满足他们潜在的、多元化的金融需求。

第七章 不同信息渠道对家庭
金融市场参与行为的影响

第六章讨论了家庭信息通信技术水平提高对其可获得金融服务种类、层次的影响。本章进一步分析比较传统信息渠道与信息技术渠道的差异，并在考虑家庭自身资源禀赋、教育水平、认知水平等异质性特征的基础上，深入剖析不同信息渠道对家庭金融市场参与行为的影响，并探究不同信息渠道对家庭金融资产配置的影响是否存在城乡差异。

第一节 家庭金融市场参与行为分析

自改革开放以来，伴随着经济的高速发展、城乡居民收入水平的不断提高，城乡居民寻求更多、更优质的投资回报渠道的需求愈加旺盛。相关数据显示，2015 年中国家庭平均资产数量比 2013 年增长了 20%，其中，金融资产增加了60%，房产增加了 34%，工商业贷款减少了 41%，其他资产增加了 8%。并且，金融资产增长主要来自风险资产的增长，尤以股票和金融理财产品为主。尽管中国家庭平均资产数量大幅增加，但从总体上看参与率依然较低，城乡家庭平均参与率为 11.1%，其中城市家庭为 16.4%，农村家庭为 2.6%；家庭股票市场参与率仅为 9.2%，其中城市家庭为 13.9%，农村家庭为 1.7%。如何破解城乡居民持续增长的金融需求与金融市场参与率整体偏低的现实矛盾，成为未来中国经济发展过程中亟待解决的重要问题之一。实践经验表明，除了家庭自身资源禀赋、外部金融基础设施状况等因素外，随着近年来现代化、信息化建设的不断推进，及时、准确、高效地获取信息日益成为影响家庭金融市场参与及资产选择行为的关键因素之一。而投资者总是需要依托一定的信息渠道获取金融市场参与的相关信息，帮助其自身进行风险判断和金融资产投资决策。已有研究同样指出，家庭没有投资金融市场的原因之一是缺乏相关信息渠道（Hong 等，2004）。

具体而言，一方面，信息渠道的不同决定了信息获取成本、筛选效率、信息准确度等均存在差异，进而造成家庭金融市场参与及资产选择行为的差异。个体投资者通过报刊等传统的信息渠道获取有关金融市场的相关信息，获取信息的渠道单一、信息搜寻成本高；信息渠道多元化程度的提高则可以促使投资者通过更多新的信息渠道（如互联网）获取投资信息，降低了参与金融市场的信息成本，提高了获取相关信息的效率。另一方面，在当前信息膨胀的宏观背景下，不同信息渠道对解决投资者有限关注问题的能力有所不同。正如赫伯特·西蒙所提出的，"信息的丰富产生注意力的贫乏"，在信息膨胀的今天，伴随着信息的过量和超载，注意力成为稀缺资源，居民需要通过对信息进行有效筛选以提高相关信息的准确性及有效性，然而投资者的有限关注使其在不同信息渠道上分配的注意力不同（Veldkamp，2011），所以不同居民将选择不同的渠道作为其信息获取的主要方式，这也成为影响其参与金融市场及资产选择行为的重要因素。最后，城乡间信息基础设施建设水平的差异引致信息渠道的差异，也会成为城乡间家庭金融市场参与及资产选择行为差异巨大的重要原因之一。农村地区网络基础设施不完善，居民获取信息的渠道相对单一；再加上城乡居民文化程度、投资氛围、投资决策等方面的差异，不同的信息渠道对风险资产持有的影响在城乡之间可能存在显著差异。

基于此，本节所提出的核心问题是：家庭不同信息渠道的选择究竟在多大程度上影响其金融市场参与及资产配置行为？这一影响在城乡家庭之间有何差异，背后的机理是怎样的？本章试图在通过比较城乡家庭自身资源禀赋、教育水平、认知水平等异质性特征的基础上，探讨其获得信息渠道的差异，深入剖析信息渠道与家庭金融市场参与及金融资产选择行为的关系，为优化家庭资产配置决策、提高金融机构供给效率提供依据。

第二节　不同信息渠道影响家庭金融市场参与的研究综述

家庭对金融市场的参与及资产选择，是家庭金融研究的核心问题之一（Campbell，2006），探讨家庭金融市场参与及其资产配置的影响因素，成为近年来重要的研究主题。一部分国内外学者指出家庭背景风险对家庭参与金融市场及家庭资产配置有影响，家庭背景风险主要包括收入风险和健康风险。Gusio 等（1996）认为，收入有风险的家庭会降低风险资产的比重，增加非流动资产持有比重。Rosen 和 Wu（2004）利用美国健康退休调查（HRS）数据研究发现，健康状况与风险资产持有概率和持有规模都具有正相关关系。此外，雷晓燕和周月刚（2010）的研究还发现，健康状况对于城市居民起重要作用，健康状况变差使其减少风险资产持有，但是健康状况对农村居民影响不显著。

也有部分学者将研究焦点集中在个体主观因素对家庭参与金融市场及资产选择的研究上，个体主观因素包括了年龄、受教育程度、财富等。Shum 和 Faig（2006）提出，户主年龄、家庭财富及退休储蓄金与美国家庭股票持有比重呈显著正相关关系。Haliassos 和 Bertaut（1995）通过对美国 75% 的没有投资股票的家庭进行研究，提出融资约束抑制家庭参与股票市场、教育则具有正向影响。Guiso 等（2008）、Wachter 和 Yogo（2010）提出，持有风险资产、参与股市需要付出一定成本，这些成本使得风险资产投资具有"财富门槛"，所以家庭财富与风险资产存在正相关关系。国内近年来关于个体主观因素的研究也较多，如受教育情况、投资经验、金融知识、融资约束、金融可得性（吴卫星等，2006；谭松涛和陈玉宇，2012；尹志超等，2014；尹志超，2015）。

此外，国外学者的研究较早地开始关注信息渠道与家庭金融市场参与及资产选择的关系。有学者指出，信息获取与投资策略之间存在紧密联系。以投资股市过程中的信息获取及筛选为例，Guiso 和 Jappelli（2005）提出，个体参与投资的概率与其所获有关信息量、得知该金融资产存在的概率相关。Bogan（2008）进一步提出，电脑和互联网的使用，除了降低交易成本外，还使居民更易获得股市信息，从而降低信息成本，促进股市参与。还有一些研究从投资者有限关注的角度探讨新闻媒介的相关信息发布对投资策略的影响，并认为这些信息发布通过影响投资者的注意力配置，进而影响其投资决策行为和证券价格市场表现等。其中，Klibanoff 等（1996）研究了《纽约时报》的新闻是否会对封闭式国家基金产生影响，发现新闻的出现会影响投资者的投资需求，并对资产价值的弹性产生影响。Merton（1987）认为，新闻媒体报道会由于信息成本的作用对新股产生长期影响。

进入 21 世纪以来，随着信息化程度的不断加深，越来越多的研究开始关注信息渠道对家庭金融市场参与及资产选择的影响。信息渠道指的就是信息获取的渠道（或媒介），主要的信息渠道包括了社会互动、计算机网络、报刊、电视等等。Hong 等（2004）提出，家庭可以通过社会网络中的信息共享获取资本市场的相关信息，至少可以学习基本操作方法，进而参与股市。另有学者指出，社会互动、网络两种信息渠道对家庭金融市场参与及资产选择有重要影响，并认为投资者依赖的信息渠道不同，其风险态度会有显著差异，依靠"网络"作为主要信息来源渠道的投资者风险系数明显高于其他信息渠道，风险系数最低的是依靠"熟人信息"的投资者（尹海员和李忠民，2011）。曹杨（2015）进一步验证了信息获取是社会网络影响居民参与金融市场的渠道之一，相关投资信息的缺乏对于居民参与股市及其他金融市场会产生不利影响，而社会网络通过信息获取渠道显著降低了这一影响程度。此外，李涛（2006）提出，社会互动通过内生互动和情景互动两渠道对股市参与造成影响。李涛和郭杰（2009）进一步指出，社会互动可能降低居民对股市投资风险感知，间接影响风险态度对股市参与的影响，社会互动程度低的居民其绝对风险规避程度显著反向影响其投资股票的可能，而社会互动程度较高的居民其绝对风险规避程度对他是否投资股票无显著影响。郭士祺和梁平汉（2014）研究发现，社会互动与网络通过传递股市信息来推动股市参与，并且这两种信息渠道在促进家庭股市参与上有相互替代关系。

综上所述，目前有关信息渠道与家庭金融市场参与及资产选择的研究大多仅考虑了网络与社会互动两个渠道，分析的焦点多集中于股票市场的投资决策上，缺乏对其他信息渠道、其他种类的风险资产及其相互关系的深入研究。此外，现实情况表明，家庭金融市场参与及资产选择在城乡间存在巨大差异，那么在信息化程度不断加深的背景下，这一巨大差异与家庭获取及筛选信息渠道的异质性之间是否存在联系？总之，对信息渠道选择与家庭金融资产配置之间关系的研究可能具有重要意义。

第三节　不同信息渠道影响家庭金融市场参与的理论阐述

家庭金融的核心意义在于通过跨期的资产配置方式，使得家庭现金流在各个生命阶段呈现较为平稳的状态。家庭通过参与金融市场将现期的资金投入到金融市场并持有一定比例的风险资产，以此实现跨期消费，取得整个生命阶段消费效用最大化。具体来说，金融市场参与是指居民持有风险金融资产，风险金融资产主要包括股票、基金、金融债券、金融衍生品、金融理财品、外汇、黄金等。居民是否将资金投入到金融市场并持有风险金融资产，取决于参与金融市场的成本大小，具体包括获取相关金融信息成本（如购买投资信息成本、搜索相关金融信息的时间成本）和交易成本，参与金融市场成本越低，家庭越愿意参与金融市场并持有风险资产。进一步地，信息渠道是投资者获取金融市场相关信息的主要方式（包括报刊等传统的信息获取方式及互联网新型信息获取方式）。由于获取不同信息渠道的成本、通过不同信息渠道筛选信息的效率及获取信息的准确度等不同，使得使用不同信息渠道获取相关金融信息的成本及相关交易成本存在差异，也就是说，信息渠道的使用通过改变投资者获取相关金融信息的成本及交易成本影响居民参与金融市场的成本，进而影响家庭整个生命阶段的消费效用大小，最终影响家庭的金融市场投资决策。具体机制如图 7 - 1 所示。

图 7 - 1　信息渠道影响家庭金融市场投资决策机制分析

本节沿用了 Bogan（2008）的互联网与股票市场参与的成本效用模型，该模型是在传统的消费资本资产定价模型（CCAPM）的基础上，考虑到互联网的出现对降低股票市场参与成本的可能性，对原有模型进行了改进。在此基础上进行拓展，将不同信息渠道的成本进一步细化并纳入模型，考察了不同渠道的获取成本、信息筛选的成本与参与金融市场效用之间的内在逻辑关系，探讨信息渠道对家庭金融市场参与及资产选择行为影响。标准的 CCAPM 认为，在无摩擦金融市场中，消费者的跨期期望效用函数为：

$$U(C) = maxE_t \sum_{t=0}^{T} \sigma_t U(C_t) \tag{7-1}$$

$$s.t. \begin{cases} C_t = W_t + Y_t - S_t - a_t X_t \\ W_{t+1} = S_t(1+R) + a_t Z_t \end{cases} \tag{7-2}$$

其中，σ 是时间折现系数，C_t 是 t 时期的实际消费，Y_t 是 t 时期的劳动收入，W_t 是 t 时期的总财富，S_t 是 t 时期的实际总储蓄，a_t 是 t 时期的风险资产投资量，X_t 是金融资产价格，$1+R$ 是无风险利率，Z_t 是风险金融资产平均收益。然而如果考虑到市场摩擦存在，在模型中加入个人参与金融市场的成本（如信息成本和交易成本），包括购买投资信息成本、搜索相关金融信息的时间成本、交易成本；这些成本都将反映到以上模型中，即：

$$\begin{cases} C_t = W_t + Y_t - S_t - I_t - a_t X_t \\ W_{t+1} = S_t(1+R) + a_t Z_t \end{cases} \tag{7-3}$$

如果参与金融市场的成本 I_t 很大，居民无法达到期望效用，则将不会参与，即 a_t 为 0。随着信息化加深、信息渠道多样化，不同信息渠道的使用可能会不同程度地降低居民参与金融市场成本 I_t。假设信息渠道自身成本为 I_{t1}，通过信息渠道的使用减少的信息成本是 I_{t2}，则通过使用信息渠道可以增加消费 $I_{t1} - I_{t2}$，即：

$$\begin{cases} C_t = W_t + Y_t - S_t - I_t + (I_{t1} - I_{t2}) - a_t X_t \\ W_{t+1} = S_t(1+R) + a_t Z_t \end{cases} \tag{7-4}$$

如果 $I_{t1} > I_{t2}$ 或 I_{t2} 很小的话，居民将不会选择这一渠道，从而这一信息渠道对于投资风险资产的作用也会很小。进一步地，城乡信息化程度差异、城乡居民金融认知水平等差异的存在必然导致城乡信息渠道自身成本差异及使用信息渠道获取信息的成本差异。基于此，我们认为信息渠道是影响家庭金融市场参与及资产选择的重要因素，且在城乡之间作用差异显著。

一般而言，接触报刊等传统信息渠道的初始门槛较低，对于城镇家庭来说，购买报纸的花费仅占家庭消费支出的极小部分，且容易获得，在上班或业余时间也都可以阅读以获取信息。此外，不同家庭还可以根据自身需求订阅针对性、专业性更强的报刊。因此，报刊自身成本 I_{l1} ＜减少的信息成本 I_{l2}，报刊渠道的使用应该能够促进城镇居民参与金融市场及进行风险资产配置；而对于农村居民而言，由于文化程度普遍不高，多以阅读故事会、农业技术为主，阅读报刊获取经济类信息的时间成本会很高，所以报刊 I_{l2} 较小，报刊渠道的使用对于农村居民参与金融市场及进行风险资产配置的促进作用可能不显著。对于新型信息渠道如互联网而言，虽然 I_{l1}（包括网络费用等）较大，但是由于其信息传输速度快，能够大幅度降低居民家庭搜索相关金融信息的时间成本，同时，能够降低参与金融市场的交易成本，所以互联网自身成本 I_{l1} ≪减少的信息成本 I_{l2}，互联网的使用可能促进居民参与金融市场及风险资产配置。综上所述，报刊等传统信息渠道及互联网等新型信息渠道都能够显著促进城镇家庭金融市场参与及进行资产选择；但相比于城镇家庭而言，互联网新型信息渠道更能显著提高农村家庭金融市场参与度及风险资产持有比例。

第四节　本章小结

以互联网为代表的现代信息通信技术的发展为缓解金融排斥、建设普惠金融体系提供了新的技术支持。家庭利用互联网信息渠道可以更高效、便捷地获取金融信息，从而对家庭金融市场参与产生了积极的推动作用。本章的理论分析表明：

第一，信息渠道是影响家庭金融市场参与及资产选择的重要因素，且对城乡家庭的作用存在显著差异。其中，使用报刊等传统信息渠道及互联网等新型信息渠道都能够显著促进城镇居民金融市场参与及进行资产选择。

第二，对于农村家庭而言，互联网等新型信息渠道对提高居民金融市场参与度及风险资产持有比例的作用更显著。

大数据、人工智能等信息科技技术不断推陈出新，已经融入家庭生活的方方面面。随着互联网覆盖率的不断提高，信息技术作为更有效的信息渠道，在缓解金融排斥，扩大金融普惠覆盖等方面发挥着积极作用。尤其是对于农村及偏远地区的家庭来说，由于交通不便、消息闭塞以及金融资源匮乏，造成大量对金融产品的潜在需求无法通过有效的信息渠道得到满足，而互联网等信息技术的介入极大地降低了交易的信息成本，缓解了信息不对称，有利于解决我国金融市场"有限参与"的难题。

本章认为，随着信息化程度的逐步加深，互联网等信息渠道的普及，能够进一步降低家庭搜寻相关信息的成本，进而促进家庭更积极地参与到金融市场中；随着居民投资需求的增加，传统信息渠道已无法满足农村居民信息获取要求，其更倾向于选择新型信息获取渠道，所以信息化背景下新型互联网渠道相比于传统信息渠道对农村家庭参与金融市场及进行资产选择作用更显著。

基于以上研究结论，本章提出如下政策建议：

第一，加快中西部以及农村地区的新型信息渠道建设。由于我国城乡差异较大，从长期来看，技术壁垒、数字鸿沟等问题依然是农村家庭利用信息技术接触金融市场的主要障碍。因此，政府应重视对农村和偏远地区的信息基础建设，重视对低收入人群的技术及金融知识教育，通过政府平台、传统金融机构、金融信息化平台等多方位加大对农村和城镇低收入群体的资金支持力度，缓解弱势群体的金融排斥，实现金融普惠。

第二，积极推动现代信息通信技术与金融产业的结合。借助移动互联技术为金融服务触达普惠目标群体提供了可能。人工智能、大数据等技术的应用，使得金融服务供需双方实现精准化、个性化的匹配，使得家庭在基础性金融服务得到满足的基础上，潜在的、更高层次的非基础金融服务需求被极大地激发，从微观层面上实现金融普惠的推进。

第三，完善监管机制，维护消费者权益及客户隐私。信息化程度加深是一把"双刃剑"，金融监管部门应该加强与信息管理部门的联系，进一步规范不同信息媒介的信息传输质量，在降低城乡家庭信息获取与筛选成本的同时，确保金融消费者的信息安全，减少虚假信息误导投资者的现象发生。

第四，加强信息端与金融供给端的链接，充分发挥互联网等新的信息渠道的重要作用，在针对不同需求偏好的投资者开发相应金融产品的同时，充分考虑投资者获取信息渠道的异质性，针对不同人群选择多元化供给渠道和信息宣传渠道以提高供给效率，加强金融信息渠道建设，提高宣传的信息质量。

第五，普及金融知识，提高家庭风险意识。金融市场参与者需要不断增强自身金融认知水平，除了依赖相对便捷的互联网等新的信息渠道外，也要注意多渠道获取与筛选信息，提高信息获取和筛选的效率，理性高效地参与金融市场。

第八章 金融素养对家庭借贷
决策的影响

信息化趋势一方面拓宽了家庭获取信息的渠道，使其更多地了解金融信息；另一方面也作用于家庭自身的禀赋特征，如金融素养等，进而对其金融市场的参与行为产生影响。金融素养作为一项以提高经济福利为目的的人力资本，对于低收入家庭能否利用金融支持平滑消费、促进家庭整体效用的提高尤为重要。因此，本章利用2013年中国家庭金融调查（CHFS）的数据，研究金融素养对家庭借贷决策的影响。

第一节 金融素养与家庭借贷决策的
相关研究综述

流动性约束理论认为，当家庭面临收入的短期冲击时，为了维持当期消费的稳态从而转向金融市场寻求借贷的可能性会提高。然而，融资约束导致许多家庭的借贷需求得不到或是不能完全得到满足。融资约束通常有两方面原因：一是从需求方看，家庭没有充分表达其借贷需求；二是从供给方看，银行对部分家庭的借贷需求不认可，导致其无法获得正规借款。部分存在资金短缺的家庭即使符合正规金融机构的贷款条件，囿于自身对正规金融的认知和行为偏差，更可能选择压抑自身借贷需求，或是选择向非正规借贷渠道寻求资金帮助。因此，如何改善家庭金融认知使其借贷需求得到充分表达，进而提高家庭尤其是低收入家庭通过正规渠道借贷的可能性，已经成为家庭金融领域中值得研究的重要问题。

作为一项以提高经济福利为目的的人力资本，金融素养与家庭的金融决策息息相关。已有研究证明，家庭成员的金融知识越丰富、家庭整体金融素养越高，对金融市场的判断能力越强。提升金融素养有利于降低金融服务供需双方的信息不对称，并提高正规金融服务的可得性。相反，那些金融素养较低的家庭即使具备获取正规金融服务的条件，也更容易放弃表达自身的金融需求，从而降低选择正规金融服务的可能性。

国外学者对于金融素养与家庭借贷行为之间的关系进行了大量探讨，多数研究表明金融素养的低下与非理性借贷行为密切相关。相比之下，目前国内关于金融素养对家庭借贷行为影响的研究则较少。本章首先从理论上分析金融素养对家庭借贷决策的影响机制，再采用 2013 年的 CHFS 数据，通过构建 Probit 模型实证分析金融素养对家庭借贷决策（是否借贷和借贷渠道）的影响。实证结果从人力资本视角提出了一项缓解家庭融资约束、促进家庭整体效用提高的解决方案。

　　本章其余部分的安排如下：第二部分对国内外文献进行综述、提出研究假说。第三部分介绍实证模型，并对变量进行描述性统计。第四部分对模型的估计结果进行讨论（包括金融素养对家庭是否借贷的影响和对借贷渠道的影响），并用工具变量解决内生性问题。最后一部分为结论和建议。

第二节　金融素养与家庭借贷决策的理论分析

　　已有研究认为，影响金融需求主体决策的因素一般有以下两点：一是金融需求主体对金融产品风险和收益的认知程度；二是需要迎合金融资产配置的目标（因为金融资产合理配置的前提是做出恰当的金融决策）。相关文献表明，家庭决策者的年龄、性别、风险态度等个人特征以及家庭收入、家庭资产等经济特征都会对家庭的金融决策产生影响。

　　Huston（2012）认为，金融素养包含了个体掌握的金融知识及其做出合理有效金融决策的能力，可以反映金融需求主体对金融产品风险和收益的认知程度。诸多研究表明，家庭决策者以及成员的金融素养水平会对家庭金融决策产生重要影响。原因如下：一是金融素养较高的家庭通常拥有更多的资源禀赋。为了追求更高的收益，这些家庭参与金融市场的可能性更大。同时金融素养可以影响家庭进入金融市场的成本，进而影响家庭金融资产的配置。二是金融素养较高的家庭通常拥有更强的信息感知能力，对复杂金融信息的分析、整理和吸收能力更强，对借贷合同信息、服务流程更加了解。因而这些家庭使用金融产品的意愿更高，成为掠夺性贷款和金融欺诈受害者的可能性更低。三是金融素养较高的家庭通常拥有更强的风险判断能力，个人对家庭金融活动的控制能力增强，使得金融决策更加趋于理性。四是金融素养可能影响家庭的金融风险偏好，进而对家庭的金融市场参与和投资组合选择产生影响。

　　因此，提升金融素养水平有助于家庭表达金融需求，提高金融行为的发生率。此外，家庭金融素养还会影响金融服务渠道的选择。研究发现，家庭的金融素养水平越高，越趋于选择固定利率的抵押贷款，从正规金融机构获得借款的可能性也越大。相反，缺乏金融素养的家庭由于对正规金融服务存在认知偏差，更可能选择成本更高、风险更大的非正规金融服务，从而容易导致家庭陷入财务困境。

参考董晓林等（2018）的"社会行动模型"，本章试图进一步阐释金融素养对家庭借贷决策的影响机制。在社会学研究中，该模型经常被用于探讨新技术（产品）的接受和使用决策。随着近年来金融产品的创新和金融法规的完善，虽然借贷并非新产品或新技术，但是家庭借贷决策所要考虑的因素与该模型较为契合。假设户主的意志可以代表其所在家庭的决策内容，并考虑资源禀赋、信息渠道等外部客观条件对家庭决策的影响，本章试图构建一个包容性更强的家庭借贷决策"社会行动模型"。

在家庭借贷决策的社会行动模型中（见图8－1），家庭主要依靠对金融产品的成本、收益和风险的判断来做出决策。除了上述因素之外，家庭金融素养水平的高低会影响家庭获得金融信息的数量；家庭能够获得多少金融信息则会影响家庭对金融资源的管理能力，进而影响家庭的决策。由于信息不对称，家庭通常不会拥有某个金融产品的全部信息；同时，由于个体的理解能力不同，对于相同金融信息的掌握和运用程度也存在差异。金融素养较低的家庭由于获取、理解和运用金融信息的能力相对匮乏，为了规避家庭的财务风险，做出借贷决策的可能性较低；而拥有相同资源禀赋的家庭如果掌握了更多的金融信息，做出借贷决策的可能性会更大。此外，如果金融素养的提高缓解了家庭从正规渠道借贷的约束，那么在相同的借贷需求下，家庭会降低从成本更高的非正规渠道借贷的概率。从现实情况来看，中国大部分家庭金融素养的提升主要源于金融知识的获得，但由于所获取的金融知识中相当大的部分只是基础的经济金融常识，而目前很多金融产品的条款都涉及专业性的金融知识，不少家庭因为无法对其做出正确理解，所以做出了非理性的借贷决策。因此，本章认为提高金融素养对家庭表达借贷需求、提高借贷决策发生率具有重要促进影响。

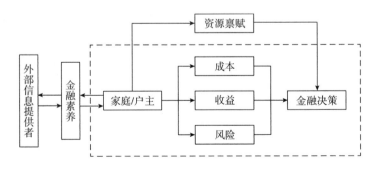

图8－1　家庭借贷决策的社会行动模型

基于以上分析，本章提出两个研究假说：

假说 8-1：金融素养是影响家庭是否借贷的重要因素。对于存在借贷需求的家庭来说，提升金融素养水平有助于提高借贷行为的发生率。

假说 8-2：金融素养是影响家庭借贷渠道的重要因素。对于存在借贷需求的家庭来说，提升金融素养水平有助于提高家庭从正规渠道借贷的可能性，减少家庭对非正规渠道借贷的依赖。

第三节　模型设定与描述性统计

一、资料来源

本章使用的数据来自西南财经大学 2013 年在全国范围内开展的中国家庭金融调查（CHFS）项目。该调查经过三阶段分层抽样，获得包括人口统计学特征、资产与负债、保险与保障以及支出与收入的详尽数据，样本覆盖了全国 29 个省份、262 个县和 1048 个社区，总计获得 28000 多户家庭的微观层面数据。由于家庭做出借贷决策是以需求为前提的，因此本章筛选出因持续经营、购买房屋、购买车辆、进行投资而产生借贷需求的家庭样本，根据问卷中的相关问题，将已获得银行贷款的家庭、需要贷款但未申请及申请被拒的家庭、从其他渠道借款和因资金不足而放弃投资的家庭视为有借贷需求的家庭。在剔除无借贷需求的家庭样本及数据缺失等无效样本后，最终得到 16448 个有效样本。

二、模型设定

本章通过构建 Probit 模型，实证研究金融素养对家庭是否借贷和借贷渠道选择的影响。方程的基本形式如下：

$$Y = \alpha_0 + \alpha_1 \text{financial\_ literacy} + \alpha_2 X + \varepsilon \qquad (8-1)$$

其中，Y 是被解释变量，包括虚拟变量 "是否借贷" "是否正规借贷" 以及 "是否非正规借贷"。本章认为家庭 "是否借贷" 包括是否存在待偿的银行贷款、是否申请银行贷款被拒以及是否从银行以外的其他渠道借款三种情况。"是否正规借贷" 包括是否存在待偿的银行贷款以及是否申请银行贷款被拒两种情况。"是否非正规借贷" 指是否从银行以外的其他渠道借贷。

financial_ literacy（金融素养）是核心解释变量。本章采用主成分分析法构建金融素养指标，将户主的金融知识和金融能力纳入衡量体系，并具体化为 5 个与金融相关的问题，如表 8-1 所示。KMO 值为 0.7297，表明 5 个问题之间相关性较强，主成分分析法可行。从中选取的 4 个主成分对原始变量信息解释达到 89%，说明变量的信息丢失较少，主成分提取的总体效果较为理想。金融素养指标是一个综合得分,可由各成分的方差贡献率占 4 个主成分总方差贡献率的比重为权重进行加权求和得到。经计算,本章金融素养的得分区间为 [-0.83, 2.89]。

表 8-1 金融素养指标的构建

指标构建			赋值
金融素养	金融知识	对经济金融信息的关注程度	非常关注 = 5,很关注 = 4,一般 = 3,很少关注 = 2,从不关注 = 1
		是否上过专业课程	是 = 1,否 = 0
	金融能力	计算利率	答对 = 2,答错 = 1,无法计算 = 0
		计算通货膨胀率	答对 = 2,答错 = 1,无法计算 = 0
		判断股票与基金风险大小	答对 = 3,答错 = 2,只听说过其中之一 = 1,都没有听说过 = 0

X 是控制变量。参考家庭借贷行为影响因素的文献,本章选取的控制变量包括家庭人口统计学特征、家庭特征和区域特征三类。人口统计学特征变量包括户主的性别、年龄、教育程度、婚姻状况、健康状况和风险态度;家庭特征变量包括家庭规模、自主经营、非经营性收入、有无房产和社会资本;区域特征变量包括省级虚拟变量和农村虚拟变量,主要是基于不同地区社会文化和借贷习惯差异的考虑。此外,α_0 是常数项,α_1、α_2 为待估参数,ε 为误差项。

三、描述性统计

表 8-2 给出了变量定义与描述性统计的结果。可以看出,在借贷决策方面,约有 48% 的家庭未表达出借贷需求,表明借贷需求受到抑制的现象比较普遍。在借贷渠道方面,从非正规渠道借贷的家庭数量大约是正规渠道的 2 倍,说明家庭从非正规渠道借贷的意愿明显高于正规渠道。在金融素养方面,家庭金融素养的平均水平为 0.021,最小值为 -0.836,最大值为 2.892,表明家庭金融素养呈现出平均水平偏低和差别较大的现状。从控制变量来看,户主的平均年龄为 55 岁,并且大部分家庭的户主是已婚男性,其平均正规教育年限为 9.6 年,受教育水平相对较低。户主的健康状况平均为 2.574,普遍处于亚健康状态。家庭的风险态度均分为 4,说明大部分家庭都厌恶风险。大部分家庭拥有自己的住房,且非经营性收入相对较高。

表 8-2 变量定义与描述性统计

变量名称	变量解释	最小值	最大值	均值	标准差
是否借贷	是 = 1,否 = 0	0	1	0.520	0.499
是否正规借贷	是 = 1,否 = 0	0	1	0.200	0.400

续表

变量名称	变量解释	最小值	最大值	均值	标准差
是否非正规借贷	是 = 1，否 = 0	0	1	0.410	0.492
金融素养	由主成分分析法而得	-0.836	2.892	0.021	0.760
性别	男 = 1，女 = 0	0	1	0.764	0.425
年龄	户主的年龄	22	90	55.76	13.22
年龄平方	户主年龄的平方	484	8100	3283	1503
教育程度	户主的受教育年限	0	22	9.627	4.167
婚姻状况	已婚 = 1，其他 = 0	0	1	0.877	0.329
家庭规模	家庭人口数	1	19	3.503	1.581
健康状况	身体状况由不好到非常好 依次赋值 1~5	1	5	2.574	1.183
风险态度	风险态度由偏好到厌恶 依次赋值 1~5	1	5	4.04	1.211
自主经营	家庭是否进行自主经营 是 = 1，否 = 0	0	1	0.124	0.328
非经营性收入	扣除生产经营性收入后的家庭收入的对数	0	15.23	9.195	3.443
有无房产	是否有住房资产 是 = 1，否 = 0	0	1	0.726	0.445
社会资本	从亲戚中获得的经济支持或赠与金额的对数	0	14.51	6.775	3.182
农村	是否为农村户口 是 = 1，否 = 0	0	1	0.332	0.471
区域变量	是否属于中西部地区 是 = 1，否 = 0	0	1	0.564	0.496

第四节　金融素养影响家庭借贷的实证分析

一、金融素养对家庭是否借贷的影响

表8-3展示了金融素养对家庭是否借贷影响的实证回归结果（边际效应）。其中，第1列中不包含金融素养变量，而在第2列中加入了金融素养变量，其他控制变量与第1列保持一致。金融素养的估计系数在5%的水平上显著为正，且金融素养水平每提升1个单位，家庭借贷的概率会随之增加1.07%。表明家庭的金融素养越高，家庭对金融产品信息的理解能力越强，结合自身的风险收益追求和风险偏好可以进一步促使家庭优化借贷决策。此外，金融素养水平的提高还可以增强金

融资本的禀赋效应，家庭参与金融市场的资本越多、还款能力越强，家庭的借贷信心就会越充足，从而促使家庭释放自身的借贷需求、提高借贷行为的发生率。

表8-3 金融素养对家庭是否借贷的影响

变量	Probit（1）	Probit（2）	IV Probit（3）
金融素养	—	0.0107**	0.7414***
		（2.0184）	（3.8713）
性别	0.0142	0.0145*	0.0248
	（1.6436）	（1.6672）	（0.8881）
年龄	0.0038*	0.0039*	0.0205***
	（1.8687）	（1.8986）	（3.1148）
年龄平方	-0.0001***	-0.0001***	-0.0004***
	（-5.3049）	（-5.3235）	（-6.2933）
教育程度	0.0006	-0.0001	-0.0230*
	（0.5923）	（-0.0971）	（-1.7547）
婚姻状况	0.0411***	0.0412***	0.1112***
	（3.4439）	（3.4539）	（2.9137）
健康状况	-0.0089***	-0.0092***	-0.0719***
	（-2.8059）	（-2.9217）	（-5.9582）
风险态度	-0.0074**	-0.0060*	0.0421
	（-2.3961）	（-1.9086）	（1.6164）
家庭规模	0.0300***	0.0302***	0.0914***
	（11.8093）	（11.9027）	（10.0277）
自主经营	0.1344***	0.1337***	0.2138***
	（11.8377）	（11.7669）	（5.8696）
非经营性收入	-0.0049***	-0.0050***	-0.0225***
	（-4.1189）	（-4.2076）	（-5.5611）
有无房产	0.3495***	0.3492***	0.7843***
	（53.0106）	（52.9401）	（29.7500）
社会资本	0.0013	0.0012	-0.0036
	（1.2087）	（1.0905）	（-0.8535）
农村	0.0975***	0.0983***	0.3585***
	（10.8000）	（10.8915）	（11.4897）
区域变量	0.0276***	0.0270***	0.0538**
	（3.8651）	（3.7679）	（2.1161）
样本数	16448	16448	16448
一阶段估计F值	—	—	473.67

变量	Probit（1）	Probit（2）	IV Probit（3）
工具变量 t 值	—	—	11.55
Wald Chi^2/F 值	—	—	12.46
P 值	—	—	0.0000

注：括号中为 Z 值，＊、＊＊和＊＊＊分别表示在 10%、5% 和 1% 的水平上显著。

此外，金融素养的加入也提高了大多数控制变量对家庭是否借贷的边际影响。从户主特征来看，年龄与家庭是否借贷之间呈倒"U"形关系；婚姻状况、健康状况和风险态度对家庭借贷行为的发生影响显著。从家庭特征来看，家庭规模、自主经营和有无房产对家庭借贷行为的发生率存在显著正向影响，而非经营性收入对家庭借贷发生率存在显著负向影响，社会资本无显著影响。从地区特征来看，农村和中西部地区的家庭借贷行为更加活跃。

上述模型中的金融素养变量可能存在内生性问题，原因如下：一是反向因果，即家庭可以通过参与金融市场获取相关金融知识，从而提高金融素养；二是可能存在遗漏变量或者对于家庭金融素养的衡量偏差。为缓解因内生性问题而导致的回归偏误，本章选取"除本家庭外，同一社区内其他家庭的平均受教育水平"作为金融素养的工具变量进行两阶段 Probit 回归。

选取该工具变量的原因如下：其一，家庭的受教育水平与金融素养相关性较强，家庭的受教育水平越高，掌握的金融知识越丰富，对金融信息的理解能力越强，金融素养也相应越高；其二，同一社区内其他家庭的平均受教育水平越高，通过与其他家庭的沟通交流获得更多金融知识的可能性就越大，本家庭的金融素养水平也越容易得到提高；其三，同一社区内其他家庭的平均受教育水平并不受受访家庭的控制，因此该工具变量对受访家庭借贷决策的影响是严格外生的。

表 8-3 中的第 3 列列出了工具变量的回归结果。Wald 检验结果表明，金融素养变量在 1% 的统计水平上存在内生性。此外，一阶段估计 F 值远远大于 10% 偏误水平下的临界值 16.38，说明"同一社区内其他家庭的平均受教育水平"这一工具变量具有较强的解释力，不存在弱工具变量的问题。实证结果表明，金融素养对家庭借贷行为发生率的影响在 1% 的统计水平上正向显著，与第二列的估计结果一致。金融素养是影响家庭是否借贷的重要因素，对于存在借贷需求的家庭来说，提升金融素养水平有助于家庭表达借贷需求，提高借贷行为的发生率，假说 8-1 得到了验证。

二、金融素养对家庭借贷渠道的影响

表 8-4 展示了金融素养对家庭借贷渠道影响的实证回归结果（边际效应）。

在第 1 列中，金融素养对家庭从正规渠道借贷的影响在 1% 的统计水平上正向显著，从边际效应来看，每提高 1 个单位的金融素养，家庭从正规渠道借贷的概率会上升 2.92%。与前文相同，第 2 列展示了用"同一社区内其他家庭的平均受教育水平"作为金融素养的工具变量进行两阶段 Probit 回归的结果。Wald 检验结果表明，金融素养变量在 1% 的统计水平上存在内生性，一阶段估计的 F 值为473.67，表明该工具变量不是弱工具变量。第 1 列和第 2 列相比，金融素养的系数符号和显著性保持不变。在第 3 列中，金融素养对家庭从非正规渠道借贷的影响在 5% 的统计水平上负向显著，从边际效应来看，每提高 1 个单位的金融素养，家庭从非正规渠道借贷的概率会降低 1.38%。第 4 列展示了"同一社区内其他家庭的平均受教育水平"作为金融素养的工具变量进行两阶段 Probit 回归的结果。Wald 值为 74.10，表明金融素养在该模型中存在显著的内生性，一阶段估计的 F 值为473.67，表明该工具变量不是弱工具变量。第 3 列和第 4 列相比，金融素养的系数符号和显著性基本保持不变。因此，对于存在借贷需求的家庭来说，提升金融素养水平有助于提高家庭从正规渠道借贷的可能性，减少家庭对非正规渠道借贷的依赖，假说 8 - 2 得到了验证。

表 8 - 4　金融素养对家庭借贷渠道的影响

变量	正规渠道		非正规渠道	
	Probit（1）	IV Probit（2）	Probit（3）	IV Probit（4）
金融素养	0.0292 ***	2.0002 ***	- 0.0138 **	- 1.6370 ***
	（6.9004）	（7.4671）	（- 2.4983）	（- 7.0409）
样本数	16448	16448	16448	16448
一阶段估计 F 值	—	473.67	—	473.67
工具变量 t 值	—	（11.55）	—	（11.55）
Wald Chi^2/F 值	—	79.34	—	74.10
P 值	—	（0.000）	—	（0.000）

注：括号中为 Z 值，＊、＊＊和＊＊＊分别表示在 10%、5% 和 1% 的水平上显著，控制变量同表 8 - 2。

金融素养水平较低的家庭容易对正规借贷的程序和条件产生认知偏差，认为以其财务现状去申请贷款成功的概率比较低。因此，部分有借贷需求的家庭会自愿放弃申请贷款，或者转向尝试从非正规渠道借贷，尽管正规渠道借贷更具有成本优势、规模优势和安全优势。提高家庭金融素养水平，一方面有助于纠正认知偏差，进一步了解正规金融机构的借贷程序和借贷条件，促进金融服务供需双方之间的信息对称，提高家庭选择正规渠道借贷的概率；另一方面可以促进家庭积累财富，提高还贷能力，增强家庭向正规渠道借贷的信心，有助于提高有借贷需求的家庭选择正规金融服务的可能性。此外，提高金融素养水平能够使得家庭更容易识别金融风险、计算潜在成本，从而降低有借贷需求的家庭优先选择非正规渠道借贷的可能性。

三、稳健性检验

本章认为，如果家庭中有人从事经济金融行业，会影响家庭的金融素养水平，进而会影响家庭的金融决策。为减少估计偏差，将有成员在经济金融行业工作的家庭（共929户）样本剔除后再进行 Probit 回归，并选取与上文相同的工具变量以缓解内生性问题。剔除样本之后的 Probit 回归结果如表8-5所示。结果发现，即使剔除了有人从事经济金融行业的家庭样本，金融素养变量的系数符号和显著性也和剔除前基本保持一致，工具变量回归也证明了结果的稳健性。

表8-5　金融素养对家庭借贷决策的影响：稳健性检验（剔除金融从业家庭）

变量	是否借贷		借贷渠道			
			正规借贷		非正规借贷	
	Probit（1）	IV Probit（2）	Probit（3）	IV Probit（4）	Probit（5）	IV Probit（6）
金融素养	0.0091*	0.6278***	0.0286***	1.9584***	-0.0147**	-1.7057***
	(1.6755)	(2.9924)	(6.3169)	(6.7077)	(-2.4753)	(-6.6136)
样本数	15519	15519	15519	15519	15519	15519
一阶段 F 值	—	395.73	—	395.73	—	395.73
工具变量 t 值		(10.84)	—	(10.84)	—	(10.84)
Wald Chi² F 值		6.95		60.73		65.26
（P 值）		(0.008)		(0.000)		(0.000)

注：括号中为 Z 值，*、**和***分别表示在10%、5%和1%的水平上显著，控制变量同表8-2。

事实上，金融素养水平与金融市场参与度之间存在较高的相关性。家庭参与金融市场的次数越多，接受更多样化金融信息的可能性就会越大，处理金融信息的能力也可以得到提高，家庭的金融素养水平也随之提升。因此，本章选用"金融市场参与次数"替代金融素养变量来进行稳健性检验，其他控制变量与上文保持一致。Probit 回归结果如表8-6所示，参与金融市场越频繁，家庭借贷行为的发生率越高。同时，金融市场参与次数对家庭从正规渠道借贷的影响依然显著为正，对家庭从非正规渠道借贷的影响依然显著为负。

综上所述，金融素养是影响家庭是否借贷和借贷渠道选择的重要因素，金融素养越高的家庭，越有可能主动表达出自身的借贷需求，提高借贷行为的发生率。对于不同的借贷渠道而言，金融素养的影响存在差异性，其中，金融素养越高的家庭，越有可能向正规渠道借贷，越不可能向非正规渠道借贷。

表 8 - 6　金融素养与家庭借贷决策：稳健性检验（金融市场参与次数）

变量	是否借贷	借贷渠道	
		正规借贷	非正规借贷
	Probit（1）	Probit（2）	Probit（3）
金融市场	0.0240 ***	0.0525 ***	- 0.0641 ***
参与次数	(3.1172)	(9.0034)	(- 7.4548)
样本数	16448	16448	16448

注：括号中为 Z 值，＊、＊＊ 和 ＊＊＊ 分别表示在 10%、5% 和 1% 的水平上显著，控制变量同表 8 - 2。

第五节　本章小结

　　本章从理论上阐述了金融素养对家庭借贷决策的影响机制，实证上利用 CHFS 数据检验了金融素养对家庭是否借贷和借贷渠道选择的影响。实证结果显示，金融素养水平的提升可以促使更多家庭充分表达借贷需求，提高有借贷需求家庭的借贷发生率。金融素养对不同借贷渠道的影响呈现出显著差异，具体而言，金融素养的提升可以提高家庭向正规渠道借贷的可能性，降低家庭对非正规渠道借贷的依赖程度。

　　基于以上结论，本章提出以下政策建议：

　　第一，加大金融知识普及力度，提升家庭金融认知能力。建立公众教育平台，拓宽金融知识的获取渠道，如金融博物馆、公园金融知识角等。从娃娃抓起，在中小学采取灵活多样、喜闻乐见的方式开展金融经济知识的普及教育，如设立网络课程、游戏、视频等。鼓励银行证券等金融机构的从业人员将金融知识宣传进入社区。

　　第二，加快创新金融产品，提升金融服务精准度。金融机构要关注家庭金融素养问题，了解家庭金融行为规律，根据家庭资产禀赋、风险承受能力的差异性，开发有针对性的金融产品和服务，做到产品定位精准、服务有效。金融机构在研发产品时要考虑到合同条款的可读性、可理解性，降低与家庭金融需求的信息不对称程度。

　　第三，建立多层次的监管体系，提供良好的借贷环境。促进银行类金融机构建立透明化和简洁的信贷合约机制；对于游离于现行监管体系之外的非正规借贷，出台相应的监管法规，约束高成本、高风险的高利贷行为。为家庭的金融需求提供良好的借贷环境，降低家庭借贷的风险。

第九章　需求主体对数字金融产品的接受意愿与响应研究

前文研究表明信息通信技术能够推动普惠金融发展。然而，作为一种外生于金融市场的技术冲击，现代信息通信技术与金融相结合所衍生出的各种新的金融产品或服务能否发挥出金融普惠的作用，还受到需求层面上各类主体的接受意愿与响应程度的制约。鉴于此，本章从需求端分析需求主体对数字金融产品接受意愿差异的影响因素。

第一节　信息通信技术影响金融普惠的制约因素：从需求端分析

在信息技术的驱动下，传统金融供给与现代信息技术相结合的新型金融供给方式，能够降低因增加物理网点所带来的巨大成本，从而提高信息传输的效率，进一步推进普惠金融体系的建设。然而，需要注意的是，这一路径能否发挥作用，还需要考虑另一个重要的因素，即金融服务的需求主体——家庭对于"数字金融"这一新生事物的接受意愿和程度。具体到数字金融产品方面，也为我们提供了一个新的视角，即在信息化趋势下，现代信息通信技术影响金融供给并非没有制约因素，其中之一来自需求端，这里所说的需求层面的制约因素，并不仅是前文提到的需求自我抑制成为一种潜在金融需求，还指需求群体对数字金融产品的认知程度不高。在技术锁定的客观条件下，消费者对新技术产品的接受程度取决于其对新技术的预期程度，消费者转向使用新技术产品的激励，很大程度上取决于其自身的效用与偏好，以及这种新技术产品的准入门槛（David，1985）。

已有研究认为，需求主体对于金融产品的接受意愿一般取决于两个方面：一方面是需求主体对某一金融产品风险和收益的感知程度，另一方面则来源于家庭资产配置的阶段性目标，这是因为家庭对于金融产品的选择在本质上是家庭金融资产的配置问题。从家庭金融资产配置的相关文献来看，家庭决策人的年龄、性别、受教育程度以及家庭收入等资源禀赋会显著影响家庭的金融资产配置。

然而，对于同时具备数字信息技术和金融属性的数字金融产品，以上固有的家庭禀赋信息并不能完全反映家庭对其接受意愿的影响。随着信息技术的不断发展，在家庭资产配置的研究中，信息渠道、信息获取的研究视角越来越被重视。Guiso 和 Jappelli（2005）提出，个体的投资选择与其所获得的相关信息量具有显著的相关性。而作为新兴媒体的互联网可通过信息共享，使家庭有效获取资本市场的相关信息，从而提高其股市参与度（Hong 等，2004）。郭士祺和梁平汉（2014）发现信息渠道和社会互动均可促进居民股票市场参与，且二者具有替代作用。董晓林等（2017）通过对使用不同信息渠道的城乡进行比较，发现信息渠道是影响家庭金融市场参与及资产选择的重要因素，且在城乡之间差异显著。相比传统的金融产品和服务，数字金融产品对于信息获取的要求更高，因此除了家庭禀赋和决策人信息外，信息渠道、信息获取可能是影响其接受意愿的重要因素。

近年来，家庭资产配置的另一个新兴研究领域是金融素养。尹志超等（2014）发现，金融知识的增加会推动家庭参与金融市场，并增加家庭在风险资产尤其是股票资产上的配置。田霖（2014）的研究指出，在数字金融浪潮下，金融素养对家庭接受与选择相应的金融产品有深刻的影响。马双等（2014）在分析家庭金融资产未来趋势时指出，具备一定金融素养的消费者不论是否采纳该创新金融产品或服务，都是理性的选择，金融素养本质上就是经济主体的能动性、判断力的培养，注重其金融能力（Financial Capability）的提高、金融知识的丰富、金融产品的自主选择权、家庭财务的长期规划能力等，可能比某一银行账户或者某种理财产品的普及更具意义。作为互联网与金融相结合的新型金融服务模式，数字金融产品对于家庭金融素养的要求显然更高，且金融素养对于信息渠道的选择和信息的有效获取具有重要作用。本章从信息渠道和金融素养的角度，对城乡家庭数字金融产品的选择意愿及其影响因素进行分析，从需求端探讨数字普惠金融发展中存在的障碍因素，研究将证实当现代信息通信技术对农村金融普惠的影响传导至需求层面时，异质性需求主体的金融认知尤其是家庭固有的信息化资源禀赋的重要性。

在社会学研究中，关于新技术（新产品）的接受和使用的研究，多以“个人行动”模型（见图9-1中虚框部分）为依据，从个人对于新技术（新产品）的风险认知出发，通过衡量新技术的预期收益与成本做出选择，同时该行为选择会受到自身资源禀赋的影响。然而从风险社会学的理论出发，这种“个人行动”模型是不完备的。在风险社会中，对于新型数字金融产品这类“人造风险”，个体家庭对新产品的认知、判断和接受不是孤立的，而是受到其他行动者互动的影响。因此，本节对数字金融产品的选择意愿分析，参考何光喜等（2015）提出的

"社会行动"模型（见图9-1），将家庭资源禀赋及外部社会性因素加入模型。

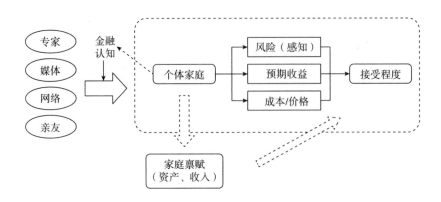

图9-1 风险社会中新产品接受程度的"社会行动"模型

在新的"社会行动模型"中，家庭对于新产品的接受和使用程度，不仅与家庭自身对于新产品的风险、收益、成本的衡量以及家庭资源禀赋相关联，同时还会受其获取信息的能力和渠道的影响。

家庭信息渠道的多少与家庭的信息获取水平显著相关，而信息获取水平会影响个人或家庭的资源配置能力，进而影响产品（技术）使用行为。其原因在于，个体家庭对于新产品信息的掌握在多数情况下是不完全的，且家庭对于自身的状况并不能进行准确的评估，因此在相同资源禀赋条件下会出现不同的产品使用行为。这一点对于数字金融产品而言更是如此，其同时具备的信息化属性与金融属性使得家庭自身获取的信息相对匮乏，家庭会出于风险因素的考虑，减少使用此类产品，此时，互联网、媒体等信息渠道的作用凸显。大众媒体等信息渠道在传播信息和知识的同时，也塑造着人们对新产品（技术）及其风险的认识和态度，从而影响其接受意愿及使用程度。而互联网的出现，除降低交易成本外，还能使家庭更容易获取信息，从而降低信息成本，增加家庭对于新产品的接受意愿。因此，我们认为信息渠道对家庭接受和使用数字金融产品具有重要影响，家庭获取信息的渠道越多，对于数字金融产品的接受意愿就越强。

"个体行动"模型的一个假设前提是消费者在进行决策时掌握了充分的知识和信息，而事实上，对于数字金融产品这类新的技术产品而言，这种假设是不现实的。即使在"社会行动"模型中，众多的信息渠道有利于家庭获取更加丰富的信息，但是消费者对信息的整理、分析及有效应用仍然受家庭自身金融素养的制约。而大部分家庭对于金融的了解仅局限于最基本的金融常识，对略显专业性的金融知识，多数家庭却并不知晓。因此，面对仍然具有较高金融属性的数字金融产品,家庭很难有较为全面的认知,这不仅会影响其对于信息的处理能力,还会影响他们在这一领域的风险偏好。基于此,在信息渠道对家庭数字金融产品接受和使用意愿的影响中,金融素养起到了重要的作用,金融素养较高的家庭,这一作用越强,即金融认知程度高的家庭在各类信息渠道中分析和获取信息的能力更强,从而更倾向于接受和使用数字金融产品。

第二节　数字金融:发展及分类

2016 年 8 月,杭州 G20 峰会首次提出"数字普惠金融"概念,倡导各国将互联网、云计算、大数据等数字信息技术运用到普惠金融领域,为社会的各个阶层和群体提供适当的、有效的金融服务。与许多发展中国家一样,利用信息通信技术,开展金融产品和服务方式的创新,已成为中国推进普惠金融发展的重要手段。截至 2017 年 12 月,中国网民规模达 7.72 亿,普及率达到 55.8%,超过全球平均水平(51.7%)4.1 个百分点,超过亚洲平均水平(467%)91 个百分点。不断改善的网络环境拓展了信息技术在金融领域的应用,促进了传统金融行业与信息化技术相结合业务的开展。金融机构通过互联网平台为用户提供移动支付、金融理财、信息中介、保险保障以及网上贷款等信息化的金融产品和服务,在增加消费者投融资渠道的同时,也在一定程度上起到了缓解信息不对称、降低交易成本的作用。数字普惠金融是指利用现代信息通信技术手段(数字技术)实现传统金融产品和服务在供给技术、获取方式和使用内容上的创新,以降低金融产品的供给与获取成本、提高金融供给效率,拓展与延伸金融服务的边界。在实践中,数字普惠金融以各种不同类型的金融产品与服务为直接表现形式,包括基础性的移动支付、互联网基金产品、各类网络融资平台、互联网众筹等。由于兼具现代信息通信技术与金融双重属性,数字普惠金融产品既不同于传统金融产品,更不同于一般商品。理论上,将现代信息通信技术运用于金融普惠的具体实践,解决了传统金融普惠实践过程中面临的几个重要问题:一是成本问题,皮天雷等(2014)的研究指出,数字金融与传统金融模式相比效率更高且交易成本与风险成本更低;二是信息不对称问题,凭借现代信息通信技术可以降低金融交易过程中的信息搜寻成本,减少了主体之间信息传输的距离,在一定程度上降低了信息不对称的程度(董晓林和朱敏杰,2016);三是信用建设问题,现代信息通信技术帮助金融交易双方更加直接地建立联系,"去中介化"的契约执行过程实现了整个网络结构的优化,网络内的声誉机制会逐步形成更加完备的信用体系。

目前对于数字金融的范围有狭义和广义两种划分方法。狭义的数字金融产品专指互联网借贷平台，是建立在互联网等数字信息基础之上，通过互联网大数据的特点，提高用户融资可获性，缓解融资约束的新型借贷服务模式；而广义的数字金融则是指传统金融机构与互联网企业利用互联网技术和信息通信技术，实现资金融通、支付、投资和信息中介服务的新型金融服务模式。无论何种划分方式，数字金融与普惠金融均表现出高度的契合性。

第三节　信息渠道、金融素养对城乡家庭数字金融产品的接受意愿影响的实证检验

一、资料来源

本章使用的数据来自课题组 2015 年和 2017 年在江苏南京、镇江、宿迁、南通、连云港等地区的家庭抽样调查。调查问卷涉及样本家庭的人口特征、收入、支出、消费、金融需求、获得的金融服务、支付方式等方面的信息。其中，2015 年农村家庭 550 户，城镇家庭 565 户；2017 年农村家庭 375 户，城镇家庭 560 户。在剔除一部分异常值、极端值后，共得到 2015 年有效样本 958 户，其中农村家庭 520 户，城镇家庭 438 户；2017 年有效样本 753 户，其中农村家庭 300 户，城镇家庭 453 户。

二、模型设定及变量选取

为实证检验城乡家庭对于数字金融产品的使用，本章将数字金融按照其功能分为网上支付类产品、网上理财类产品、网上保险类产品以及网上借贷类产品四类，分别检验家庭对各类产品的使用情况。由于是否使用某产品是一个 0~1 变量，因此使用 Logit 模型进行回归。模型的基本形式设定为：

$$Y_i = \beta_0 + \beta_1 Source_i + \beta_2 Source_i \times fin_i + \gamma_i X_i + \varepsilon_i \qquad (9-1)$$

其中，被解释变量 Y 是一个虚拟变量，代表家庭对于某类数字金融产品的使用；Source 和 Source×fin 分别为信息渠道和信息渠道与金融素养的交互项；X 为控制变量，包括个体及家庭特征变量、区域控制变量及时间变量；ε_i 为误差项。

（一）被解释变量

被解释变量是对数字金融产品的使用，本章将数字金融产品分为网上支付类产品、网上理财类产品、网上保险类产品以及网上借贷类产品四类。其中，定义网上支付为家庭是否使用过支付宝、手机银行、网上银行等网上支付结算类产品；定义网上理财为家庭是否在网上购买过金融理财产品，如余额宝、平安陆金所、手机银行理财等；定义网上保险为家庭是否通过互联网渠道购买过保险类产品，包括交通旅游险、健康险、农业保险等；定义网上借贷为家庭是否通过 P2P

平台、网上众筹等渠道进行过借款。被解释变量均为虚拟变量，如果家庭使用过某类产品，则取 1，否则取 0。

（二）关键变量

对于信息渠道的衡量，我们在问卷调查中设计了"您目前进行金融投资的依据和信息渠道"这一问题，并以家庭所回答信息渠道的个数表示信息渠道变量，具体的答案选项包括互联网、报刊、银行等专业性机构、电视、亲友及其他来源。在金融素养的衡量中，我们设计了三个问题，分别就单利、复利计算以及通货膨胀进行考察，用受访者正确回答问题的个数来衡量金融素养。

（三）其他控制变量

由于目前对于家庭数字金融产品使用的文章较少，我们参考家庭金融已有研究中对家庭风险市场参与的衡量，设置了决策者个体特征、家庭特征以及区域特征作为控制变量。决策者个体特征包括决策者的性别、年龄、受教育程度及风险态度，参考已有研究，将决策者年龄分为 30 岁以下、30～40 岁、40～50 岁、50～60 岁和 60 岁以上几组，其中 30 岁以下作为对照组。决策者性别为 0～1 变量，男性 =1，女性 =0。决策者受教育程度采用决策者受教育水平衡量，同样在回归中根据小学及以下、初中、高中、本科及以上将分组加入回归中，其中小学及以下作为对照组。而决策者的风险偏好程度则根据问卷中受访者对于奖金获取形式的选择，将其划分为风险规避、风险中性与风险偏好。家庭特征主要从家庭收入、支出、劳动抚养比以及健康状况进行衡量。收入是影响家庭风险资产配置的重要因素，但收入问题往往涉及家庭隐私，在问卷调查中所获得的数据与实际出入较大，已有研究经常将家庭消费支出也加入模型，因为收入是影响家庭消费支出的重要因素，两者存在很强的相关性，而在问卷调查中反映的消费支出数据往往真实性较高。本章借鉴此方法将家庭消费支出、家庭收入取对数后加入模型中，同时还加入家庭劳动抚养比、健康状况变量衡量家庭的抚养负担。

为考察地区经济特征对家庭数字金融产品使用的影响，加入家庭所在县市的人均 GDP 对数；为考察城乡家庭的差异，加入城乡虚拟变量，同时加入苏中地区、苏南地区虚拟变量以控制区域固定效应，加入时间变量以控制时间固定效应。

具体变量的定义及统计性描述如表 9－1 所示。

表 9－1　变量定义与描述性统计

变量名称	变量解释	均值	标准差
互联网金融产品使用			
网上支付类	是否使用过支付宝、手机银行等网上支付类产品，是 =1，否 =0	0.54	0.50
网上理财类	是否购买过余额宝、平安陆金所等网上理财类产品，是 =1，否 =0	0.24	0.43

续表

变量名称	变量解释	均值	标准差
网上保险类	是否购买过网上保险主题产品，是＝1，否＝0	0.07	0.26
网上借贷类	是否使用P2P平台、互联网众筹等途径借过钱，是＝1，否＝0	0.02	0.15
关键变量			
信息渠道	进行金融投资的信息渠道的个数	1.69	1.20
金融素养	正确回答金融素养问题的个数	1.96	1.00
个体特征及家庭特征			
决策者性别	男＝1；女＝0	0.77	0.42
决策者年龄	决策者年龄	48.22	10.33
决策者受教育程度	受教育年限（年）	6.30	3.04
决策者风险偏好	设计竞赛获取奖励方案选择的情景，根据判别情况衡量风险偏好	1.38	0.69
ln（家庭支出）	家庭总消费支出的对数	10.85	0.81
ln（家庭收入）	家庭总收入的对数	11.38	1.01
劳动抚养比	家庭不参与劳动的人数/劳动力人数	0.81	0.75
健康状况	家中是否有人有重大疾病	0.18	0.39
地区控制变量			
ln（人均CDP）	所在县/市人均GDP的对数	11.21	0.49
苏中地区	是否处于苏中地区	0.14	0.35
苏南地区	是否处于苏南地区	0.38	0.49
时间变量			
2017年	是否为2017年所收集样本	0.44	0.50

表9-1的描述性统计显示，四类产品中体现支付结算功能的网上支付类产品的使用程度较高，其次为网上理财，而网上借贷类产品的使用程度最低。

从城乡分布来看（见表9-2），城镇家庭对于各类产品的使用程度均高于农村家庭。从时间效应来讲，2015年、2017年，数字金融产品得到迅速发展，城乡家庭对于互联网产品的使用也呈现出显著的上升趋势。特别对于农村家庭而言，相比2015年，2017年农村家庭数字金融产品使用程度显著上升，其中网上支付类产品更是达到48.67%。由此可见，尽管互联网借贷等产品占农村金融市场的比例尚小，但支付结算类产品的推广提高了农村家庭获得金融服务的便利性，对农村的金融普惠具有重要作用。

表9-2　2015年和2017年城乡家庭数字金融产品使用程度　　　单位:%

互联网金融产品	城镇家庭		农村家庭	
	2015 年	2017 年	2015 年	2017 年
网上支付	76.94	87.53	15.58	48.67
网上理财	42.03·	41.93	0.58	7.33
网上保险	8.22	15.69	1.15	3.1
网上借贷	4.79	3.01	0.19	1.2

三、实证分析

本章使用 Stata 软件进行回归分析,表9-3反映的是 Logit 模型的边际效应。回归结果表明,信息渠道对于网上支付、网上理财和网上借贷类产品的使用均表现出正向显著的影响。相比较来看,信息渠道对家庭网上支付类产品的使用影响更大,家庭每增加一个信息获取渠道,家庭使用网上支付类产品的概率增加16.7%。在加入了信息渠道与金融素养的交互项后,交互项对网上支付和网上保险类产品的使用表现出正向显著作用,表明在信息渠道对家庭互联网产品使用的影响上,金融素养起到了重要的作用,即家庭通过信息渠道的增加获取了更多信息,从而提高了使用数字金融产品的意愿,但这是以家庭具有较高的金融素养作为前提条件,金融素养越高的家庭,分析、整理和接受关于数字金融产品有效信息的能力越强,从而对产品的接受和使用意愿更强。

表9-3　信息渠道、金融素养与家庭数字金融产品使用

变量	网上支付类		网上理财类		网上保险类		网上借贷类	
信息渠道	0.167 ***	0.120 ***	0.021 ***	0.010	0.002	-0.010	0.006 **	0.005
	(0.02)	(0.03)	(0.011)	(0.01)	(0.003)	(0.007)	(0.002)	(0.004)
信息渠道 × 金融素养	—	0.021 *	—	0.004	—	0.004 *	—	0.001
		(0.011)		(0.004)		(0.002)		(0.001)
决策者性别	0.064	0.065	-0.007	-0.007	-0.016	-0.015	-0.004	-0.004
	(0.046)	(0.046)	(0.016)	(0.016)	(0.010)	(0.010)	(0.006)	(0.006)
决策者年龄								
30~40 岁	-0.159	-0.160	-0.053 *	-0.055 **	-0.018	-0.019 *	0.003	0.003
	(0.110)	(0.110)	(0.028)	(0.028)	(0.011)	(0.011)	(0.014)	(0.014)
40~50 岁	-0.299 ***	-0.302 ***	-0.054	-0.056 *	-0.021	-0.023 *	0.005	0.004
	(0.094)	(0.094)	(0.034)	(0.034)	(0.014)	(0.014)	(0.011)	(0.011)
50~60 岁	-0.330 ***	-0.329 ***	-0.072 **	-0.073 **	-0.036 ***	-0.037 ***	0.011	0.011
	(0.093)	(0.093)	(0.031)	(0.031)	(0.012)	(0.012)	(0.017)	(0.017)

续表

变量	网上支付类		网上理财类		网上保险类		网上借贷类	
60 岁以上	-0.467***	-0.466***	-0.101***	-0.102***	-0.023	-0.024*	—	—
	(0.072)	(0.073)	(0.028)	(0.028)	(0.014)	(0.014)		
决策者学历								
初中	0.028	0.023	0.046***	0.045**	0.006	0.005	0.005	0.005
	(0.039)	(0.040)	(0.018)	(0.018)	(0.009)	(0.009)	(0.006)	(0.006)
高中	0.013	0.011	0.065	0.064	0.031	0.031	0.032	0.032
	(0.057)	(0.056)	(0.069)	(0.070)	(0.037)	(0.037)	(0.047)	(0.047)
本科以上	0.037	0.028	-0.000	-0.002	0.051	0.049	0.027	0.026
	(0.067)	(0.067)	(0.075)	(0.075)	(0.052)	(0.050)	(0.051)	(0.051)
风险偏好	0.042	0.043*	0.015	0.016	0.003	0.003	0.007*	0.007*
	(0.026)	(0.026)	(0.011)	(0.011)	(0.005)	(0.005)	(0.004)	(0.004)
ln（家庭支出）	0.169***	0.168***	0.007	0.007	0.009	0.010	-0.006	-0.006
	(0.027)	(0.027)	(0.013)	(0.013)	(0.006)	(0.006)	(0.004)	(0.004)
ln（家庭收入）	0.006	0.005	0.003	0.003	0.003	0.002	0.003	0.003
	(0.020)	(0.020)	(0.010)	(0.010)	(0.005)	(0.005)	(0.003)	(0.003)
劳动抚养比	0.035*	0.038*	-0.004	-0.004	-0.015	-0.015	-0.002	-0.001
	(0.020)	(0.020)	(0.013)	(0.013)	(0.009)	(0.009)	(0.006)	(0.006)
健康状况	-0.045	-0.046	-0.003	-0.004	0.010	0.008	0.005	0.005
	(0.044)	(0.044)	(0.021)	(0.021)	(0.012)	(0.012)	(0.008)	(0.008)
农村地区	-0.431***	-0.412***	-0.335***	-0.331***	-0.077***	-0.073.***	-0.027**	-0.027**
	(0.048)	(0.050)	(0.040)	(0.040)	(0.022)	(0.022)	(0.013)	(0.013)
2017 年	0.164***	0.173***	-0.004	-0.003	0.034***	0.035***	-0.005	-0.005
	(0.034)	(0.035)	(0.017)	(0.017)	(0.011)	(0.011)	(0.005)	(0.005)
苏中地区	-0.105	-0.110	-0.010	-0.013	-0.003	-0.005	-0.005	-0.006
	(0.075)	(0.075)	(0.030)	(0.030)	(0.015)	(0.015)	(0.008)	(0.007)
苏北地区	-0.116	-0.125	-0.062	-0.067	-0.013	-0.016	-0.013	-0.014
	(0.114)	(0.113)	(0.053)	(0.053)	(0.026)	(0.026)	(0.017)	(0.017)
ln（人均 COP）	0.096	0.106	0.053	0.058	0.001	0.004	0.011	0.012
	(0.116)	(0.115)	(0.051)	(0.051)	(0.025)	(0.025)	(0.014)	(0.014)
观察值	1711	1711	1711	1711	1711	1711	1442	1442

注：①*、**和***分别表示在10%、5%和1%水平上显著。②表中对每类产品的回归均由两列构成，其中第一列为不加入交互项时的回归结果，而第二列为加入交互项后的回归结果，以示对比。表9-4、表9-5同。

城乡变量的系数均为负向显著，表明在数字金融产品使用上，城乡家庭差异明显，这一点与前文中的描述性分析是一致的。为进一步检验信息渠道和金融素养在城乡家庭中作用的差异性，我们分别对城市和农村样本进行回归，回归结果如表9-4、表9-5所示。

表9-4 网上支付与网上理财回归结果

变量	网上支付类				网上理财类			
	城镇样本		农村样本		城镇样本		农村样本	
信息渠道	0.048 ***	0.013	0.151 ***	0.115 ***	0.031 **	0.004	0.006 ***	0.005 *
	(0.011)	(0.015)	(0.017)	(0.022)	(0.014)	(0.028)	(0.002)	(0.002)
信息渠道 × 金融素养	—	0.014 **	—	0.020 **	—	0.010	—	0.000
		(0.005)		(0.009)		(0.009)		(0.001)
决策者性别	0.037	0.038	-0.034	-0.032	-0.014	-0.014	0.001	0.001
	(0.025)	(0.025)	(0.075)	(0.073)	(0.035)	(0.035)	(0.007)	(0.007)
决策者年龄								
30~40 岁	-0.155	-0.164	-0.025	-0.019	-0.132 *	-0.137 *	-0.005 *	-0.005 *
	(0.122)	(0.123)	(0.087)	(0.090)	(0.074)	(0.073)	(0.003)	(0.003)
40~50 岁	-0.167 ***	-0.175 ***	-0.126 **	-0.120 *	-0.099	-0.106	-0.011 *	-0.011 *
	(0.065)	(0.064)	(0.062)	(0.064)	(0.075)	(0.074)	(0.006)	(0.006)
50~60 岁	-0.314 **	-0.324 **	-0.133 *	-0.125	-0.143 *	-0.146 *	-0.013	-0.013
	(0.144)	(0.145)	(0.076)	(0.078)	(0.076)	(0.076)	(0.009)	(0.008)
60 岁以上	-0.761 ***	-0.763 ***	-0.171 ***	-0.164 **	-0.390 ***	-0.390 ***	-0.008	-0.007
	(0.078)	(0.076)	(0.064)	(0.065)	(0.051)	(0.051)	(0.006)	(0.006)
决策者学历	0.002	0.000	0.002	0.001	0.034 ***	0.033 ***	0.000	0.000
	(0.008)	(0.008)	(0.004)	(0.004)	(0.012)	(0.012)	(0.001)	(0.001)
风险偏好	-0.006	-0.002	0.027	0.026	0.035	0.037	-0.002	-0.002
	(0.018)	(0.018)	(0.019)	(0.019)	(0.025)	(0.025)	(0.002)	(0.002)
ln（家庭支出）	0.123 ***	0.124 ***	0.074 ***	0.074 ***	-0.010	-0.009	0.004 *	0.004 *
	(0.026)	(0.026)	(0.018)	(0.018)	(0.030)	(0.030)	(0.002)	(0.002)
ln（家庭收入）	-0.009	-0.010	0.011	0.010	0.015	0.014	-0.003 *	-0.003 *
	(0.019)	(0.018)	(0.014)	(0.015)	(0.024)	(0.024)	(0.002)	(0.001)
劳动抚养比	0.024	0.024	0.022 *	0.025 *	0.021	0.021	-0.004 *	-0.004 *
	(0.026)	(0.026)	(0.013)	(0.013)	(0.036)	(0.036)	(0.002)	(0.002)

变量	网上支付类				网上理财类			
	城镇样本		农村样本		城镇样本		农村样本	
健康状况	− 0.020	− 0.027	− 0.030	− 0.029	− 0.010	− 0.014	0.000	0.001
	(0.036)	(0.037)	(0.028)	(0.028)	(0.050)	(0.050)	(0.004)	(0.004)
2017 年	0.009	0.011	0.184***	0.204***	− 0.068*	− 0.066*	0.030**	0.031**
	(0.026)	(0.026)	(0.035)	(0.038)	(0.038)	(0.038)	(0.012)	(0.013)
苏中地区	− 0.073	− 0.084	—	—	− 0.051	− 0.059	—	—
	(0.055)	(0.056)			(0.071)	(0.071)		
苏南地区	− 0.115	− 0.133	− 0.056	− 0.056	− 0.188	− 0.201*	− 0.006	− 0.007
	(0.090)	(0.092)	(0.095)	(0.095)	(0.118)	(0.118)	(0.011)	(0.011)
ln（人均 CDP）	0.116	0.130	0.020	0.022	146	157	0.010	0.011
	(0.082)	(0.082)	(0.101)	(0.101)	(0.116)	(0.117)	(0.011)	(0.012)
观察值	891	891	820	820	891	891	820	820

注：*、**和***分别表示在10%、5%和1%水平上显著。

表9-5　网上保险和网上借贷类产品的回归结果

变量	网上保险类				网上借贷类			
	城镇样本		农村样本		城镇样本		农村样本	
信息渠道	− 0.001	− 0.019	0.003	− 0.004	0.009**	0.003	0.012	0.011
	(0.008)	(0.018)	(0.002)	(0.003)	(0.004)	(0.008)	(0.007)	(0.008)
信息渠道×金融素养	—	0.006	—	0.002*	—	0.002	—	0.000
		(0.006)		(0.001)		(0.003)		(0.002)
2017 年	0.076***	0.076***	0.004	0.005	− 0.022**	− 0.022**	0.006	0.006
	(0.023)	(0.023)	(0.004)	(0.004)	(0.010)	(0.010)	(0.006)	(0.006)
观察值	891	891	775	775	864	864	820	820

注：①*、**和***分别表示在10%、5%和1%水平上显著；②出于篇幅考虑，表9-5仅汇报了关键变量与时间变量的回归结果。

从表9-4回归结果可以看出，对于网上支付类产品，信息渠道可以显著提高城乡家庭的使用概率，且家庭金融素养的上升显著，使得信息渠道的作用更大；对于网上理财类产品，信息渠道同样可以显著提高城乡家庭的使用概率，但此时金融素养的交互作用不显著，可能的解释是：家庭对于通过互联网渠道进行投资仍然持谨慎态度，即使金融素养更高的家庭，也对此持审慎态度。从城乡家庭的比较来看，信息渠道对于农村家庭网上支付类产品的使用作用更强，而网上理财类产品，则在城镇家庭中信息渠道的作用更为显著。从表9-5回归结果来看，信息渠道对网上保险类产品的影响并不十分显著，影响保险产品更重要的因素可能在于城乡家庭对其的需求，与家庭信息渠道的关系并不显著相关。而对于网上信贷而言，信息渠道对城镇家庭的使用表现出显著的影响，但金融素养的交互作用不再显著。从实地调研和访谈来看，多数在P2P网上平台借款的城镇家庭是出于短期消费的目的，且数额较小，甚至部分受访者进行网上借贷是出于"试一试"的态度，此时家庭对于有效信息的需求降低，金融素养在此过程中作用不明显。而农村样本回归中，由于农村样本网上借贷的比例过低（0.19% ~ 1.2%），信息渠道的作用不显著，但从方向上来看，信息渠道对于农户网上借贷仍然是具有正向影响的。

对于城镇低收入家庭和农村家庭等弱势群体而言，其金融需求大多集中在"存、取、汇、兑"等基础性金融服务，而对于借贷、投资等的需求并不旺盛。如何引导城镇低收入家庭和农村家庭使用手机银行、支付宝等支付结算类产品，增加信息渠道与提高金融素养是两个重要方面，增强弱势群体的信息可得性，加强对弱势群体金融知识的宣传与培训，是提高其数字金融产品接受意愿，实现数字金融普惠的重要手段。

控制变量方面，无论是城镇还是农村家庭，决策者的年龄均表现出显著的相关性，随着决策者年龄的增加，家庭使用数字金融产品的概率显著下降。决策者的教育水平在网上理财类产品上表现出显著性，即学历较高决策者的理财观念更加超前，能够将家庭资产部分投资于数字金融领域。家庭支出在城乡家庭中均表现出显著的正向影响，即支出越高的家庭使用数字金融产品的概率越高，这表明即使是号称"低成本、无门槛"的网上支付类产品，收入支出效应仍然存在。从地区的固定效应来看，苏北地区、苏中地区和苏南地区并未表现出显著的差异性，同时，地区的人均GDP也并不显著。可以看出，数字金融产品在推广上并不受区域的限制，从这一方面来看，数字金融确实具有"弯道超车"的可能性。时间效应的影响在不同产品间有所差异，由于2015年城镇家庭已经在网上支付类产品表现出较高的使用程度，因此其时间效应并不显著，而对网上理财类产品的使用更是有所下降。同时，网上保险类产品使用有所上升，而网上借贷类产品则有所下降。城镇家庭网上理财和网上借贷类产品的变化，表现出随着数字金融热潮的逐渐削减，城镇家庭不再盲目追求其高收益，逐渐开始关注数字金融产品的风险，因此降低了对两类产品的使用。与城镇家庭相比，农村家庭的变化主要体现在网上支付和网上理财两种产品，与2015年相比，农村家庭在2017年使用网上支付类产品的概率增加了近20%，使用网上理财类产品的概率增加了近

30%。由此可见，随着数字金融市场的不断拓展，农村居民开始逐渐接受这种低成本、高效率的金融服务模式，数字普惠金融的推广在农村初见成效。

第四节　本章小结

现代信息通信技术与金融相结合所衍生出的各种新的金融产品或服务能否发挥出金融普惠的作用，还受到需求层面上各类主体的接受意愿与响应程度的制约。这也是现代信息通信技术对金融服务供给的调节作用传导至需求层面，所必然要面临的一个问题。本章从数字金融产品的需求主体——家庭的视角出发，研究城乡家庭对数字金融产品的接受和使用程度，并着重从家庭的信息获取渠道和自身金融素养的角度，分析其影响因素。研究结果表明：

第一，对于数字金融产品的使用，城乡家庭间仍然具有较大的差异，但随着时间的推移，农村家庭选择数字金融产品的概率显著增加，特别是网上支付和理财类产品。

第二，信息渠道是影响城乡家庭数字金融产品使用的重要因素，而金融素养在其中起到重要作用，金融素养较高的家庭，因信息渠道增加所带来的使用意愿、程度显著提高。

以上结果说明，随着信息技术与金融服务的逐渐结合，家庭金融服务的方式和产品种类不断增加，传统信息渠道已不足以满足城镇和农村居民的信息获取需求。互联网等新型信息渠道能够有效降低家庭搜寻相关信息的成本，增强家庭信息可获性，对于家庭获取数字金融服务、提高金融普惠程度具有重要作用。

基于以上结论，本章提出如下政策建议：

第一，加快农村地区互联网信息渠道建设。信息渠道在农村家庭数字金融产品使用中表现出显著作用，因此应加大农村地区信息基础设施建设，降低农村地区数字金融服务的获取成本，增强互联网信息可获性。

第二，加强金融知识宣传和培训力度，特别重视提高城镇低收入群体、农村家庭决策人金融素养。增加低收入、弱势群体对于新技术、新产品的认可和接受意愿是一个长期的过程，家庭决策人金融素养的提高可增强家庭整理、筛选和吸收有效信息的能力，提高信息的利用效率。

第三，增强金融监管部门与信息管理部门的联系。在当前弱势群体无法有效分辨信息真实性的阶段，信息管理部门与金融监管部门的责任尤为重要。要规范互联网等新型信息渠道的信息传输质量，在降低弱势群体信息获取成本的同时，减少虚假、错误信息的误导，确保金融消费者的信息安全。

第十章　信息化趋势下缓解小微企业融资约束的新思路

第四章到第九章从信息通信技术推动普惠金融发展的基本内涵出发，基于宏微观两个角度，探讨信息技术对普惠金融发展影响的宏微观机制。在宏观方面，首先对信息化趋势下金融市场供需均衡机制进行分析，说明通过信息通信技术与金融服务供给的深度融合，如何扩大金融服务的覆盖面。在微观方面，首先探讨了家庭层面普惠金融实现的微观路径，并对信息技术如何影响家庭金融服务获得、不同信息渠道如何影响家庭金融的市场参与行为，以及需求主体接受意愿如何影响数字金融产品的使用深度等内容进行实证检验。

本章进一步将需求方视角从家庭层面拓展到小微企业层面。如何有效缓解小微企业融资困境是推进我国普惠金融发展过程中的重中之重。长期以来，小微企业受到金融机构严重的信贷配给，普惠金融政策的实施为小微企业融资带来新的机遇，移动互联、大数据、云计算、智能终端等数字技术被广泛运用至金融领域，为解决小微企业融资困境提供了新的途径。本章首先讨论了小微企业融资约束现状、原因，并基于世界银行数据分析小微企业融资约束现状；随后以江苏省为例讨论小微企业融资现状；最后从信息技术及信息传输、融资网络结构优化的角度，为互联网融资平台缓解小微企业融资困境提供了一个分析框架。

第一节　小微企业融资困境与融资约束理论

一、小微企业融资难、融资贵现状

小微企业是中国国民经济发展中的重要组成部分，也是我国在推进普惠金融进程中的重点服务对象。2014 年中国小微企业总数达 7000 万家，对国内生产总值的贡献度达到了 30%①。然而，中国小微企业的经营发展状况不容乐观，多数的小微企业长期受到来自正规金融机构的信贷配给（董晓林等，2014），"融资

---

① 根据中国家庭金融调查与研究中心发布的测算数据整理得到。

难"与"融资贵"问题限制了小微企业的发展空间。近年来，国家大力发展普惠金融，出台了一系列针对小微企业融资的政策文件。2017 年 9 月，人民银行发布了《关于对普惠金融实施定向降准的通知》，在存款准备金方面加大对普惠金融的鼓励。随后在 11 月 6 日，财政部出台了《关于小微企业融资有关税收政策的通知》，明确规定了增值税的免税期间、免税对象、免税标的，以及对农户、小微企业、小额贷款的判断标准做出说明，旨在进一步加大对小微企业的支持力度，缓解其融资难、融资贵困境。这些文件的出台，彰显了党和国家推动金融服务获取机会的平等性、缓解小微企业融资困境的决心。

从以往的农村金融改革来看，为了解决小微企业融资难、融资贵等问题，政府不断尝试放宽农村金融市场准入，允许境内外银行资本、产业资本和民间资本投资、收购、新设各类金融机构，并且培育和发展包括村镇银行、贷款公司以及只存不贷的商业性民营小额贷款公司在内的新型农村金融机构，试图拓宽小微企业的融资渠道①，但实践效果并不理想。农村金融市场上的"增量"（新型农村金融机构）与"存量"（农信社等传统金融机构）大同小异，对增加农村金融市场准入竞争的作用有限（蓝虹和穆争社，2012；姚耀军和董钢锋，2013），小微企业融资困境依然没有得到有效解决。并且，新型金融机构的经营机制与传统的农信社等金融机构没有本质差异，其体制设计依然存在较为明显的道德风险漏洞，过去的金融体系过分重视风险、抑制创新的情况也没有发生根本性的变化。

二、小微企业融资约束理论分析

（一）信息不对称理论与信贷配给

根据信息经济学理论，信贷市场效率低以及信贷契约难达成是因为信息不对称。在信贷供给方角度下，由于信贷市场上信息不完美，银行等金融机构无法获取到贷款人关于其违约风险以及还款意愿等信息；与此同时，银行等金融机构在资金用途的监督以及借款人的努力程度等方面的监督都存在障碍，导致资金的配置效率降低。在资金需求方角度下，由于小微企业自身规模较小、财务报表规范性较差且缺乏抵押品，即使是诚实的借款人（Honest Borrower）（在分析信贷配给均衡的 J－R 模型时，Jaffee 和 Russell（1976）把借款人分为两类：诚实的借款人（Honest Borrower）和不诚实的借款人（Dishonest Borrower）。诚实的借款人只要有还款的可能就会还款，不诚实的借款人只有在违约成本大于还款额度的情况下才会还款）也很难提供其自身的自信质量的证明。由此，双方严重的信息不对称产生了信贷配给。

Stiglitz 和 Weiss（1981）从两方面论证了信息不对称对信贷配给的影响，事

---

① 2006 年银监会发布了《关于调整放宽农村地区银行业金融机构准入政策 更好支持社会主义新农村建设的若干意见》。

前信息不对称以及事后信息不对称。事前信息不对称会产生逆向选择问题，即银行等金融机构对每一位借款人的风险偏好等信息无法获取，从而不能将质量好的借款人筛选出来，只能对每一个借款人以相同的利率发放贷款。这样会导致风险低的借款人要承受更高的贷款成本造成损失，同时风险高的贷款人也会从中获取收益。事后信息不对称会产生道德风险问题，即银行等金融机构对于借款人的资金使用去向等无法监测。因此，由于信贷市场中的信息不对称，金融机构会以低于市场出清时的利率水平来进行放贷，从而避免道德风险和逆向选择问题。此时，信贷市场供给小于需求，导致信贷配给。

信息不对称会引起筛选错误以及提高交易成本，使得贷款人申请贷款意愿下降。金融机构想获取好的借款客户而不是不良的借款客户，但由于信息不对称会使得金融机构对借款人的信息获取有限。在申请贷款的交易成本很高的情况下（例如抵押品要求较高以及申请贷款的手续复杂等），会出现部分借款人选择放弃贷款申请。

（二）小银行优势理论与关系型贷款

关系型贷款是银行等金融机构的贷款决策是基于银行与企业之间的长期银企关系。一方面，由于小微企业自身缺乏抵押品以及财务信息不透明，通过关系型贷款则可以提高小微企业信贷可得性。银行可以通过关系型贷款增加对企业及其投资项目的了解程度（Boot 和 Thakor，1994）。通过关系型贷款贷款人可以了解到借款人隐藏的信息和行为，从而可以缓解借贷双方的信息不对称。另一方面，企业的贷款成本也可以通过关系型贷款来降低（Berger 和 Udell，1995）。

由关系型贷款衍生出小银行优势理论，小银行优势理论说明一个现象是小银行会倾向于给小企业发放贷款，大银行会倾向于给大企业发放贷款。国内外学者从理论和实践两个层面说明了银行的规模与下位企业贷款的关系。Banerjee 等（1994）学者提出的"共同监督"和"长期互动"假说可以更好地解释为什么小银行在为中小企业提供服务上存在信息优势。Berger 和 Udell（1995）的研究表明小银行更愿意向中小企业提供贷款。而对于银行业集中度高的地区，只有通过支付更高的贷款成本小企业才能获得融资。DeYoung 等（2004）指出，小银行的优势是在于处理企业软信息从而为企业提供更适宜、个性化服务，大银行的优势则在于规范硬信息从而实现规模效应。因此，小银行优势体现在关系型贷款中，小微企业可以通过关系型贷款获得贷款以寻求发展。因此，中小金融机构的发展可以正向促进小微企业的贷款可得性。

三、小微企业的自我信贷配给

小微企业受到的信贷配给来源为两个方面：供给型信贷配给和自我信贷配给。供给型信贷配给指的是金融机构拒绝企业申请的贷款，自我信贷配给指的是企业本身有信贷需求但选择主动放弃申请贷款。小微企业融资约束很大的成因就是信贷市场上存在供给型信贷配给，但是自我信贷配给对于小微企业融资约束的影响也是不容忽视的。本节基于世界银行中国企业调查数据分析我国小微企业的自我信贷配给。首先，介绍了小微企业自我信贷配给程度的衡量；其次，从企业的日常资金来源及融资现状全面地了解存在自我信贷配给的企业所面临的融资约束问题；最后，分析了小微企业存在自我信贷配给的原因。

（一）自我信贷配给程度的衡量

小微企业最主要的融资方式是通过银行贷款（Berge 和 Udell，1995），但是，由于金融机构与小微企业之间存在信息不对称，而信息不对称又会引发逆向选择和道德风险。银行通过增加抵押物的要求以及复杂化贷款审核等方式选择低风险的借款人以达到规避风险的目的。但是，银行的筛选方式使得交易成本增加，小微企业会放弃贷款申请。同时，供给型信贷配给的长期存在也打压了小微企业申请贷款的信心，使得小微企业由于贷款合约条件放弃申请贷款。

表 10 - 1 样本企业的分类和描述 单位：%

企业类型	是否需要信贷	是否申请信贷	是否获得信贷	样本个数	占比
未受金融机构信贷配给的企业	是	是	是	450	21.02
金融机构信贷配给的企业	是	是	否	31	1.45
自我信贷配给的企业	是	否	否	731	34.14
无信贷需求的企业	否	否	否	929	43.39
总计				2141	100.00

本章首先将样本企业分为四类：无信贷需求的企业、自我信贷配给的企业、金融机构信贷配给的企业、未受金融机构信贷配给的企业，统计结果如表 10 - 1 所示。根据 2012 年世界银行中国企业调查数据，2141 家样本小微企业中，56.61% 的企业（1212 家企业）表示在最近一年内有贷款需求，43.39% 的企业（929 家企业）表示没有额外的信贷需求，企业自有资金可以满足自身经营发展的需要。从该数据反映出如果把没有获得贷款的企业都看作企业受到了信贷配给，不考虑企业自身的资金需求，则会放大小微企业的信贷配给程度。

样本中 1212 家企业在最近一年内有贷款需求，其中 37.13% 的企业（481 家企业）都向金融机构申请了贷款。在申请贷款的 481 家企业中有 450 家企业的申请贷款并获得贷款，这部分企业视为没有受到金融机构的信贷配给，其中有 31 家企业申请了贷款但是并没有获得贷款，这部分企业视为受到了金融该机构的信贷配给。此外，其余 731 家企业有信贷需求但并未向金融机构申请贷款。小微企业选择不申请贷款的原因包括："利率过高""申请手续复杂""抵押品要求过高""贷款额度不满意""即使申请也申请不到",这部分不主动申请贷款的企业占全部样本的34.14%,统计结果如图10-1所示。

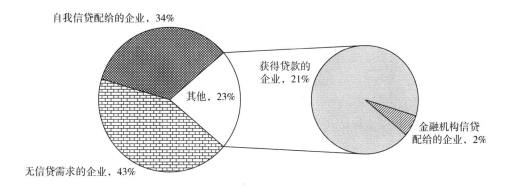

自我信贷配给的企业,34%

获得贷款的企业,21%

其他,23%

金融机构信贷配给的企业,2%

无信贷需求的企业,43%

图10-1 样本企业类型及占比

本章将信贷配给分成两类:金融机构的信贷配给以及企业自我信贷配给。在共2141家小微企业中,有762家企业存在信贷配给,且存在自我信贷配给的小微企业占比较大,这一现象说明小微企业自我信贷配给现象不容忽视。

首先,本节将企业按照是否为外资企业以及规模大小进行划分,如表10-2所示。总样本中共有71家外资企业,其中有18家外资企业有信贷需求但是并没有向金融机构申请贷款,可以看出外资企业的自我信贷配给程度比平均水平略低。外资企业的母公司及母国银行更容易给予其金融支持,所以外资公司依赖金融机构以获取融资的程度更低,且自我信贷的程度也较低。

表10-2 不同类型企业的自我信贷配给程度 单位:%

	总体	外资企业	较小规模 (5~19人)	中等规模 (20~99人)	较大规模 (99人以上)
观测数	2141	71	597	1026	518
自我信贷配给企业数	731	18	256	348	127
自我信贷配给程度	34.14	25.35	42.88	33.92	24.52

同时,本节根据员工人数对企业规模进一步进行细分,通过数据结果表明企业规模越大,小微企业的自我信贷配给程度存在明显的下降。小微企业员工人数在99人以上的样本中,大约24.52%的企业存在自我信贷配给现象,而这一比例

是低于平均水平的；对于小微企业员工人数在 20 ~ 99 人的样本中，大约 33.92%
的企业存在自我配给现象；对于小微企业员工人数在 5 ~ 19 人的样本中，大约
40.71% 的企业存在信贷配给的现象，且这一比例远高于平均水准。

（二）自我信贷配给的小微企业融资来源与融资特征

为了更全面地了解自我信贷配给企业所面对的融资约束问题，我们对小微企
业的日常资金来源及融资现状进行分析。在 731 家自我信贷配给的样本企业中，
日常运营资金全部来自自有资金或留存收益的有 589 家，约占样本总数的 80.57%。
这说明在当前的融资困境中，主动退出信贷市场并实施自我配给的小微企业大多
通过内部资金来满足生产经营的需要。这不仅在一定程度上限制了企业发展，也
限制了企业的创新升级。

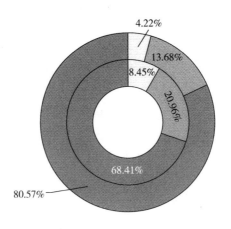

□ 自有资金/留存收益占比 [0，50%]　　■ 自有资金/留存收益占比（50%，100%）
■ 自有资金/留存收益占比100%

图 10 - 2　小微企业融资来源

注：内环表示样本小微企业，外环表示自我信贷配给企业。

经营资金来源全部是自有资金的企业比例高出普通小微企业约 12 个百分点，
这说明相比于小微企业，自我信贷配给企业对自有资金的依赖程度更高。这主要
是因为自我信贷配给的小微企业资金来源单一，获得银行及非银行类金融机构的
金融支持更少，企业维持自身发展的资金大多源于自身留存收益和内部融资。

从企业目前面临的融资困难程度评估来看，自我信贷配给企业的融资困难程
度大于小微企业的平均水平。在样本小微企业中，约有 43% 的小微企业认为当
前不存在融资困难。而在自我信贷配给企业中，这一比例下降到 18.06%，远小
于小微企业水平。此外，有 248 家受到自我信贷配给的企业认为，相比于土地、

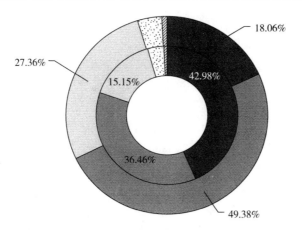

■ 没有困难 ■ 困难较小 □ 一般困难 ▣ 困难较大 ▨ 非常困难

图 10 – 3 小微企业融资困难程度

注：内环表示样本小微企业，外环表示自我信贷配给企业。

经营证书、腐败、法制环境、治安、海关及贸易准则、能源、劳动力、雇佣关系、政局动荡、竞争、税务管理、税率以及交通这 14 项因素，获得金融支持是目前企业发展的最大障碍，约占受到自我信贷配给企业总数的 33.92%。

通过上述分析，我们发现自我信贷配给的小微企业在抑制自身融资需求的同时，切实感受到了企业所面临的资金问题。由于自我信贷配给企业在进入信贷市场之前就被银行的贷款合约或自身的消极预期所配给，因此资金供给者无法直接了解这部分企业的信贷需求及企业信息。在供需双方的信息不对称导致申贷成功率不断提高的情况下，企业所面临的融资约束问题依然严峻。

（三）自我信贷配给的原因分析

小微企业实施自我信贷配给，主动退出信贷市场的原因大致可分为两方面：一方面是贷款合约限制，这包括了申请贷款手续过于复杂、抵押品的要求过高以及利率过高；另一方面是企业贷款预期，这主要包含企业对于是否能获得贷款以及贷款可获得额度的预期。

从表 10 – 3 的统计结果来看，在 731 家自我信贷配给的样本企业中，有 187 家（占比 25.58%）小微企业自愿放弃贷款申请是由于申请手续复杂。小微企业主金融知识了解程度相对较低，所以金融机构复杂的贷款程序使得小微企业对金融机构的贷款望而却步。有 158 家（占比 21.61%）小微企业自愿放弃贷款申请是由于利率过高。这是因为小微企业单笔贷款申请额度较小，单位资金上的平均交易成本过高，导致部分小微企业选择主动放弃申请。147 家（占比 20.11%）小微企业自愿放弃贷款申请是由于银行等金融机构对其抵押品要求过高。在信贷市场上，企业与金融机构间的信息不对称程度可以通过抵押物来缓解；除此之外，抵押物可以在企业无法偿还贷款时充当金融机构的第二还款源。尤其在信息不对等、金融契约执行效率较低的信贷市场上，金融机构对抵押物的要求更高，而小微企业往往缺失有效的抵押品，这会促使其中部分小微企业选择自我信贷配给，其有效资金需求难以得到满足。此外，119 家（占比 16.28%）小微企业由于受信额度太少不能满足其需求而不愿向金融机构申请贷款。一般来说，小微企业经营活动的透明度低、抵押品缺乏等特征都会影响小微企业的信贷需求与银行的贷款审批决策，而金融机构往往会出于风险规避的考虑而减少信贷供给，这造成部分资信质量较好的小微企业可获得的贷款额度无法满足其经营需要，从而只好主动放弃贷款申请。还有 78 家（占比 10.67%）小微企业认为自己即使申请也无法获得贷款，从而放弃申请贷款。甄别机制的不健全会造成金融机构错失优质的借款人，这不仅直接配给了部分企业，而且会向市场传递有偏的信号，间接地导致部分企业误认为自己无法获得贷款而主动放弃申请。

表 10 – 3　自我信贷配给的原因分类　　　　　　　　单位:%

自我信贷配给原因	企业个数	占比
申请手续过于复杂	187	25.58
利率过高	158	21.61
抵押品要求过高	147	20.11
贷款额度不满意	119	16.28
认为即使申请也会被拒绝	78	10.67
其他未列明的原因	42	5.75
总计	731	100.00

表 10 – 4　不同规模企业自我信贷配给的原因　　　　　单位：人,%

自我信贷配给原因		较小规模 （5 ~ 19 人）	中等规模 （20 ~ 99 人）	较大规模 （99 人以上）
观测数		622	1072	543
申请手续过于复杂	自我信贷配给企业数	67	90	30
	占比	10.77	8.40	5.52
利率过高	自我信贷配给企业数	28	90	40
	占比	4.50	8.40	7.37
抵押品要求过高	自我信贷配给企业数	51	69	27
	占比	8.20	6.44	4.97

续表

自我信贷配给原因		较小规模 （5～19 人）	中等规模 （20～99 人）	较大规模 （99 人以上）
贷款额度不满意	自我信贷配给企业数	62	44	13
	占比	9.97	4.10	2.39
认为即使申请也会被拒绝	自我信贷配给企业数	37	31	10
	占比	5.95	2.89	1.84

按照世界银行对企业规模的标准将小微企业进行分类后发现，小微企业中员工人数在 5～19 人的小规模企业中，由于申请手续过于复杂而放弃贷款申请的企业占比最多，约为 10.77%，其次是因为贷款额度达不到要求而放弃申请。但是，对于员工人数在 20 人以上的较大规模企业来说，企业选择自我信贷配给最重要的原因是利率过高。规模越小的企业申贷信心越不足，这可能是由于信贷市场上长期存在的信贷配给，不仅直接拒绝了部分企业的贷款申请，也间接导致了部分企业压抑自身贷款需求的行为惯性。

总体来说，小微企业选择自我信贷配给无论是出于贷款预期还是贷款条件的原因，都是受到了需求和供给两方面的影响。一方面，金融机构为了追求利润最大化以及防范风险的目的，希望筛选出信用质量好的企业进行贷款，而对信用质量较差、风险较高的小微企业进行配给。但是由于双方存在信息不对称的问题，机构很难获得小微企业全部信息进行筛选。另一方面，小微企业自身财务透明度低、抵押品缺乏以及经营不规范难以达到金融机构的贷款门槛，同时小微企业主自身相对缺乏对金融知识的了解以及有限的管理经验，容易错判贷款申请结果，导致企业融资约束的程度加深。地区的银行业市场结构以及金融发展水平都会对小微企业的自我信贷配给产生影响。如果小微企业所处地区银行业集中度高、金融发展水平低，使得小微企业的贷款成本增加，同时会对市场传达出的信号有偏，部分小微企业会选择主动退出信贷市场。自我信贷配给从表面上看是小微企业信贷需求的萎缩，但实际上仍然是资金供需双方之间的矛盾。

第二节 小微企业融资约束问题
——以江苏省为例

小微企业作为国民经济的重要推动力量，在促进就业创业、推动科技创新、保持经济稳定增长、增强市场活力等方面发挥着重要的作用，也是产业结构调整的重要力量。截至 2017 年 7 月底，我国小微企业名录中收录的小微企业已达 7328.1 万户。根据国家统计局的抽样调查，每户小型企业能带动 7 ~ 8 人就业，一户个体工商户能带动 2.9 人就业。然而，作为普惠金融重要的支持对象，多数小微企业获得的金融服务与其经济贡献严重不相匹配。《中国小微企业白皮书》中显示，7000 多万家小微企业中，有一半以上一年之内会出现 1 ~ 2 次资金周转缺口，61% 的小微企业每次缺口金额在 50 万元以下，全国小微企业的贷款需求超过 45 万亿元，其中一半来自银行。这种不对称的结构性矛盾，已经对我国经济发展带来明显制约。

作为东部沿海地区的经济大省，江苏的经济发展水平始终处于全国领先地位，其中小微企业的发展对经济的促进作用同样重要。近年来江苏小微企业也面临着经营成本上升、税负过重、融资困难等问题。如何缓解小微企业的融资约束，提高中小微企业的金融服务可获性，成为江苏普惠金融体系建设的重点问题。

一、江苏小微企业发展概况

（一）小微企业优惠政策落实效果初显

2014 年底国务院出台《关于扶持小型微型企业健康发展的意见》，提出 10 条扶持小微企业的政策，江苏随之响应国家政策，多措并举，助推小微企业的发展。具体来看，江苏从税收优惠、行政收费减免、财政资金支持、政府采购支持、政策指导等方面扶持小微企业发展。

税收优惠政策方面，江苏积极落实小微企业增值税、营业税暂免征收及小型微利企业减半征收企业所得税政策。截至 2014 年 10 月，全省共有 6.2 万户小型微利企业享受企业所得税优惠政策，减免企业所得税 2.49 亿元；2014 年 10 月共有 11.22 万户小微企业享受营业税优惠政策，减免营业税 4.03 亿元。2015 年起江苏对小微企业免征 43 项行政事业性收费，全省约减轻企业负担 12.21 亿元。

财政资金支持政策方面，江苏省财政安排科技型企业技术创新资金，重点支持初创期科技型小微企业、新兴业态科技型小微企业、创投早期介入企业发展；设立科技创新与成果转化专项资金，加大对科技型中小企业科技创新和成果转化直接投入力度；设立专利资助专项资金，支持中小企业提升知识产权战略运用能力；建立小微企业贷款、担保、保险风险补偿机制。将 2014 年省地方财源建设资金 2 亿元无偿改有偿拨付给市县，由市县通过股权投资等方式支持地方小微企业发展。省财政整合省中小企业发展基金已达 4.6 亿元，完善基金运作方式，充分发挥对小微企业的扶持作用。

政府采购支持政策方面，开展政府采购信用担保融资工作，为政府采购中标小微企业提供融资便利；鼓励小微企业参与政府购买服务项目，涉及医疗卫生、社会服务、公共设施管理、文化体育、教育培训、环境保护等领域。2013 年，全省实现政府采购信用担保融资规模近 2 亿元，为政府采购中标小微企业提供了有效的融资支持；2014 年上半年，全省共实施政府购买服务重点项目 458 个，金额 28.9 亿元，对其中适合小微企业参与的项目，财政部门会同业务主管部门予以积极支持。江苏各地相继出台了相应的财政支持小微企业发展的风险担保或风险补偿措施。例如，2017 年，南京市金融办、南京市财政局共同出台了《关于开展南京市融资担保风险分担试点工作的通知》以及《南京市融资担保风险分担试点工作实施办法》，明确对于单户在保余额 500 万元及以下的小微企业、"三农"项目贷款担保代偿，由担保机构、省再担保南京分公司、合作银行、市级财政分别按照 50%、20%、15%、15% 的比例，共同承担贷款本金代偿责任。

（二）小微企业数量迅速增加且发展态势转好

近三年来小微企业数量大幅度增长。截至 2014 年底，江苏私营企业 157.4 万户、个体工商户 371.1 万户。2015 年私营企业增加 24.8 万户，增长率达 15.75%；个体工商户增加 16.1 万户，涨幅 4.3 个百分点。截至 2016 年，私营企业突破 200 万户达到 222.9 万户，个体工商户突破 400 万户达到 438.8 万户，呈现连年大幅增长态势。

从企业的发展态势来看，近年来中小企业的运营状况有所好转。根据中国中小企业发展指数，与 2014 年相比，近三年中小企业发展指数有所上升，特别是江苏所处的东部地区，三年来企业发展指数呈现明显的上升趋势，如图 10 – 4 所示。

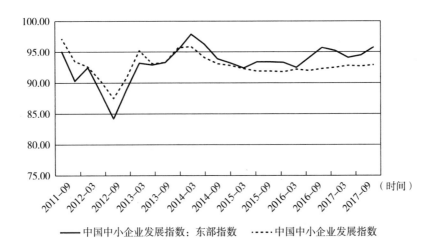

图 10 – 4　中国中小企业发展指数

资料来源：Wind 数据库。

从江苏情况来看，虽然面临成本增加、利润下降等多重不利因素叠加的局面，但全省小微企业发展总体仍保持稳中有升的发展态势。2017 年南京大学金陵学院企业生态研究中心和省经信委中小企业科技创新处联合发布了江苏中小企业景气指数和中小微企业运营指数，报告指出 2017 年江苏中小企业景气指数为111.6，与 2016 年相比上升 4.7。显示出江苏中小企业发展态势要好于 2016 年。从区域分布来看，苏南、苏中和苏北地区的中小企业景气指数分别为 112.2、111.7 和 110.2，相比去年均有一定幅度的上升，其中苏南地区中小企业景气指数升幅最大。从 4 年的比较来看，苏南、苏北、苏中三个地区中小企业景气指数均有一个先下降后上升的变化。2017 年，南京以 116.8 的中小企业景气指数排名第一，江苏仅有 2 个城市的景气指数较去年略有下降，其余 11 个城市的景气指数均有所上升，其中南京、盐城两市连续 4 年景气指数持续上升。从"江苏中小微企业运营指数"（江苏 SMOI）来看，从 2017 年 6 月起，江苏 SMOI 走势呈现波动上升趋势。

二、江苏小微企业金融服务覆盖现状

（一）小微企业贷款余额稳步增长，小微企业贷款占比有所提高

江苏累计发放小微企业贷款户数近三年来增幅明显。相比于 2015 年，2016年累计发放小微企业贷款户数增加约 3.69 万户，增长率达 15.7%。截至 2017 年6 月，江苏县域银行类金融机构已累计向 23.36 万户小微企业发放了贷款，与2014 年全年水平基本持平（见图 10-5）。这说明县域金融机构积极响应政策号召，引导金融活水流向实体经济，逐步扩大小微企业金融覆盖范围。分地区①来看，苏北地区累计发放小微企业贷款户数最多，且呈逐年上升趋势；苏南地区获得贷款的小微企业数量最少且呈逐年下降趋势。

截至 2017 年 9 月末，全省小微企业贷款（含小微型企业贷款、个体工商户及小微企业主贷款）余额达 3.01 万亿元，位居全国第二，占全国小微企业贷款余额的 10.16%。

2016 年，江苏县域地区银行类金融机构累计向小微企业发放 41.19 万笔贷款，累计贷款余额 0.76 万亿元，较上一年增长 10.43%。截至 2017 年 6 月，小微企业贷款余额稳步上升，县域银行类金融机构已发放 0.82 万亿元贷款支持小微企业发展。分地区来看，2015 年至 2017 年 6 月，苏南地区小微企业贷款余额最高，苏中地区次之，苏北地区则相对较低。尽管地区间存在差异，但各地区小微企业贷款余额近三年都保持上升趋势，如图 10-6 所示。

---

① 本节对江苏区域划分具体为：苏南地区包括南京、无锡、常州、苏州及镇江；苏中地区包括南通、泰州及扬州；苏北地区包括徐州、连云港、淮安、盐城和宿迁。

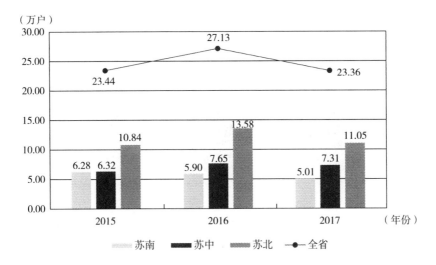

图 10-5 2015~2017 年江苏县域金融机构累计发放贷款的小微企业个数

资料来源：人民银行统计数据；2017 年的数据截至 2017 年 6 月。

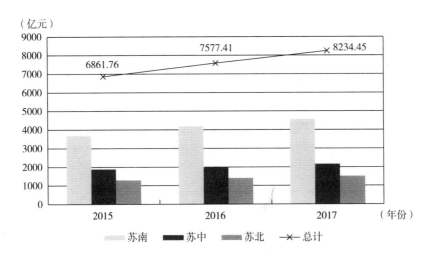

图 10-6 2015~2017 年江苏县域地区银行类金融机构小微企业贷款余额

资料来源：人民银行统计数据；2017 年的数据截至 2017 年 6 月。

从江苏小微企业贷款与该县域地区金融机构贷款的占比可以看出，2015 年至 2017 年 6 月，全省县域地区小微企业贷款占比呈逐年上升趋势，2017 年小微企业贷款占比增速达 10.04%，比上一年增速高出 4.39 个百分点，苏南地区小微企业贷款占比明显提高，苏中地区占比最高，但近年来有下降趋势；苏北地区小微企业贷款占比基本保持平稳，如图 10-7 所示。

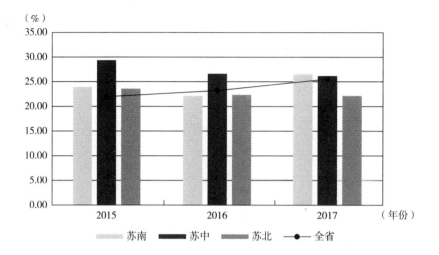

图 10 - 7　2016 年江苏各地区县域地区小微企业贷款占比

资料来源：人民银行统计数据；2017 年的数据截至 2017 年 6 月。

（二）小微企业贷款总量与经济贡献不匹配，覆盖深度有待提高

尽管累计发放贷款的小微企业个数、小微企业贷款余额和小微企业贷款占比都有所上升，但总体来看，小微企业所获的资金支持仍然有限。截至 2016 年末，全省各县域金融机构小微企业贷款余额仅为 0.7 万亿元，仅占各项贷款余额的26.57%。与小微企业对国民经济建设所做出的贡献相比，其所获得的贷款总量相对较少，经济贡献与金融资源间存在严重的不匹配，如图 10 - 8 所示。

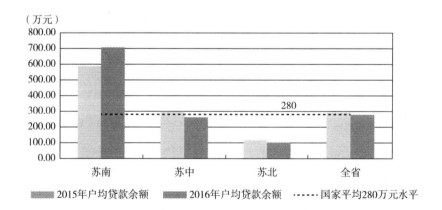

图 10 - 8　2015 ~ 2017 年江苏县域地区小微企业户均贷款余额

资料来源：人民银行统计数据；2017 年的数据截至 2017 年 6 月。

此外，从户均贷款余额来看，除苏南地区外，苏北和苏中地区均低于全国平均水平，全省范围内小微企业户均贷款余额与国家平均水平基本持平。苏南地区小微企业户均贷款余额较大，这说明苏南地区县域银行类金融机构更倾向于将贷款发放给规模较大、资信质量较好的优质企业，虽然小微企业贷款余额稳步提升，但规模较小、成立时间较短的小微企业，往往资金需求较少，难以从银行类金融机构获得信贷支持。苏北地区户均贷款余额与全国平均水平有较大差距，说明苏北地区县域金融机构资金规模有限，虽然小微企业贷款余额、贷款占比近年来有所提高，但金融支持小微企业发展的规模有限（见图 10 - 8）。

小微企业单户贷款规模 100 万元以下居多，比例呈逐年降低趋势。从贷款规模来看，小微企业贷款规模有所扩大。截至 2017 年 6 月，小微企业 100 万 ~ 500 万元的贷款占比较 2015 年提高近 13 个百分点。由于小微企业生产经营规模较小，其借款规模也相对较小，从 2015 ~ 2017 年小微企业的贷款规模数据来看，贷款规模在 100 万元以下的贷款笔数呈现出逐年递减的趋势。而 100 万 ~ 500 万元的贷款规模呈现逐渐递增的趋势，说明小微企业能够获得的大额度贷款的比例在增加（见表 10 - 5）。根据《中国小微企业白皮书》中显示，61% 的小微企业实际资金缺口在 50 万元以下，这表明虽然金融机构对小微企业的资金支持力度逐年上升，但更多的是向资质较好、规模较大的企业发放了贷款，金融普惠的深度有待提高。

表 10 - 5　2015 ~ 2017 年 6 月小微企业贷款规模　　　　　　单位:%

年份	不同贷款规模笔数占比			
	≤100 万元	100 万 ~ 500 万元	500 万 ~ 1000 万元	>1000 万元
2015	66. 24	22. 45	5. 06	6. 25
2016	63. 38	24. 91	5. 66	6. 05
2017	54. 09	35. 33	4. 53	6. 05

资料来源：人民银行统计数据；2017 年的数据截至 2017 年 6 月。

大型商业银行（中国农业银行、中国工商银行、中国建设银行、中国银行、交通银行）小微企业贷款整体规模较大，100 万元以下贷款笔数占总笔数的 29. 56%，但 1000 万元以上的小微企业贷款笔数占比达 25. 01%。农村商业银行 100 万元以下的小微企业贷款笔数占比在各类银行中最高，达 75. 88%（见图 10 - 9）。以上数据表明，与五大国有银行相比，中小商业银行仍然是服务小微企业的最重要力量。

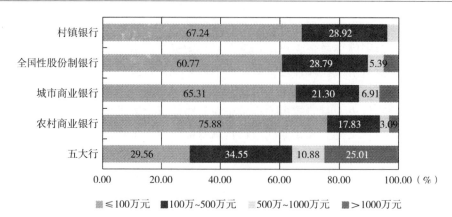

图 10 – 9　2016 年不同银行类金融机构小微企业贷款规模

资料来源：人民银行统计数据。

总体来看，近三年来江苏小微企业金融覆盖广度不断上升。2015～2017 年县域银行类金融机构服务小微企业的数量有所增加，小微企业贷款余额稳步上升，并且小微企业贷款占比在全省范围内得以稳步增长。但从贷款规模来看，小微企业贷款中 100 万元以下贷款的比例有所下降，银行更多的是通过增加对规模较大企业的资金支持来实现县域总体投入的上升，金融普惠的深度有待增强。

三、江苏小微企业融资情况分析

（一）小微企业贷款成本整体呈下降趋势

2015～2017 年 6 月，江苏小微企业贷款平均利率逐年下降。包括五大行、农村商业银行、城市商业银行、村镇银行等在内的银行业金融机构对小微企业的放款利率逐年下降，小微企业的贷款成本不断降低。2015 年全省县域小微企业贷款平均利率为 6.902%，2016 年下降到 6.438%，下降 6.72 个百分点。截至 2017 年 6 月，银行类金融机构小微企业平均贷款利率已下降到 6.242%。从整体来看，党的十八大以来国家积极发展普惠金融，鼓励金融机构加强对小微企业金融服务；江苏银行类金融机构对小微企业的贷款成本逐年下调，小微企业面临的"融资贵"问题有所缓解。

从机构的横向比较来看，五大行对小微企业贷款利率最低，村镇银行对小微企业贷款利率最高。大型商业银行虽然对小微企业贷款利率较低，但相对来说小微企业服务的准入门槛更高，信贷投放控制更为严格，只有成立时间较长、资产规模较大的优质小微企业能达到要求。相比来说，村镇银行及农村商业银行小微企业贷款利率较高，对小微企业服务的覆盖面更广，但资金供给规模有限。值得注意的是，2015～2017 年，村镇银行的贷款利率下降幅度最大，下降了 1.9%。

一般来说，银行是小微企业的融资的主要来源渠道。因此，从贷款成本的角度来看，近年来小微企业贷款成本的下降，能一定程度上缓解其融资约束，促进了小微企业的发展（见图 10－10）。

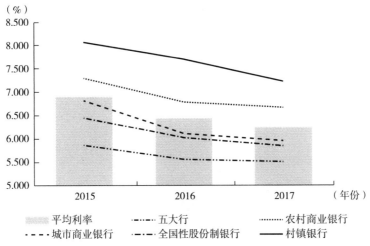

图 10－10　不同银行类金融机构小微企业贷款成本

资料来源：人民银行统计数据；2017 年的数据截至 2017 年 6 月。

（二）小微企业存在"短贷长用"的现象

调查发现，近九成小微企业出现"短贷长用"的期限错配问题。在调研数据中，有一年以上长期借款的小微企业仅占 10.23%，其他 89.77% 的小微企业的借款期限均为 1 年及以下，即为短期借款。从银行的角度看，短期贷款能有效降低违约率，规避银行经营风险。但企业需要更加稳定的资金来源，调查中多数小微企业（88.42%）存在"短贷长用"现象，多次向金融机构申请短期贷款以满足长周期生产的资金需求，然而，转贷过程中的高成本以及可能由此引发的高利贷问题较为突出，一定程度上抬高了企业的资金成本，增加了企业资金链断裂的风险（见图 10－11）。

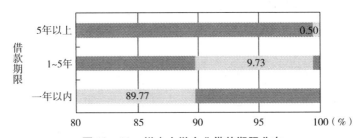

图 10－11　样本小微企业借款期限分布

资料来源：课题组小微企业调研数据。

（三）抵押和担保仍是小微企业的主要贷款方式

从贷款方式上看，小微企业的贷款方式仍以传统的抵押和担保为主，动产质押贷款、信用评分贷款和信用贷款占比均较低。从最近三年来看，小微企业的抵押贷款和担保贷款占比均约为40%（抵押贷款占比稍高于担保贷款）。尽管三年来新型的质押贷款、信用评分贷款和信用贷款占比有所上升，但从总量来看仍处于较低水平，三类贷款占比不足5%，远低于传统的抵押担保贷款。对于追求利润最大化、风险最小化的商业银行来说，抵押和担保的方式能有效降低放款风险。但对普遍缺少有效抵押物的小微企业而言，这无形中也增加了这类企业的融资难度。因此，如何针对性进行贷款技术创新，并确保商业银行真实有效地使用各类新型贷款技术，是解决小微企业融资困境的重要出路（见图10－12）。

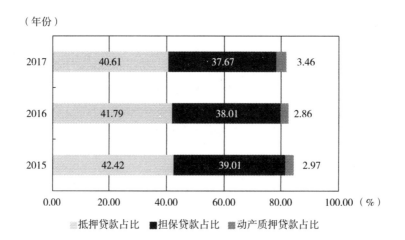

图 10－12　2015～2017 年 6 月小微企业贷款方式

资料来源：人民银行统计数据；2017 年的数据截至 2017 年 6 月。

第三节　融资契约与小微企业融资困境的成因

如何有效缓解小微企业融资困境是推进我国普惠金融发展过程中的重中之重。长期以来，小微企业受到金融机构严重的信贷配给，普惠金融政策的实施为小微企业融资带来新的机遇，移动互联、大数据、云计算、智能终端等数字技术被广泛运用至金融领域，为解决小微企业融资困境提供了新的途径。本节以融资过程中的信息对称性为起点，在一个常见的融资网络中分析融资契约设定的一般过程，揭示小微经济主体融资困境产生的根源，进而通过数理模型证明互联网融资平台可以提高小微经济主体信贷可得性。随后，沿用 Annen（2003）和 Burt（2009）的分析框架，进一步剖析网络内主体（节点）数量、信息约束以及产品的供给可替代性对网络整体融资效率的决定机制。

首先，借鉴洪正等（2010）的研究，以一个常见的社会网络作为融资行为发生的初始环境，分析融资契约设定的一般过程。假设存在这样的一个常见的融资交易网络：网络内上有 N 个交易对象（N 的数量要保证网络内可以实现两两交易），即 $N \in \{2, 4, 6, 8, \cdots\}$。资金供给方（以下简称投资人）存在一定的异质性，用 $\gamma \geq 1$ 表示。异质性不仅反映了投资人资金供给偏好的差异，也体现了借款人资金需求的差异性。一个极端的情况是：如果网络内只有一个借款人和一个投资人（$\gamma = 1$），在投资人供给偏好给定的情况下，借款人为获得资金进行生产，不得不改变自身的融资要求（例如期限、资金数量）或者接受相对较高的贷款利率，这种情况就是一种低效率的融资匹配。

假设一个风险中性的借款人的资金需求为 K，生产项目成功后的总收益为 R，失败则为 0，对投资人而言，提供资金 K 的资金成本为 αK。此外，考虑到网络内的信息技术水平、信息传输通畅程度有限的情况下（可能发生道德风险），借款人生产的努力水平存在两种可能：在较高程度的努力水平下，项目成功的概率为 P_H，在较低程度的努力水平下，项目成功的概率为 P_L，借款人还会取得额外收益 B，并且 $P_H > P_L$。由于信息不对称，投资人难以判断借款人的努力程度，为保证借款人努力为系统占优策略，需满足以下条件：

第一，努力比不努力要好：$P_H R > P_L R + B$；

第二，项目成功时的收益能覆盖资金成本：$P_H R > \alpha K$；

第三，投资人的资金成本总是要比借款人不劳而获侥幸成功获得收益大：$\alpha K > P_L R + B$。

此时似然率 $l = P_L / P_H$，l 度量了产出（项目成功）有多大程度的可能来自偷懒行为。如果项目成功，需要在借款人和投资人之间进行收益分配，令借款人收益为 R_b，投资人收益为 R_l，满足 $R = R_b + R_l$。如果项目失败，则借款人根据借贷合约，依然要支付一定的报酬 A 给投资人，为保持前后比较的一致性，即借款人在项目失败时收益为 $-A$，投资人在项目失败时收益为 A，且满足 $R_b \geq A$。基于上述假设条件，得到关于借款人的融资规划：

$$\max_{R_b} R_b \cdot P_H + (1 - P_H)(-A) \qquad (10-1)$$

$$\text{s. t.} \quad P_H \cdot R_b + (1 - P_H)(-A) \geq P_L \cdot R_b + (1 - P_L)(-A) + B \qquad (10-2)$$

$$P_H \cdot R_l + (1 - P_H)A \geq \alpha K \qquad (10-3)$$

式（10-2）为借款人激励相容的约束条件，左侧表示借款人在较高程度的努力水平下的期望收益，右侧则为较低程度的努力水平下的期望收益。对式 (10－2) 进行变换可得：

$$R_b \geqslant -A + \frac{B}{P_H - P_L} \tag{10－4}$$

因为 $R = R_b + R_l$，代入式（10－3）得：$P_H \cdot (R - R_b) + (1 - P_H)A \geqslant \alpha K$，与式（10－4）结合得：

$$A \geqslant \alpha K + \frac{B \cdot P_H}{P_H - P_L} - P_H \cdot R \tag{10－5}$$

结合上文中关于似然率的探讨，将似然率 $l = P_L / P_H$ 代入式（10－5），得：

$$A \geqslant \alpha K + \frac{1 + (l-1)P_H}{1 - l} \cdot B = \alpha K + \left(\frac{1}{1-l} - P_H\right)B \tag{10－6}$$

其中，A 表示的是即使在项目失败时，借款人为补偿投资人所必须支付的报酬。换言之，也是投资人为防止项目失败，在借贷合约中写明的要求借款人出具的保证金。现实中这一保证金更多地表现为一种抵押品价值，可以有效地弥补借款人违约时的投资人损失。式（10－6）表明，A 值的大小取决于以下几个因素：资金成本 αK，较高的努力水平下项目成功的概率 P_H，似然率 l 以及当偷懒时借款人依然获得成功的额外收益 B。

在一个常见的融资网络中，一个借款人一般从一到两个投资人那里获得资金，对任意一个投资人而言资金供给量较多，借款人违约带来的资金损失相对较大，从而提高了资金成本 αK。此外，尽管信息高度不对称，但金融机构多少会对生产项目进行一些评估，在基础的筛选和评估机制下，P_H、P_L 可以大致确定。然而，信息不对称问题的存在会使得借款人道德风险发生的可能性变大，也会增大其额外收益 B。在这种情况下，为抵消因可能存在道德风险而造成的损失，借款人所要承担的融资保证金价值较大，并且这一保证金价值通常大于多数小微企业能够负担的极限，最终造成了小微经济主体的融资困境。

进一步考虑，互联网融资平台的出现，会对上述的模型结果产生怎样的影响？需要明确的是，基于现代信息通信技术进步而衍生出的互联网融资平台，其所具备的融资网络结构，有别于一般化的社会网络结构。

首先，从具体的融资模式上看，互联网融资平台上一个借款人提出的借款标的通常需要十个甚至几十、上百个投资人共同出资完成，每一个投资人仅提供占借款标的一小部分的资金。对这几十个投资人而言，将自有资金分散投标稀释了投资风险，大大降低了资金的成本，亦即式（10－6）中的 αK 此时很小。其次，从互联网融资平台与传统融资网络的差异上看，互联网融资平台凭借的大数据征信系统涵盖了借款人各方面的信息（包括了消费习惯、生活习惯等），在信息传输和信息筛选上有巨大优势。因此，在一个经营状况良好、技术手段完备、大数据算法先进的互联网融资平台上，投资人可以对借款人的生产项目、经营的积极性有一个清晰的判断，也能够轻易地筛选出借款人此前的还款记录[①]。借款人选择违约或者偷懒不仅可能会对当期的生产项目有影响，还会被记录在案，影响其未来融资成功的概率。随着互联网融资平台与金融机构、政府征信体系建立链接，这种消极策略会给借款人带来更长久的负面影响和可预期的未来损失。这意味着，理论上在互联网融资平台上进行的融资交易，借款人偷懒的可能性大大降低，同样降低的还有额外收益 B。

至此，我们得出的初步结论是：长期来看，基于大数据征信的互联网融资平台在信息传输和筛选上相比于传统金融机构有优势；互联网融资平台通过高速发展的通信技术手段降低信息不对称程度，从而减少保证金价值、降低小微企业的融资门槛，提高其融资可得性。

第四节　互联网融资平台提高小微企业融资效率：决定因素与机制

对小微企业所处的融资网络而言，信贷可得性的提高同样意味着网络内整体融资效率的提高（孙会霞等，2013；庄雷等，2015）。但是，我们依然不清楚这种积极作用的充分发挥受到哪些因素的影响，尤其是互联网融资平台本身的网络结构特点对这一作用程度的发挥有什么影响。

一、网络融资效率的决定因素及其机制

沿用 Burt 和 Celotto（1992）、Annen（2003）的分析框架，融资网络内决定整体融资效率的因素一是网络内的信息约束，二是网络结构。其中，信息约束由信息技术水平与信息传输的通畅程度决定，其反映了网络内的信息搜寻成本。网络内的交易信息包含借款人基本信息（年龄、职业、受教育水平等）、前次融资交易的基本信息（融资目的、还款情况等）。一般来说，信息传输的通常程度越

---

① 实际调研中我们发现，由于技术水平和平台规则的限制，目前多数的投资人只是根据被平台标准化并分级后的标的价格、额度和基本借款目的作为投资的判断依据。但 P2P 平台的负责人同样告诉我们，一个合规的互联网融资平台可以代替投资者进行上述的信息筛选，能够监督到借款人的基本情况，这同样可以视为是投资人对上述信息的把握并形成对借款人的监督。更何况，由于目前绝大多数的 P2P 平台为了初期的规模扩张，还是存在对少数违约标的的兜底和补偿的，这也更激励了平台对借款人信息的充分筛选和考察。

高，"利他惩罚"机制①越能够发挥作用，更容易约束借款人的融资行为并激励其提高努力水平。

网络结构则有两方面含义：一是网络内的节点数量（主体数量）；二是网络内主体的异质性。对前者，根据 Burt（1991）②的理论，弱纽带关系有利于声誉机制发挥作用，当一个社会网络内的弱纽带节点数量较多时，更容易形成合理规范的契约执行机制。对后者，这一异质性决定了产品供给的异质性。就平台融资而言，它可以度量融资平台上借款人找到高匹配程度投资人的难易程度。由于投资人数量的相对限制，现实中投资人的偏好差异（风险偏好、资金供给期限、预期回报等）会对供给异质性产生重要影响。

基于上文的一般化契约设定，进一步分析融资网络内的三要素是如何影响总体融资效率的，假设：①借款人在融资网络中，可以链接到的最大节点数量为 n（$n \in [1, N-1]$），n 在一定程度上也可以反映网络规模，对于互联网融资平台而言，资金需求者理论上可以与任意一个资金供给者取得联系；②随着融资交易的循环发生，借款人过去的融资行为会对当期融资的效率产生影响，即存在折现值 δ，满足 $\delta \in (0, 1)$③。

用概率函数 $q(n, \lambda)$ 来表示融资交易网络内的信息约束，定义为：借款人前一次交易中采取背叛策略（违约、拖欠）后，下一次交易中被发现的概率。其中，λ 表示是网络内的通信技术，$q(n, \lambda)$ 是一个二阶可导函数，满足：

$$\frac{\partial q(n, \lambda)}{\partial n} < 0, \quad \frac{\partial^2 q(n, \lambda)}{\partial n \partial n} > 0, \quad \frac{\partial q(n, \lambda)}{\partial \lambda} > 0, \quad 且 \, q(1, \lambda) = 1$$

理论上，网络内的信息通信技术越先进，信息传递的效率和准确度越高，被识别出来的概率也越高，在融资交易中不守信的企业就越容易被识别并被剔除。此外，如果网络内的交易主体数量足够多，弱纽带链接的节点数量 n 足够大时，前期的交易记录要被当期的交易方发现，信息需要通过的节点数量变多，传递被拉长，这种信息的可获性就越差，因此随着 n 的增大，$q(n, \lambda)$ 会逐渐减小。

---

① "利他惩罚"是桑塔费学派和实验经济学在探讨"合作何以成为可能？"这一基本问题时的思路，指的是社会个体往往会以降低自己适存度的代价惩罚一名背叛了另一个体合作行为的背叛者。现实中"利他惩罚"确实能够显著地增加合作发生的频率，进而提高一次合作成功的概率。在信贷市场上，"利他惩罚"表现在借款人一旦存在违约记录，再向其他放贷人借款时就会受到其他放款人的排斥，即使这一次借款人采取的是合作策略，依然会为之前的违约行为付出代价。

② 本章提到的 Burt 的结构洞理论一书，是参考任敏等翻译的《结构洞：竞争的社会结构》一书，英文原版于 1991 年就已经出版。

③ 这是因为现实中的折现值更多地表现为一种折损：如果企业在一次交易中采取了背叛策略，可以证明在信息通畅的情况下，这一行为会准确、及时、持续地传递给下一次交易的双方，就会产生一个稳定的折损值，这个折损值足够大时，随着交易次数的增加，最终会造成整个交易收益足够小，激励企业在一开始打破背叛策略，采取合作策略。

用概率函数 $p(n, \gamma)$ 来表示低匹配交易发生的概率。$p(n, \gamma)$ 也是一个二阶可导函数，满足：

$$\frac{\partial p(n, \gamma)}{\partial n} < 0, \quad \frac{\partial^2 p(n, \gamma)}{\partial n \partial n} > 0, \quad \frac{\partial p(n, \gamma)}{\partial \gamma} < 0, \quad \text{并且 } p(1, \gamma) = 1$$

以融资平台为例，如果平台上的投资人足够多（n 足够大），那么一个借款人的投资标的越容易被更多的投资人共同投标完成。与此同时，投资人的异质性也是匹配效率的关键因素。如果投资人异质性程度偏低（投资人的风险偏好、期望收益率等都接近），会使标的之间的差异下降，借款人的异质性难以被有效匹配。这样可能会造成两种不利情况：一是借款人为了获得资金被迫调整自己的融资需求，负担相对更高的融资成本；二是借款人放弃在这一平台上融资，降低了整个平台标的的成功率。

假定低匹配程度下项目成功总体的收益 $R = cl$，高匹配程度下项目成功的收益 $R = ch$。综上所述，借款人、投资人的收益情况反映如表 10 - 6 所示。

表 10 - 6　借款人、投资人收益情况

		借款人	
		项目成功	项目失败
投资人	较高的匹配程度	$(R_b, R_l)_{R_b + R_l = ch}$	$(A, -A)$
	较低的匹配程度	$(R_b, R_l)_{R_b + R_l = cl}$	$(A, -A)$

进一步分析融资网络内的无限次重复博弈过程，在每一次的匹配中，任何一方都有可能选择合作（c）或者不合作（d），对借款人而言，合作包含的是努力工作并按时还款（无论项目成败）；对投资人而言，合作意味着不仅愿意投标，并且不会发生提前兑付的情况。扩展到有 n 人的无限次重复博弈时，c_i^t 和 d_i^t 分别表示某个时期表现出合作与不合作的决策行为。假设为某一次标的中的借款人，对应的多个投资人为 $-i$。考虑到前文中的通信技术水平、异质性、贴现率等约束条件，双方都采取合作策略时，系统的期望收益为：

$$\pi_i(c_i^t, c_{-i}^t) = \frac{(1 - p(n, \gamma))ch + p(n, \gamma)cl}{1 - \delta} \tag{10-7}$$

反之，有一方不合作时，期望收益的折现值为：

$$\pi_i(d_i^t, c_{-i}^t) = A + \frac{\delta(1 - q(n, \lambda))((1 - p(n, \gamma))ch + p(n, \gamma)cl)}{1 - \delta} \tag{10-8}$$

显然，对体系而言，双方均采取合作策略有利于融资标的的完成，即此时的融资效率才是最优的，这就要求 $\pi_i(c_i^t, c_{-i}^t) > \pi_i(d_i^t, c_{-i}^t)$，即：

$$\frac{(1-p(n,\ \gamma))ch+p(n,\ \gamma)cl}{1-\delta}\geqslant A+\frac{\delta(1-q(n,\ \lambda))((1-p(n,\ \gamma))ch+p(n,\ \gamma)cl)}{1-\delta}$$

$$(10-9)$$

将式（10-9）的左边减去右边，可以得到双方合作的激励方程：

$$S(n,\ \gamma,\ \lambda)=\frac{A(\delta-1)+[1-\delta(1-q(n,\ \lambda))][1-p(n,\ \gamma)ch+p(n,\ \gamma)cl]}{1-\delta}\geqslant 0$$

$$(10-10)$$

并且：

$$\frac{\partial S(n,\ \gamma,\ \lambda)}{\partial p(n,\ \gamma)}=cl-ch+\frac{\delta(cl-ch)q(n,\ \lambda)}{1-\delta} \qquad (10-11)$$

$$\frac{\partial S(n,\ \gamma,\ \lambda)}{\partial q(n,\ \lambda)}=\frac{\delta ch}{1-\delta}(1-p(n,\ \gamma))+\frac{\delta cl}{1-\delta}p(n,\ \gamma) \qquad (10-12)$$

$$\frac{\partial S}{\partial n}=\left[(cl-ch)+\frac{\delta(cl-ch)q}{1-\delta}\right]\cdot\frac{\partial p}{\partial n}+\frac{\delta(ch+(cl-ch)p)}{1-\delta}\cdot\frac{\partial q}{\partial n} \qquad (10-13)$$

至此，可得激励融资双方合作时保证金价值 A、网络内的节点数量 n、通信技术 λ、融资网络内的异质性水平 γ 的相关关系。根据式（10-10）至式（10-12）可以得到下列重要结论：

第一，由于 q（n，λ）为 λ 的增函数，同时，S（n，γ，λ）为 q（n，λ）的增函数，可推导得 S（n，γ，λ）是 λ 的增函数，即通信技术水平越高，融资网络的整体融资效率也越高；

第二，由于 p（n，γ）为 γ 的减函数，同时，S（n，γ，λ）为 p（n，γ）的减函数，可推导得 S（n，γ，λ）是 γ 的增函数，即异质性程度越高，融资网络内整体融资效率也越高；

第三，S（n，γ，λ）与 n 的关系并不能直接反映出来。但我们注意到了互联网融资平台的一个特性，即由于其通信技术水平相比于普通融资网络有着极大的优势，使得往期不合作在当期被发现的概率 q（n，λ）近似为 1，将这一重要条件代入式（10-13）可得：$\frac{\partial S}{\partial n}=\frac{cl-ch}{1-\delta}\cdot\frac{\partial p}{\partial n}>0$，即 S（n，γ，λ）为 n 的增函数，这意味着相比于传统的融资网络，信息传输技术水平极高的互联网融资平台上参与的人数越多，系统的融资效率越高，从这一点上来看，扩大融资平台的参与规模可以提高平台上融资双方的整体利益。

二、不同互联网融资平台发展情况的比较与决定因素

中国互联网融资的平台数量从 2012 年开始高速增长[①]，这主要得益于初期较

[①] 根据网贷之家发布的《2015 年中国互联网借贷行业年报》显示，截止到 2015 年 12 月，中国互联网融资总数达 2595 家，较 2014 年增长了 64.8%。

低的准入门槛以及经济发展过程中巨大的资金缺口。然而，随着数量的爆发式增长，平台模式发生异化，一部分平台逐渐偏离普惠金融的目标要求，另一部分平台尽管依然有面向小微经济主体的业务，但不同平台间的融资效率差异明显。基于前文的研究结论，结合现实情况来进一步说明上文中结论的准确性。我们整理了20家互联网融资平台发展情况的相关数据（见表10-7），这20家互联网融资平台分别是2016年3月"网贷之家"公布的100家互联网融资平台排名中，综合发展水平排名的前十位与末十位。

表 10 - 7　前十位与后十位平台的基本经营情况

排名	平台名称	平均收益（%）	注册资金	运营时间（月）	发展指数	成交积分	人气积分	技术积分	透明度	分散度
1	陆金所	8	83667	52	73.12	100	100	84.69	37.19	87.94
2	宜人贷	12	3000	46	69.1	90.48	82.66	83.42	49.28	94.05
3	人人贷	10	10000	67	68.98	84.99	80.79	72.89	51.75	93.37
4	点融网	9	20000	38	65.83	88.95	74.46	90.93	51.53	67.33
5	拍拍贷	20	10000	107	66.26	79.99	75.02	76.36	54.26	88.48
6	微贷网	10	12195	58	64.62	79.78	79.78	74.04	48.7	91.41
7	开鑫贷	7	14024	41	61.25	84.48	37.12	70.84	46.42	60.07
8	有利网	10	5000	39	60.08	79.83	86.71	77.22	46.57	88.56
9	爱钱进	13	10000	24	59.87	91.05	79.55	80.03	35.52	91.2
10	搜易贷	8	30000	20	59.56	75.63	76.32	72.87	58	69.56
均值		11	19789	49.20	64.87	85.52	77.24	78.33	47.92	83.20
91	融资易	13	1500	20	40.63	30.24	31.75	48.06	51.55	37.88
92	e 微贷	11	5000	26	40.38	24.1	27.03	62.31	39.12	38.49
93	果树财富	15	5000	22	40.37	18.95	38.53	54.74	47.3	75.63
94	小油菜	11	5000	28	40.33	39.29	35.96	68.62	35.32	29.91
95	新新贷	7	5000	51	40.29	53.54	30.49	59.46	32.58	43.16
96	365 易贷	12	7616	75	41.42	25.66	45.38	61.78	24.92	71.09
97	会同易贷	12	5000	60	40.2	25.75	26.19	48.55	49.53	43.48
98	安心贷	11	1000	58	40.1	39.88	43.31	55.11	27.98	49.3
99	拓道金服	14	5000	29	39.99	28.69	36.94	46.2	34.88	66.5
100	喜投网	12	1000	24	39.96	18.57	21.58	41.12	37.3	69.02
均值		12	4111	39.30	40.37	30.47	33.76	54.60	52.45	38.05

资料来源：通过"网贷之家"、盈灿咨询数据整理得到。

借鉴"网贷之家"和盈灿咨询数据关于互联网融资平台发展情况的衡量指标，我们主要整理了包括互联网融资平台的综合发展指数、成交积分、技术积分、分散度、透明度等6个关键指标。其中，成交积分反映平台的成交规模，人气积分则是表征平台的投资人和借款人数量的指标，因此，通过成交积分和人气积分，可以基本反映出上文中的纽带链接数量 n；平台的信息约束可以用技术积分和透明度来刻画，前者表征平台的综合技术水平（包括数据传输安全、平台系统自主研发情况等），后者反映平台的信息公开情况（包括公司基本信息、营运数据、借款资料等）；最后，平台的供给异质性则可以通过分散度指标反映，分散度指的是平台借款和投资资金分散情况（这一指标是根据单人借款金额、单人出借金额、借款集中度、借款人和投资人 HHI 等加权得出）[1]。

从数据上看，前十位平台的技术积分均值为 78.33，远大于后十位的 54.60，但平台的透明度指标前十位与后十位的差异不大。对上述平台深入分析发现，无论是前十位还是后十位的平台，围绕借款标的公开的信息基本涵盖了以下几个部分：借款人个人信息（学历、婚姻状况、房产状况等）、工作状况（行业、信用卡额度、年收入、工作时长等）、借款标的信息（金额、期限、用途等）以及平台对借款人其他资料的审核情况（身份证、银行卡、信用报告、收入证明等）。然而，几乎没有一家平台会将借款人更详细的借款信息公布出来，在多数情况下，投资人只能看到借款人大致的借款用途，自身并不能了解借款人详细的生产经营状况，或者项目经营的努力程度。结合平台用户对平台经营的评价我们发现，即使一部分平台能够更加公开透明地公布借款人信息，但由于监管缺位，投资人也难以判断这些信息是否真实。

首先，我们认为在现阶段，最终影响投资人对平台信息传输通畅程度及其平台信息透明度判断的，依然是平台自身的技术实力及其信誉状况。这也是为什么在平台透明度指标差异不大的情况下，我们依然可以通过平台的技术积分指标来反映平台的信息约束情况的原因，这也就间接验证了理论推导的结论 1 的准确性。以排名第一的陆金所为例，结合平台完备的大数据（陆金所基于平安银行8000 多万客户大数据支撑），相对其他平台更为先进的大数据处理技术和较高的信息透明度，使得平台融资效率能够长期保持稳步提升，相应地，平台也能够进一步扩展小微金融服务，仅 2015 年的统计数据显示，陆金所旗下重要产品"稳赢—安 e"80% 的借款方均为中小企业资金缺口较大的二级城市、三级城市。

其次，平台的供给异质性是融资交易能否取得较高的匹配度，尤其是能否满足小微经济主体多元化融资需求的重要保障。从反映平台供给异质性"分散度"

---

① 限于数据的可获性，本章借鉴"网贷之家"的平台发展指数，这一指数与本章所研究的影响平台融资效率的几个决定因素之间联系密切。

指标上看，前十位平台的分散度均值为83.20，而后十位则为38.05。这与前文推导的结论相一致：异质性程度越高（分散度越高），借款人越容易完成其融资标的，找到合适的投资人，这对资金需求长短不一、规模差异较大以及变化较多的小微经济主体而言也越有利。

最后，前十位平台的成交积分和人气积分平均为85.52和77.24，高于末十位平台的30.47和33.76，这验证了平台的节点数量 n 确实对平台整体的融资效率有显著的影响，这也是为什么目前多数的互联网融资平台都会通过各种渠道进行宣传聚拢客户资源的原因。但同时我们也要注意到，正是由于平台规模对整体融资效率有着重要影响，大多数的 P2P 平台为了扩张规模，在数据基础薄弱的情况下，依然选择在发展初期对平台标的进行担保以吸引客户。事实上，平台规模的扩张的前提条件是其具备一定的风险控制水平和完备的大数据征信（信息约束），盲目的扩张规模未必有利于平台整体融资效率的提高。尤其是当客户群体中小微经济主体占较高比例时，平台为扩张规模而盲目地为借款标的担保兜底的做法最终会造成平台违约率的大幅上升。

第五节　本章小结

本章首先对小微企业融资约束现状及成因进行分析，在金融交易过程中的信息不对称是造成金融机构对小微经济主体实施信贷配给的根源。对资金供给方而言，金融中介机构的避险倾向和保持流动性偏好使其更乐于给予那些已经确立信誉的客户、特别是那些经营稳定且经营时间较长的企业以特殊的优惠，而缺乏对那些并不稳定的小微客户放贷的激励。对资金需求方而言，由于小微企业普遍缺乏健全的财务报表，且受限于企业的发展阶段、经营规模，小微企业的可抵押资产有限（李建军和张雨晨，2014），信用信息匮乏（常璟等，2014），这也进一步加深了小微企业的融资困境。

根据江苏50个县域金融机构及381家小微企业的调研数据，在分析江苏小微企业发展及融资现状的基础上，深入探讨了江苏金融支持小微企业的发展状况，得出以下结论：

第一，2017年江苏小微企业数量仍呈现迅速增长态势，税收优惠、行政收费减免、财政资金支持、政府采购支持、政策指导等方面的政策效果已初见成效。政策法规的逐步实施为小微企业创造了良好的发展环境，有利于建立、健全多层次的市场体系，加快建立稳定紧密、良性互动的银企关系，更好地发挥市场在金融资源配置中的决定性作用。

第二，小微企业金融服务覆盖面有所扩大，但覆盖深度还有待提高。江苏内获得贷款的小微企业户数及总笔数都呈现逐年上升的趋势。随着县域金融机构种类的丰富和网点数量的增加，越来越多的小微企业有机会获得正规金融机构的服务。但值得注意的是，小微企业户均贷款余额仍处于较高水平，金融机构100万元以下小微贷款比例有所下降，说明机构更倾向于向规模较大、资质较好的企业发放贷款，覆盖的深度还有待提高。

第三，小微企业的贷款成本有所下降，但贷款方式创新不足。2015～2017年，小微企业贷款成本有明显的下降趋势，不论是五大国有银行、股份制商业银行、还是农村商业银行和村镇银行，小微企业的贷款利率均有所下降。然而从贷款期限来看，1年以下短期贷款比例仍然居高不下，90%以上企业有"短贷长用"现象。而从贷款方式来看，抵押和担保仍然是最主要的贷款方式，尽管三年来新型的质押贷款、信用评分贷款和信用贷款占比有所上升，但从总量来看仍处于较低水平，三类贷款占比不足5%，远低于传统的抵押担保贷款。

第四，从信息化的角度说明现代信息通信技术以及大数据征信技术的互联网融资平台，理论上可以直接降低信息不对称程度，缓解小微经济主体的融资困境。另外，证明了互联网融资平台可以通过降低信息不对称程度以提高小微经济主体的信贷可得性。此外，对现有研究的拓展在于：一是强调了网络内通信技术等信息约束对融资整体效率提升的重要性；二是针对互联网融资平台的现实情况，将网络内产品的供给可替代性（借款人之间、投资人之间的异质性）视为影响平台融资效率提升的决定因素之一，对互联网融资平台的发展有一定的借鉴意义；三是强调了平台规模的扩张对平台整体的融资效率提升始终是一种促进作用，但前提条件是平台的信息技术（包括了筛选大量借款、投资人信息的能力、透明化平台的借款标的信息以及准确传输信息的能力等）必须始终维持在一个较高的水平。

第十一章　推动普惠金融发展的
制度创新
——以小额贷款公司监管制度为例

本章以"只贷不存"的小额贷款公司为例，探讨非银行类金融机构在"中央—地方"分层监管体制下其风险行为的关联性以及融资杠杆监管是否会导致小额贷款公司在"覆盖率—可持续性"之间进行目标权衡。

第一节　"覆盖率—可持续性"权衡的
理论分析框架

国际经验表明，无论是发达国家、发展中国家抑或欠发达国家，在正规银行体系之外，基本都允许非吸储类放贷机构进行专业的放贷业务（刘萍等，2008）。作为对正规银行体系有效补充，非吸储类放贷机构由于交易成本低、放贷灵活，为受到正规银行排斥的群体提供了资金支持。据统计，美国、印度等国非吸储类放贷机构的数量远多于正规银行（武志，2013）。近年来，我国也逐步允许非吸储类放贷机构发展。截止到 2012 年底，我国共有 10 家贷款公司、16 家汽车金融公司、4 家消费金融公司、150 家财务公司、6084 家典当行、540 家融资租赁公司以及 7839 家小额贷款公司。数量众多的非吸储类放贷机构对我国中央政府垂直、单一的金融监管体制提出挑战。受到监管资源的限制，我国目前对非吸储类放贷机构采取分类监管的方式：①贷款公司、汽车金融公司等属于非银行金融机构，接受银监会审慎监管。②典当行、融资租赁公司属于非金融机构，接受商务部的非审慎监管。③相比之下，属于商业性贷款公司的小额贷款公司监管方式最为特殊，首次采用"中央—地方"分层监管体制。

目前，小额贷款公司监管政策的特殊性表现为三个方面：第一，金融分层监管。在中央层面，小额贷款公司没有明确的监管部门，中国人民银行和银监会仅对其提出指导意见①。根据"23号文"规定，小额贷款公司由各省级政府明确主管部门（主要是省级金融办）负责监管。在实际监管过程中，各省级政府的监管政策差异较大，部分省份监管较为严格，甚至接近于审慎监管，部分省份却倾向于鼓励小额贷款公司的发展和创新，监管较为宽松，甚至在监管政策上突破"23号文"的规定。第二，小额贷款公司融资杠杆监管。"23号文"直接规定小额贷款公司的融资来源和杠杆率上限——"从银行融入不超过资本净额50%的资金"，这一比例与国际小额信贷机构平均4~5倍的融资杠杆率相去甚远，因此，部分省份突破融资杠杆上限。相反，一些省份的银行监管部门则通过对银行进行风险提示等方式，对小额贷款公司的融资杠杆实施间接监管，导致小额贷款公司无法获得银行批发贷款（Sparreboom 和 Duflos，2012）。第三，与小额贷款公司经营表现挂钩的升级机制。银监会允许符合条件的小额贷款公司改制为村镇银行，这类似于国际小额信贷机构的"升级模式"，即将一些半正规的小额信贷机构改造成为接受监管的正规金融机构。但是，向村镇银行改制需要在公司治理、经营状况、支农力度和贷款组合等方面符合监管要求，例如，涉农贷款占比不低于60%、单一客户贷款余额不超过资本净额的5%。由于农村金融市场具有垄断的特征，在农村地区新设金融机构能够带来特许权价值（洪正，2011），因此，期待升级为村镇银行的小额贷款公司会在追求利润目标的同时兼顾政府的支农目标，这也使得小额贷款公司与国际小额信贷机构在放贷行为、经营目标等方面具有相似性。

理论而言，小额信贷机构是可能取得"双赢"的金融创新——在减少贫困的同时小额信贷机构自身也能实现操作可持续和财务可持续（Morduch，1999）。但是，向偏远地区、低收入和受到传统金融机构排斥的人群提供小额信贷服务交易成本高、风险高，期望的回报率较低，覆盖率和可持续性目标之间存在矛盾。因此，小额信贷机构需要在"覆盖率—可持续性"之间权衡：要么通过提高覆盖宽度（Paxton 和 Cuevas，2002）或者服务于人口中具有较高收入水平的人群、提供大额贷款来改善可持续性，这被一些学者认为是"使命漂移"（Cull 等，2011）；要么在给定的可持续性水平上，更多地获得国际组织捐赠、政府补贴等低成本资金，进而深化其覆盖率、瞄准更低收入的人群。

我国小额贷款公司是在充分吸取国际上成功小额信贷机构发展经验的基础上开展金融创新的。当前小额贷款公司发展面临的问题集中于监管政策，国际上对于"只贷不存"的小额信贷机构通常采取非审慎监管，而非当前我国对小额贷款公司实施的"类审慎监管"（李东荣，2011），其中，争议最大的是很多学者

---

① 2008年5月，银监会、中国人民银行联合发布《关于小额贷款公司试点的指导意见（银监发〔2008〕23号文件）》（以下简称"23号文"），是目前中央层面唯一的小额贷款公司监管规范性政策文件。

认为融资杠杆率不得超过 0.5 倍的监管要求过于严格且不尽合理。本章拟在"覆盖率—可持续性"权衡的框架下研究融资杠杆监管对小额贷款公司绩效的影响。尽管目前国内学者对于小额贷款公司绩效的研究较多,例如卢亚娟和孟德锋(2012)、胡金焱和梁巧慧(2015)等,但是这些文献均未探讨融资杠杆监管对绩效的影响。

本章拟基于小额信贷机构"覆盖率—可持续性"权衡的分析框架,使用在国际组织支持下融资批发机构组织的 2011 年全国范围内 457 家小额贷款公司调查数据,实证检验小额贷款公司融资杠杆率监管政策的效应:一方面,限制融资杠杆率是否会导致小额贷款公司在"覆盖率—可持续性"之间进行目标权衡,即对于追求利润最大化的小额贷款公司而言,在融资杠杆率受限时会选择牺牲其覆盖率目标以提高经营可持续性,抑或是在维持覆盖率目标的情况下,降低其可持续性目标以获得转制升级的可能性?另一方面,融资杠杆率限制是否有利于控制风险,抑或是将增加小额贷款公司的风险行为?值得一提的是,当前我国小额贷款公司特殊的监管体制可视为我国金融分层监管的一次"准自然实验",有助于获得融资杠杆监管政策效应的无偏估计。

第二节 相关文献综述

关于小额信贷机构是否面临"覆盖率—可持续性"权衡,现有研究并未形成一致的结论。Cull 等(2007)最早使用 49 个国家的 124 家小额信贷机构数据检验两者是否存在权衡关系,发现小额信贷机构服务于贫困客户的同时也可实现盈利,但是在覆盖最贫困客户和机构可持续性之间确需权衡。Hermes 等(2011)基于 435 家小额信贷机构面板数据的分析发现,覆盖率和机构成本效率之间存在权衡关系。但是,也有研究认为两者之间不存在权衡关系。随着多国小额信贷机构逐步从福利主义向制度主义和商业化转型,其放贷资金来源也发生较大变化,而这又进一步影响其"覆盖率—可持续性"权衡。主要表现为以下两个方面:

第一,来自国际组织和捐赠者的补贴资金额在减少或更加不稳定。Armendáriz 等(2011)分析小额信贷机构补贴资金不确定性下的覆盖率,结果显示,补贴资金不确定性与机构"使命漂移"正相关,即更少的客户覆盖率和更高的利率,并认为这与小额信贷机构的预防性储蓄动机有关。D'Espallier 等(2013)比较接受补贴和未接受补贴的小额信贷机构的覆盖率差异并发现,未接受补贴的小额信贷机构更少覆盖贫困客户和女性客户。

第二,一些规模较大的小额信贷机构开始吸收公众储蓄,逐步升级为接受审慎监管的正规银行（Hartarska 和 Nadolnyak，2008）。因此，接受监管对小额信贷机构"覆盖率—可持续性"权衡的影响逐渐成为该领域的研究焦点。跨国研究显示，对小额信贷机构实施监管是一把"双刃剑"：一方面，有助于降低其风险，增加低成本资金来源和融资杠杆；另一方面，会引致较高的监管成本，Cull 等（2009）发现，监管成本进一步影响"覆盖率—可持续性"目标权衡：小额信贷机构要么降低其覆盖深度，譬如，提高平均贷款规模和减少女性贷款的发放，要么利润将显著降低。因此，对于监管者而言，显然存在一个难题，即监管虽然有助于小额信贷机构控制风险，但却可能需要牺牲覆盖率或利润目标。

综上所述，随着补贴资金逐步减少，小额信贷机构需要在"覆盖率—可持续性"之间进行权衡。而随着小额信贷机构向正规银行转型，监管部门则面临着"监管困境"，需要在监管收益与"覆盖率—可持续性"之间做出选择。尽管小额贷款公司的主要出资人是民间资本，但是与国际小额信贷机构相类似的是，小额贷款公司可能同样需要在"覆盖率—可持续性"之间进行权衡：一方面，追求利润最大化和财务可持续，其放贷对象的选择取决于边际成本和边际收益；另一方面，还需兼顾政府支持微型企业和"三农"的覆盖率目标，因为小额贷款公司若希望能够转型升级为正规银行，需要满足政府设置的单笔贷款规模、涉农贷款占比等监管条件。进一步，小额贷款公司权衡其"覆盖率—可持续性"时面临诸多约束条件，其中最为重要的是融资杠杆率上限监管政策，现有研究普遍忽略这一重要因素，本章将该因素纳入现有分析框架。

第三节　金融分层监管制度与我国小额贷款公司发展概况

一、金融分层监管制度的"准自然实验"

自 1993 年以来，我国逐步形成以"一行三会"为主的金融分业监管体制。近年来，随着民间金融日趋活跃和地方性金融机构的发展，地方政府开始成立金融管理部门，协助中央政府加强对地方金融组织的监管和控制金融风险，弥补"一行三会"分业垂直监管体制带来的地方金融监管缺位（马向荣，2014）。2013 年，党的十八届三中全会提出"完善监管协调机制，界定中央和地方金融监管职责和风险处置责任"。地方政府金融办最早于 2002 年成立于上海和北京，自 2008 年以来，其他地方政府金融办陆续成立。截至 2011 年底，全国有 31 个省级政府成立了金融办（马向荣，2014），其中，27 个省（市）的金融办承担对小额贷款公司监管的职能。

然而，随着地方政府金融诉求不断增多，金融办的监管职能也在地方政府与中央政府的博弈中呈现不断扩张的趋势，有时会与"一行三会"的监管职能形成交叉，甚至出现金融办与"一行三会"监管相冲突的情况（周逢民，2012）。实际上，这与中央和地方政府在金融监管目标和强度方面存在差异有关。以小额贷款公司监管为例，为缓解其外源融资不足的问题，一些省份在监管政策中放松了"一刀切"式的融资杠杆率上限，逐步根据小额贷款公司的业务类型、资金来源性质、评级情况等对监管政策进行灵活调整。例如，江苏规定"小额贷款公司实际负债（包括银行贷款和大额定向借款等）不得超过资本净额的100%"。根据李真和朱忠明（2013）的统计，22个样本省份中有6个省份未执行"23号文"对融资杠杆率的规定。

　　因此，当前我国对小额贷款公司实施的金融分层监管改革为观察监管政策效应提供了一个契机。由于不同省份小额贷款公司融资杠杆率的系统差异很大程度上可能是制度外生的，而不仅是由小额贷款公司自身经营绩效和资金需求决定，这为评估融资杠杆监管的影响提供了"准自然实验"环境。

二、小额贷款公司发展概况

　　2005年，我国开始试点建立由民间资本投资、"只贷不存"的商业性小额贷款公司。改革的目标之一是促进竞争，改善县域农村金融服务水平，同时也为民间金融阳光化和正规化创造条件。小额贷款公司数量从2008年不足500家增加到2013年的7839家，呈现出爆炸式增长。

　　小额贷款公司发展存在显著的省际差异，机构数量最多的省份为573家，最少的仅为6家；同时，小额贷款公司地域分布特征有别于传统金融机构，发展较快、规模较大的省份，既包括江苏、浙江等东部省份，也包括内蒙古、安徽等中西部省份。若使用"贷款余额/实收资本 − 1"粗略代表各省小额贷款公司的平均融资杠杆率[①]，以此推算，全国小额贷款公司平均融资杠杆率仅为0.15，最高为0.49，最低为0。

第四节　资料来源与描述统计

一、资料来源

　　本章数据来自国际组织支持下融资批发机构的调查，2011年在全国27个省份搜集了527家小额贷款公司样本，调查内容涵盖小额贷款公司基本信息、财务

---

　　① 假定小额贷款公司的资金使用率为100%。通常而言，资金使用率越高，该指标衡量融资杠杆率就越准确。由于大多数小额贷款公司面临资金来源不足的问题，因而该指标具有一定的合理性。

状况、信贷业务等方面的信息。剔除一些关键变量缺失的样本，本章最终使用的是 457 家小额贷款公司样本。2010 年底，我国小额贷款公司总数为 2614 家，本章样本约占全国小额贷款公司总数的 17.48%，这些样本来自 26 个省份，因而具有广泛的代表性。由于小额贷款公司监管主体是各省级政府金融办，小额贷款公司数据分散于各省，目前还未出现使用全国范围大样本小额贷款公司数据的实证文献。

二、小额贷款公司融资杠杆率描述统计

为便于国际比较，本章借鉴全球微型金融信息交换中心（MIX Market）对小额信贷机构融资杠杆率的定义：融资杠杆率 = 负债融资/所有者权益。据此计算，样本小额贷款公司的平均融资杠杆率为 0.214，与全国平均的 0.15 倍融资杠杆率较为接近，但是远低于"23 号文"规定的 0.5 倍融资杠杆率，与 2011 年全球小额信贷机构平均 4.2 倍融资杠杆率更是相去甚远（袁吉伟，2013）。样本小额贷款公司融资杠杆率差异也较为明显，最高为 1.586，已突破"23 号文"的规定，而最低则为 0，如表 11 - 1 所示：

表 11 - 1　样本小额贷款公司融资杠杆率统计

区域	均值	中值	最小值	最大值	样本数
东部	0.314	0.365	0.000	1.360	131
中部	0.223	0.077	0.000	0.647	151
西部	0.128	0.012	0.000	1.586	170
总样本	0.214	0.031	0.000	1.586	452

从区域分布来看，平均而言，东部地区的小额贷款公司融资杠杆率最高，平均为 0.314，中部次之，西部最低。从融资杠杆率均值和中值的比较可知，总样本的融资杠杆率在统计上呈现正偏态分布，类似的包括中部和西部地区，而在东部地区属于负偏态分布，中值大于均值，表明东部地区小额贷款公司能够获得更多的外源融资。

如图 11 - 1 所示，样本小额贷款公司融资杠杆率呈现正偏态分布的特征，且主要集中于 0 和 0.5 附近。50% 的样本小额贷款公司融资杠杆率低于 0.031，16.63% 的样本小额贷款公司介于 [0.45，0.5]。为缓解其资金来源不足的问题，部分省份监管政策逐步突破"融资杠杆率不超过 0.5 倍"的限制，12.91% 的样本小额贷款公司融资杠杆率高于 0.5。

三、融资杠杆率与小额贷款公司特征相关性

在政策层面，各省小额贷款公司融资杠杆监管政策存在较大差异，导致融资

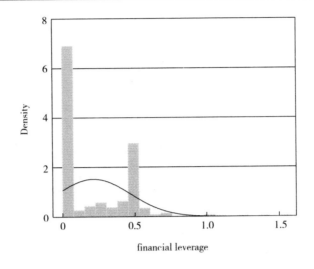

图 11 − 1　样本小额贷款公司融资杠杆率分布

杠杆率差异较为较大。但是，理论而言，融资杠杆率通常是内生变量，会受到自身经营情况等因素的影响。因此，融资杠杆率可能并不完全是随机决定，例如当银行提供批发贷款时可能会考虑其经营绩效和风险等因素。表 11 − 2 给出突破融资杠杆率上限和未融资杠杆率上限的小额贷款公司相关特征差异。

表 11 − 2　融资杠杆率与小额贷款公司特征

	指标	子样本 1 融资杠杆率 ≦ 0.5	子样本 2 融资杠杆率 > 0.5	差异显著性 （t 检验）
覆盖率	平均贷款规模（als）	50.338（57.144）	37.392（38.098）	0.101
	农村贷款占比（rural）	0.324（0.343）	0.420（0.367）	0.064 *
可持续性	资产收益率（roa）	0.040（0.042）	0.044（0.038）	0.482
	资本收益率（roe）	0.046（0.050）	0.068（0.062）	0.003 ***
风险	贷款集中度（LC10）	0.335（0.248）	0.222（0.203）	0.001 ***
其他公司 特征	年龄（age）	1.817（0.036）	2.034（0.102）	0.031 **
	规模（scale）	17.853（0.038）	18.331（0.110）	0.000 ***
	员工数（staff）	12.670（0.414）	14.077（1.543）	0.260
区域特征	人均 GDP（gdpper）	4.121（0.167）	4.645（0.466）	0.265
	平均万人金融网点数（branchper）	2.635（0.101）	2.444（0.159）	0.480

注：标准报告的是样本均值，括号内为标准差。*** 、** 和 * 分别表示 1% 、5% 和 10% 的显著度水平，反映组间差异的 t 检验值。

在表 11-2 中，相比于子样本 1，在覆盖率方面，子样本 2 的平均贷款规模较小、农村贷款占比较高，意味着突破融资杠杆率上限的小额贷款公司覆盖率深度更深、覆盖的农村客户更多，尽管前者的组间差异并不显著；在可持续性方面，子样本 2 的资产收益率和资本收益率均较高，尽管资产收益率的组间差异亦不显著。可见，更高的融资杠杆似乎既有助于提高小额贷款公司的经营绩效，同时也能兼顾瞄准小规模客户和农村客户。此外，子样本 2 的贷款集中度显著较低，表明其潜在风险和风险倾向更低。在个体异质性特征方面，突破融资杠杆率上限的小额贷款公司成立时间较长、规模相对较大，但是在员工数方面不存在明显的差异，这在一定程度上反映小额贷款公司融资杠杆率可能并不完全是由政府监管政策外生决定。此外，并未发现小额贷款公司融资杠杆率与区域经济或金融发展水平有关，即不存在特定的地域选择性问题。

第五节　金融分层监管制度下的小额贷款公司覆盖率与可持续性权衡

一、实证模型与变量

本章着重检验小额贷款公司融资杠杆率如何影响其在"覆盖率—可持续性"之间的权衡。在"中央—地方"分层监管体制下，融资杠杆率高低受到外部监管政策环境的影响，尤其是能否突破 0.5 倍融资杠杆率上限。因此，融资杠杆率可能很大程度上取决于外部监管政策，使得观察融资杠杆监管政策的影响类似于"准自然实验"。若融资杠杆率外生，可直接使用 OLS 估计检验融资杠杆监管对小额贷款公司"覆盖率—可持续性"权衡的影响。此时，OLS 估计模型的形式为：

$$Y = \alpha + \beta leverage_i + \gamma X_i + \varepsilon_i \tag{11-1}$$

式（11-1）中，$Y_{outreach}$ 代表小额贷款公司的覆盖率，分别使用平均贷款规模和农村贷款占比作为代理变量，$Y_{sustainability}$ 代表小额贷款公司的可持续性，使用资产收益率和资本收益率作为代理变量。关于解释变量，$leverage_i$ 是小额贷款公司的融资杠杆率，包括融资杠杆率和融资杠杆率虚拟变量，X_i 是一组反映小额贷款公司特征的控制变量。

若银行在向小额贷款公司提供批发贷款时，更偏向于那些管理较好、盈利较强的小额贷款公司，同时即使是在那些允许融资杠杆率突破 0.5 倍的省份，也并非所有小额贷款公司都能获得 0.5 倍以上的融资，可见融资杠杆率的高低可能还与自身经营情况相关。此时，模型（11-1）可能存在融资杠杆率内生决定和样本选择偏差问题。由于融资杠杆率代理变量是融资杠杆率和融资杠杆率虚拟变量，前者是连续变量，后者则是二元选择变量，需要分别使用工具变量法（IV - 2sls）和处理效应模型（Treatment Effects Model）。处理效应模型第一阶段是将融资杠杆率虚拟变量作为二元内生被解释变量进行回归，使用一个类似于 probit 模型的潜变量模型进行估计。假设 $Y_{outreach}$ 和 $Y_{sustainability}$ 部分依赖于二元内生解释变量 ldummy，该变量由一系列潜变量 leveragedu* 决定。leveragedu* 是外生变量 W_i 和随机扰动项 μ_i 的函数。处理效应模型设定形式为：

$$Y = \alpha + \beta ldummy + \gamma X_i + \varepsilon_i \qquad (11-2)$$

$$leveragedu^* = \gamma W_i + \mu_i \qquad (11-3)$$

$$ldummy = \begin{cases} 1 & if \quad leveragedu^* > 0 \\ 0 & otherwise \end{cases} \qquad (11-4)$$

本章拟选择以下变量作为融资杠杆率的工具变量，分别是各省监管政策环境（lp2010）和各省市场化程度（m2010）。主要依据是：就前者而言，由于不同省份对"23 号文"的规定均进行了不同程度的调整，导致小额贷款公司监管政策存在较大的省际差异，这将很大程度上影响其能够获得的外部融资规模，因此使用（各省平均融资杠杆率 +1）反映监管政策环境。对于后者而言，由于小额贷款公司的股东主要是私营企业，因此在那些市场化程度较高和私营经济规模较大的省份，小额贷款公司可能更易获得地方政府在融资和业务创新等方面的鼓励，因而可能享有更为宽松的融资政策。各省的市场化程度资料来源于樊纲等（2011）所著的《中国市场化指数——各地区市场化相对进程 2011 报告》，本章选取 2010 年各省市场化程度数据。具体变量描述如表 11 - 3 所示。

表 11 - 3　变量描述与统计分析①

变量	定义和描述	均值	最小值	最大值	观测值数
融资杠杆率（leverage）	负债融资/所有者权益	0.214	0.000	1.586	452
融资杠杆率虚拟变量（ldummy）	leverage≤0.5，ldummy = 0；leverage > 0.5，ldummy = 1	0.129	0	1	457
平均贷款规模（als）	平均贷款规模/人均 GDP	48.731	0.754	438.832	451
农村贷款占比（rural）	农村贷款余额占比	0.336	0.000	1.000	434
资产收益率（roa）	净利润/总资产	0.040	-0.221	0.215	450
资本收益率（roe）	净利润/股东权益	0.049	-0.318	0.216	450
贷款集中度（LC10）	前十大借款合计占资本净额的比例	0.320	0.000	1.000	449

① 小额贷款公司风险评级指标包括治理情况、信息系统、贷款管理、财务可持续、内部和外部控制以及外部环境等 45 个指标。

续表

变量	定义和描述	均值	最小值	最大值	观测值数
年龄（age）	小额贷款公司年龄	1.845	1	5	457
规模特征（scale）	ln（注册资本）	17.915	16.118	20.500	457
风险评级（rating）	小额贷款公司风险评级数值①，[0，100]	50.018	2	86	457
营业成本率（oer）	营业成本率	0.046	0.002	0.456	446
资金成本率（fer）	资金成本率	0.004	0.000	0.245	456
净利差（margin）	净利差	0.066	0	0.248	423
信贷员比例（los）	信贷员数占员工总数比例	0.443	0.095	0.875	407
人均GDP（gdpper）	县（区）人均GDP（万元）	4.189	0.410	20.015	457
平均万人金融网点数（branchper）	县（区）平均万人金融网点数	2.621	0.688	32.560	455
东部地区（east）	东部省份=1，其余=0	0.289	0	1	457
中部地区（middle）	中部省份=1，其余=0	0.333	0	1	457
省份监管政策环境（lp2010）	2010年各省小额贷款公司的贷款余额与实收资本之比	1.028	0.745	1.495	457
省份市场化程度（m2010）	2010年各省份的市场化程度	8.305	3.160	12.040	457

二、小额贷款公司融资杠杆率与"覆盖率—可持续性"权衡检验

表11-4和表11-5检验融资杠杆率对小额贷款公司覆盖率影响的估计结果，分别使用平均贷款规模和农村贷款占比作为覆盖率的代理变量。估计方法包括OLS、工具变量法和处理效应模型。

表11-4　融资杠杆率对小额贷款公司覆盖率的影响（als）

	被解释变量：平均贷款规模als					
	OLS	OLS	IV-2sls	IV-2sls	Treatment Effects	Treatment Effects
leverage	-24.081** (11.227)	—	-85.553** (39.110)	-84.584** (36.269)	—	—

---

① 评分指标包括治理情况、信息系统、贷款管理、财务可持续、内部和外部控制以及外部环境等45个指标。

续表

	被解释变量：平均贷款规模 als				
	OLS	OLS	IV - 2sls	IV - 2sls	Treatment Effects	Treatment Effects
ldummy	—	- 13. 642 *	—	—	- 32. 35 **	- 32. 28 **
		(7. 845)			(15. 10)	(15. 24)
age	- 4. 217	- 5. 659	0. 663	0. 586	- 5. 757	- 5. 756
	(3. 683)	(3. 609)	(4. 780)	(4. 651)	(3. 557)	(3. 558)
scale	21. 874 ***	20. 120 ***	26. 743 ***	26. 666 ***	20. 76 ***	20. 74 ***
	(4. 271)	(4. 234)	(5. 280)	(5. 147)	(4. 198)	(4. 198)
rating	0. 036	0. 030	0. 124	0. 123	0. 028	0. 028
	(0. 185)	(0. 186)	(0. 197)	(0. 196)	(0. 183)	(0. 183)
los	- 26. 089	- 32. 966 *	- 15. 574	- 15. 739	- 33. 88 **	- 33. 80 **
	(17. 459)	(17. 430)	(18. 980)	(18. 792)	(17. 21)	(17. 21)
oer	- 187. 842 ***	- 201. 676 ***	- 182. 084 ***	- 182. 175 ***	- 202. 3 ***	- 202. 5 ***
	(64. 678)	(64. 903)	(66. 280)	(66. 193)	(64. 06)	(64. 06)
margin	- 70. 097	- 84. 388 *	- 61. 541	- 61. 676	- 80. 29 *	- 80. 84 *
	(47. 630)	(48. 043)	(49. 018)	(48. 922)	(47. 48)	(47. 47)
branchper	- 2. 715 **	- 3. 049 **	- 2. 615 **	- 2. 616 **	- 3. 160 **	- 3. 152 **
	(1. 299)	(1. 308)	(1. 331)	(1. 330)	(1. 294)	(1. 294)
east	- 21. 923 ***	- 21. 469 ***	- 14. 526 *	- 14. 643 *	- 20. 41 ***	- 20. 09 ***
	(7. 077)	(7. 018)	(8. 525)	(8. 335)	(6. 958)	(7. 008)
middle	31. 058 ***	27. 605 ***	40. 028 ***	39. 887 ***	28. 12 ***	28. 19 ***
	(6. 493)	(6. 321)	(8. 597)	(8. 322)	(6. 252)	(6. 257)
常数项	- 305. 657 ***	- 269. 591 ***	- 403. 969 ***	- 402. 419 ***	- 277. 0 ***	- 276. 8 ***
	(75. 110)	(73. 900)	(- 4. 15)	(- 4. 26)	(73. 13)	(73. 13)
R^2	0. 1642	0. 1564	0. 1011	0. 1021	—	—
Prob > Chi^2	—	—	—	—	0. 0000	0. 0000
Prob > F	0. 0000	0. 0000	0. 0000	0. 0000		
LR test of independent equations：Prob > Chi^2	—	—	—	—	0. 2602	0. 2715
Anderson LR Chi^2 P - val	—	—	0. 0000	0. 0000	—	—

续表

	被解释变量：平均贷款规模 als					
	OLS	OLS	IV－2sls	IV－2sls	Treatment Effects	Treatment Effects
Hausman P－val	—	—	0.0880	0.0684	—	—
Instrument	—	—	lp2010	lp2010、m2010	lp2010	lp2010、m2010
Obs.	402	407	402	402	407	407

注：括号中报告了变量标准误，＊＊＊、＊＊和＊分别表示在1%、5%和10%的统计性水平上显著。

表 11－5　融资杠杆率对小额贷款公司覆盖率的影响（rural）

	被解释变量：农村贷款占比 rural					
	OLS	OLS	IV－2sls	IV－2sls	Treatment Effects	Treatment Effects
leverage	0.227＊＊＊ (0.077)	—	0.853＊＊＊ (0.275)	0.631＊＊＊ (0.244)	—	—
ldummy	—	0.038 (0.055)	—	—	0.612＊＊＊ (0.0760)	0.614＊＊＊ (0.076)
age	0.003 (0.025)	0.020 (0.025)	－0.046 (0.034)	－0.028 (0.031)	0.032 (0.023)	0.031 (0.023)
scale	－0.006 (0.029)	0.006 (0.029)	－0.056 (0.038)	－0.038 (0.035)	－0.014 (0.028)	－0.014 (0.028)
rating	0.001 (0.001)	0.002 (0.001)	0.001 (0.001)	0.001 (0.001)	0.002＊ (0.001)	0.002＊ (0.001)
los	－0.087 (0.120)	－0.066 (0.119)	－0.186 (0.134)	－0.151 (0.127)	－0.014 (0.113)	－0.015 (0.113)
oer	－0.129 (0.444)	－0.156 (0.444)	－0.180 (0.475)	－0.162 (0.454)	－0.204 (0.422)	－0.193 (0.422)
margin	0.300 (0.329)	0.358 (0.331)	0.180 (0.355)	0.223 (0.339)	0.0785 (0.309)	0.0988 (0.310)
branchper	－0.026＊＊＊ (0.009)	－0.024＊＊＊ (0.009)	－0.026＊＊＊ (0.009)	－0.026＊＊＊ (0.009)	－0.027＊＊＊ (0.009)	－0.027＊＊＊ (0.009)
east	0.062 (0.049)	0.092＊ (0.048)	－0.006 (0.059)	0.018 (0.056)	0.053 (0.046)	0.043 (0.050)

续表

	被解释变量：农村贷款占比 rural					
	OLS	OLS	IV – 2sls	IV – 2sls	Treatment Effects	Treatment Effects
middle	0.043 (0.044)	0.078* (0.043)	– 0.047 (0.061)	– 0.015 (0.056)	0.032 (0.042)	0.030 (0.043)
常数项	0.388 (0.517)	0.121 (0.508)	1.389 (0.694)	1.033 (0.644)	0.409 (0.492)	0.406 (0.493)
R^2	0.0744	0.0573	—	—	—	—
Prob > Chi^2	—	—	—	—	0.0000	0.0000
Prob > F	0.0010	0.0113	0.0000	0.0000	—	—
LR test of independent equations：Prob > Chi^2	—	—	—	—	0.0000	0.0000
Anderson LR Chi^2 P – val	—	—	0.0000	0.0000	—	—
Hausman P – val	—	—	0.0096	0.0699	—	—
Instrument	—	—	lp2010	lp2010、lm2010	lp2010	lp2010、m2010
Obs.	389	394	389	389	394	394

注：括号中报告了变量标准误，＊＊＊、＊＊和＊分别表示在1%、5%和10%的统计性水平上显著。

表11-4 OLS 回归结果显示，融资杠杆率和融资杠杆率虚拟变量均与平均贷款规模显著负相关，即融资杠杆率越高的小额贷款公司，平均贷款规模越小，即贷款覆盖深度越深。可能是由于小额贷款公司是农村金融市场中的新进入者，其信息收集和监督成本较高，发放额度较低贷款的交易成本远高于额度较大的贷款，融资杠杆率受限的小额贷款公司为追求利润目标，可能会提高其平均贷款规模以降低经营成本，最终瞄准企业规模较大或收入较高的客户，该结论与 Cull 等（2011）的发现是一致的，即以利润为导向的小额信贷机构在面临较高监管成本时会降低对交易成本较高的人群的覆盖率。进一步使用工具变量模型和处理效应模型控制融资杠杆率可能存在的非随机决定因素之后，融资杠杆率和融资杠杆率虚拟变量同样显著为负，但是两个变量的系数均明显增加，其边际效应是 OLS 模型中两个变量边际效应的约3.5倍和2.4倍，可能的原因是模型估计结果的偏误得到纠正。以上结果表明，放松融资杠杆率的限制，能够显著降低小额贷款公司平均贷款规模，提高其贷款的覆盖率。从表11-5中平均贷款规模的统计值来

看，小额贷款公司平均贷款规模是 GDP 的 48.731 倍，这一数值远远超过国际小额信贷的界定标准（平均贷款额度不超过所在国家人均 GDP 的 4 倍），这很大程度上与我国严格的融资管制导致小额贷款公司融资杠杆率过低有关。Hausman 检验结果表明，融资杠杆率存在一定的内生性，工具变量回归结果更加准确。

由于"改善农村地区金融服务"是政府试点小额贷款公司的政策目标之一，本章进一步使用农村地区贷款占比衡量小额贷款公司覆盖率，估计结果如表 11-5 所示。OLS 回归结果显示，融资杠杆率对农村贷款占比有显著正向影响，融资杠杆率虚拟变量系数为正但不显著。该结果初步表明，融资杠杆率越高的小额贷款公司，越有可能增加其在农村地区的贷款，其原因是农村地区放贷交易成本相对较高，这与 Cull 等（2011）的结论亦是一致的。工具变量模型和处理效应模型的估计结果中，融资杠杆率同样显著正向影响小额贷款公司的农村贷款比例，与表 11-3 相同的是，系数大小明显增加，并且融资杠杆率虚拟变量也变得显著。因此，本章认为，融资杠杆限制可能导致小额贷款公司无法在兼顾覆盖率目标的情况下实现利润最大化，而减少瞄准那些交易成本较高客户成为其策略性选择。对于政府政策而言，增加农村贷款比例的重要途径之一是放宽小额贷款公司融资杠杆率管制，缓解其放贷资金约束，使其能够在利润最大化的原则下经营，随着市场竞争加剧，小额贷款公司可能会更多地瞄准农村客户，与现有的商业银行开展差别化竞争。

表 11-6 和表 11-7 检验融资杠杆率对小额贷款公司可持续性影响模型的估计结果。表 11-6 OLS 回归结果显示，融资杠杆率与小额贷款公司 ROA 显著正相关，即融资杠杆率越高的小额贷款公司，资产回报率也显著较高，盈利能力更强。使用工具变量法的估计结果同样证实这一关系，且工具变量法估计的融资杠杆率系数是 OLS 估计的 3~5 倍，显示 OLS 估计可能存在对融资杠杆率作用的低估。但是，OLS 模型中融资杠杆率虚拟变量对 ROA 的影响尽管为正但并不显著，使用处理效应模型之后，融资杠杆率虚拟变量通过显著性检验，相比于未突破融资杠杆率上限的小额贷款公司，突破上限的小额贷款公司 ROA 平均高出约 5%。与表 11-5 类似的是，表 11-6 的估计结果显示，融资杠杆率与融资杠杆率虚拟变量均对小额贷款公司 ROE 有显著正向影响，整体而言，工具变量模型和处理效应模型估计的系数大于 OLS 模型估计系数，尤其是在处理效应模型中，突破杠杆率上限的小额贷款公司 ROE 平均高出约 14%。Cull 等（2011）同样发现接受审慎监管的小额信贷机构经营可持续性表现更好，其原因是接受审慎监管的小额信贷机构能够获得数量更多、成本更低的放贷资金（如吸收公众存款）。表 11-6、表 11-7 的结论与 Cull 等（2011）也是一致的，但是令人费解的是，融资杠杆率越高的小额贷款公司，其平均贷款规模相对较小且发放更多农村贷款，为什

么能够获得更高的可持续性？本章认为其理论机制可能是融资杠杆率越高的小额贷款公司，其可放贷资金规模越大，促进平均经营成本降低进而实现规模经济，抵消覆盖率提高导致交易成本增加的不利影响。

表 11 - 6　融资杠杆率对小额贷款公司可持续性的影响（ROA）

	被解释变量：资产收益率 roa					
	OLS	OLS	IV - 2sls	IV - 2sls	Treatment Effects	Treatment Effects
leverage	0.011 ***	—	0.055 ***	0.038 ***	—	—
	(0.003)		(0.017)	(0.013)		
ldummy	—	0.001	—	—	0.020 ***	0.0203 ***
		(0.002)			(0.003)	(0.00331)
als	- 0.000	- 0.000	0.000	0.000	0.000	0.000
	(0.000)	(0.000)	(0.000)	(0.000)	(0.000)	(0.000)
age	- 0.002 **	- 0.002	- 0.005 ***	- 0.004 ***	- 0.001	- 0.001
	(0.001)	(0.001)	(0.002)	(0.001)	(0.001)	(0.001)
scale	0.002	0.003 **	- 0.001	- 0.000	0.002	0.0012
	(0.001)	(0.001)	(0.002)	(0.002)	(0.001)	(0.001)
rating	0.000	0.000	0.000	0.000	0.000	0.000
	(0.000)	(0.000)	(0.000)	(0.000)	(0.000)	(0.000)
los	0.002	0.003	- 0.003	- 0.001	0.005	0.005
	(0.005)	(0.005)	(0.006)	(0.006)	(0.005)	(0.005)
fer	- 0.217 ***	- 0.165 ***	- 0.435 ***	- 0.352 ***	- 0.190 ***	- 0.190 ***
	(0.059)	(0.057)	(0.105)	(0.090)	(0.051)	(0.051)
margin	0.656 ***	0.662 ***	0.638 ***	0.645 ***	0.647 ***	0.648 ***
	(0.014)	(0.014)	(0.018)	(0.016)	(0.015)	(0.015)
branchper	- 0.000	- 0.000	- 0.000	- 0.000	- 0.000	- 0.000
	(0.000)	(0.000)	(0.000)	(0.000)	(0.000)	(0.000)
east	- 0.005 **	- 0.005 **	- 0.009 ***	- 0.008 ***	- 0.005 **	- 0.006 ***
	(0.002)	(0.002)	(0.003)	(0.002)	(0.002)	(0.002)
middle	- 0.006 ***	- 0.005 **	- 0.013 ***	- 0.010 ***	- 0.006 ***	- 0.006 ***
	(0.002)	(0.002)	(0.003)	(0.003)	(0.002)	(0.002)
常数项	- 0.028	- 0.041 *	0.035	0.011	- 0.027	- 0.027
	(0.022)	(0.022)	(0.035)	(0.030)	(0.022)	(0.022)

续表

	被解释变量：资产收益率 roa					
	OLS	OLS	IV – 2sls	IV – 2sls	Treatment Effects	Treatment Effects
R^2	0.879	0.877	—	—	—	—
Prob > Chi^2	—	—	—	—	0.0000	0.0000
Prob > F	0.0000	0.0000	0.0000	0.0000	—	—
LR test of independent equations：Prob > Chi^2					0.0000	0.0000
Anderson LR Chi^2 P – val	—	—	0.0000	0.0000		
Hausman P – val	—	—	0.0010	0.0231	—	—
Instrument	—	—	lp2010	lp2010、m2010	lp2010	lp2010、m2010
Obs.	398	403	398	398	403	403

注：括号中报告了变量标准误，＊＊＊、＊＊和＊分别表示在1%、5%和10%的统计性水平上显著。

表11－7 融资杠杆率与小额贷款公司可持续性（ROE）

	被解释变量：资本收益率 roe					
	OLS	OLS	IV – 2sls	IV – 2sls	Treatment Effects	Treatment Effects
leverage	0.050 ＊＊＊ (0.005)	—	0.136 ＊＊＊ (0.025)	0.104 ＊＊＊ (0.019)	—	—
ldummy	—	0.015 ＊＊＊ (0.003)	—	—	0.038 ＊＊＊ (0.005)	0.038 ＊＊＊ (0.005)
als	− 0.000 (0.000)	− 0.000 (0.000)	0.000 (0.000)	0.000 (0.000)	− 0.000 (0.000)	− 0.000 (0.000)
age	− 0.004 ＊＊＊ (0.001)	− 0.002 (0.002)	− 0.009 ＊＊＊ (0.002)	− 0.007 ＊＊＊ (0.002)	− 0.001 (0.002)	− 0.001 (0.002)
scale	0.004 ＊＊ (0.002)	0.006 ＊＊＊ (0.002)	− 0.003 (0.003)	− 0.000 (0.002)	0.005 ＊＊＊ (0.002)	0.005 ＊＊＊ (0.002)
rating	0.000 (0.000)	0.000 (0.000)	− 0.000 (0.000)	− 0.000 (0.000)	0.000 (0.000)	0.000 (0.000)

续表

	被解释变量：资本收益率 roe					
	OLS	OLS	IV – 2sls	IV – 2sls	Treatment Effects	Treatment Effects
los	0.003	0.008	– 0.008	– 0.004	0.011	0.011
	(0.007)	(0.007)	(0.010)	(0.008)	(0.007)	(0.007)
fer	– 0.444***	– 0.239***	– 0.872***	– 0.711***	– 0.278***	– 0.279***
	(0.077)	(0.082)	(0.161)	(0.127)	(0.076)	(0.076)
margin	0.762***	0.787***	0.726***	0.740***	0.781***	0.781***
	(0.019)	(0.021)	(0.028)	(0.023)	(0.021)	(0.021)
branchper	0.000	0.000	0.000	0.000	0.000	0.0003
	(0.001)	(0.001)	(0.001)	(0.001)	(0.001)	(0.001)
east	– 0.005*	– 0.002	– 0.011***	– 0.009**	– 0.004	– 0.004
	(0.003)	(0.003)	(0.004)	(0.003)	(0.003)	(0.003)
middle	– 0.006**	0.000	– 0.019***	– 0.014***	– 0.001	– 0.001
	(0.003)	(0.003)	(0.005)	(0.004)	(0.003)	(0.003)
常数项	– 0.063**	– 0.114***	0.059	0.013	– 0.101***	– 0.100***
	(0.029)	(0.032)	(0.053)	(0.042)	(0.031)	(0.031)
R^2	0.869	0.837	—	—	—	—
Prob > Chi^2	—	—	—	—	0.0000	0.0000
Prob > F	0.0000	0.0000	0.0000	0.0000	—	—
LR test of independent equations：Prob > Chi^2	—	—	—	—	0.0001	0.0001
Anderson LR Chi^2 P – val	—	—	0.0000	0.0000	—	—
Hausman P – val	—	—	0.0000	0.0006	—	—
Instrument	—	—	lp2010	lp2010、 m2010	lp2010	lp2010、 m2010
Obs.	398	403	398	398	403	403

注：括号中报告了变量标准误，***、**和*分别表示在1%、5%和10%的统计性水平上显著。

为检验小额贷款公司在面临融资杠杆约束时是否会在"覆盖率—可持续性"之间进行权衡，本章在可持续性模型中加入覆盖率变量。理论而言，向数量较少的客户发放大额贷款比向数量较多的客户发放小额贷款更具效率，即平均贷款规模越大，可持续性表现越好。但是表 11－5、表 11－6 的结果却显示，平均贷款规模对 ROA 和 ROE 的影响均不显著，且作用方向也不稳定，这意味着平均贷款规模较大的小额贷款公司盈利表现不一定更好，本章认为，这同样可能与融资杠杆受限时无法实现有效的规模经济有关，即相比于增加平均贷款规模带来的成本节约，融资杠杆增加带来的规模经济对可持续影响更大。

三、进一步的检验：小额贷款公司融资杠杆率与风险行为

小额信贷机构监管存在"监管者困境"：对小额信贷机构实施审慎监管有助于降低风险并增强其动员储蓄的能力，但是伴随而来的监管成本也可能会导致小额信贷机构在"覆盖面—可持续性"之间进行权衡（Cull 等，2009）。目前，我国对小额贷款公司虽然未遵循审慎监管原则，但本质上属于以融资杠杆监管为核心的"类审慎监管"，其目的是控制小额贷款公司风险，尤其是将其风险与正规银行体系隔离。那么，从监管的角度来看，对小额贷款公司的融资杠杆监管是否真正有利于降低其风险？因此，本章进一步检验小额贷款公司融资杠杆率与其风险行为之间的关系。由于只有少数小额贷款公司公布不良贷款率数据，本章使用贷款集中度衡量小额贷款公司的风险行为[①]。实际上，贷款集中度风险是银行机构发生危机的最主要原因之一（巴曙松和陈剑，2010），能够间接反映潜在风险水平。

从表 11－8 的回归结果来看，所有模型中融资杠杆率和融资杠杆率虚拟变量均显著为负，表明融资杠杆率较低的小额贷款公司更有可能出现贷款过度集中的风险。相比于 OLS 估计，工具变量模型和处理效应模型估计结果中变量方向和显著性均保持一致，差别主要在于估计系数发生变化。例如，处理效应模型结果显示，突破融资杠杆率上限规定的小额贷款公司，其贷款集中度平均下降 33.6% ～ 41.4%，这意味着，监管部门旨在降低和隔离小额贷款公司风险而对其实施融资杠杆率限制，却使得小额贷款公司更倾向于通过提高贷款集中度等高风险行为降低成本和追逐利润，最终的结果是导致其面临更大的潜在风险和不确定性。这一结论与国际范围内"监管者困境"的文献研究结论都存在较大的差异，当前我国对小额贷款公司监管不存在所谓的"监管者困境"，因为对于追求利润最大化的小额贷款公司而言，融资杠杆限制政策并不具有引导其降低风险行为的作用，反而导致其更加偏好于冒险。

---

① "23 号文"规定单笔贷款余额不得超过小额贷款公司资本净额的 5%，因此，前十大客户贷款总额占比应当不超过 50%。但是，20.35% 的样本小额贷款公司前十大客户贷款总额占比超过其资本净额的 50%。

表 11 - 8　融资杠杆率与小额贷款公司风险行为（LC10）

	被解释变量：贷款集中度 LC10					
	OLS	OLS	IV - 2sls	IV - 2sls	Treatment Effects	Treatment Effects
leverage	-0.174*** (0.051)	—	-0.364** (0.173)	-0.541*** (0.169)	—	—
ldummy	—	-0.061* (0.036)	—	—	-0.317*** (0.073)	-0.331*** (0.070)
age	-0.027 (0.017)	-0.040** (0.016)	-0.012 (0.021)	0.003 (0.022)	-0.042*** (0.016)	-0.042*** (0.016)
scale	-0.007 (0.019)	-0.019 (0.019)	0.008 (0.023)	0.021 (0.024)	-0.015 (0.019)	-0.014 (0.019)
rating	-0.002** (0.001)	-0.002*** (0.001)	-0.002** (0.001)	-0.002* (0.001)	-0.002*** (0.001)	-0.002*** (0.001)
los	-0.082 (0.079)	-0.125 (0.080)	-0.047 (0.086)	-0.014 (0.089)	-0.131* (0.078)	-0.131* (0.078)
oer	-0.130 (0.293)	-0.181 (0.296)	-0.113 (0.295)	-0.096 (0.309)	-0.222 (0.297)	-0.226 (0.297)
margin	-0.213 (0.215)	-0.253 (0.219)	-0.187 (0.217)	-0.162 (0.227)	-0.220 (0.216)	-0.212 (0.217)
branchper	-0.001 (0.006)	-0.002 (0.006)	-0.000 (0.006)	0.000 (0.006)	-0.003 (0.006)	-0.004 (0.006)
east	-0.096*** (0.032)	-0.103*** (0.032)	-0.072* (0.039)	-0.050 (0.039)	-0.085*** (0.032)	-0.090*** (0.033)
middle	-0.021 (0.029)	-0.036 (0.029)	0.007 (0.038)	0.032 (0.038)	-0.032 (0.028)	-0.034 (0.028)
常数项	0.723** (0.340)	0.974*** (0.337)	0.425 (0.429)	0.148 (0.437)	0.933*** (0.335)	0.934*** (0.335)
R^2	0.143	0.124	—	—	—	—
Prob > Chi^2	—	—	—	—	0.0000	0.0000
Prob > F	0.0000	0.0000	0.0000	0.0000	—	—
LR test of independent equations：Prob > Chi^2	—	—	—	—	0.0191	0.0180

	被解释变量：贷款集中度 LC10					
	OLS	OLS	IV－2sls	IV－2sls	Treatment Effects	Treatment Effects
Anderson LR Chi^2 P－val	—	—	0.0000	0.0000	—	—
Hausman P－val	—	—	0.2428	0.0146	—	—
Instrument	—	—	lp2010	lp2010、m2010	lp2010	lp2010、m2010
Obs.	396	401	396	396	401	401

注：括号中报告了变量标准误，＊＊＊、＊＊和＊分别表示在1%、5%和10%的统计性水平上显著。

第六节　本章小结

中国自 2005 年试点以民间资本为主要投资者、"只贷不存"的小额贷款公司，并首次采用"中央—地方"分层监管体制。中央政府规定小额贷款公司融资杠杆率上限，部分省级政府突破这一上限，而部分省份却因受到间接监管导致融资杠杆率接近为 0。本章基于 2011 年全国 457 家小额贷款公司样本数据，实证检验融资杠杆监管对小额贷款公司覆盖率、可持续性和风险行为的影响，将金融分层监管改革视作"准自然实验"以控制融资杠杆率潜在的内生性。研究发现，在当前融资杠杆监管政策下，不存在"覆盖率—可持续性"目标权衡。融资杠杆率越低和未突破融资杠杆率上限的小额贷款公司，平均贷款规模显著较大，农村贷款比例显著较低，经营可持续性和利润亦显著较低，表明融资杠杆监管政策既降低覆盖率，也损害可持续性目标。由于融资杠杆受限，小额贷款公司倾向于通过提高贷款集中度等方式追求盈利，可能会引致较大的潜在风险。

第十二章 信息化趋势下普惠金融发展的创新实践

第一节 运用现代信息通信技术推动农村金融普惠
——以江苏东海农商行为例

一、江苏东海及东海农商行基本情况介绍

东海为江苏连云港市下辖县，位于江苏东北部，全县总面积 2037 平方千米。2017 年全县实现地区生产总值约 480 亿元，比上年增长 7.6%，位列全国中小城市投资潜力百强县第 32 位。江苏东海是闻名中外的"水晶之都"，水晶储量约 30 万吨，存储量占全国 70% 以上，硅含量高达 99.99%，储量和质量均居全国之首。经过 30 多年的快速发展，江苏东海现已成为世界最大的水晶交易集散地。

江苏东海农村商业银行股份有限公司目前下辖 1 个营业部、30 个支行共计 31 个营业网点，服务网点遍布全县乡镇。截止到 2018 年 6 月末，江苏东海农商行各项存款余额 110.44 亿元，较年初增幅 11.91%；各项贷款余额 76.61 亿元，较年初增幅 9.95%；实现利润总额 1.08 亿元，同比增长 2515 万元，实现净利润 1.03 亿元，同比增加 4088 万元。面对 2017 年复杂严峻的宏观经济形势和持续加大的经济下行压力，江苏东海农商银行仍实现了稳健发展，存贷款余额均位居全县金融机构首位，盈利水平稳步提高，抗风险能力也不断增强。作为服务江苏东海经济社会的地方性金融机构，江苏东海农商行积极响应国家政策，始终坚持"三农"市场定位，支农支小方针不动摇，注重利用现代信息通信技术来推动县域金融普惠，在拓宽金融服务的覆盖面的同时降低各类金融成本。

二、信息通信技术促进农村金融普惠的途径

（一）江苏东海农商行无网点银行实践

江苏东海农商行最早于 2011 年开始，通过运用移动互联技术在全县各乡镇、行政村的超市、便利店、农资连锁店等特约商户安放电话支付终端，建立"金融便民服务点",农户只需持有江苏农信圆鼎银行卡或江苏农信存折,足不出村即可办理取现、转账、消费、查询等业务。截止到 2016 年底,江苏东海农商行已在全县发展特约商户 548 户,2016 年全年共受理账务性交易 77.91 万笔,交易金额 7.73 亿元;2017 年上半年共受理账务性交易 42.34 万笔,交易金额 6.19 亿元。金融便民服务点的建立,有效缓解了农村结算渠道不足的问题,在一定程度上填补了一些银行机构撤离农村留下的服务空白,将金融服务送到农户家门口,改善了农村金融服务"最后一公里"问题,让农户足不出村,就可享受到便捷的金融服务。

长期以来,广大农户逐渐养成了一种特殊的消费习惯,认为只有将存折上的每一笔交易明细打印出来,才更加安全可靠。基于此种现状,近年来江苏东海农商行开始尝试为金融便民服务点配备多媒体自助查询终端,在电话支付终端原先基础功能之上又新增交易明细查询、存折补登、卡内定活互转等功能,进一步满足了广大农户的多元化需求。截止到 2017 年 6 月底,江苏东海农商行已累计配备 19 台多媒体自助查询终端。

此外,从 2017 年初开始,江苏东海农商行尝试在村级经济发展状况比较好的地区设立自助服务区,持有江苏农信银行卡或有银联标志银行卡的客户可自助办理存取款、转账、缴费、查询、无卡预约等业务。自助服务区 7×24 小时提供服务,突破了金融便民服务点在服务时间上的缺陷,操作自主性也更强,满足了急需获取到金融服务的那部分客户的需求。目前,江苏东海农商行已相继建成并投入使用 13 家村级自助网点,服务覆盖范围也更加广泛,使原先许多可能由于时间、地理因素而被排除在金融服务范围之外的那部分客户能够平等、高效、便捷地获取到金融服务。

(二)江苏东海农商行电子银行的开展

近年来,商业银行经营发展面临着诸多挑战,发展前景广阔的电子平台是整合银行资源、满足客户多元化需求的一种有效途径。当前,绝大多数银行都认识到电子银行业务对银行发展的战略价值,将发展电子银行业务提高到了一个新的战略高度。

江苏东海农商行运用 ICT 技术,加大力度更新并发展电子银行业务。截止到 2016 年末,江苏东海农商行累计拓展电子银行客户 20.78 万户,较年初增加 12.43 万户,累计发生电子银行业务交易 965.48 万笔。其中第三方支付数量最多,共有 107031 户,占比 51%,较年初新增 71653 户,累计发生交易 173.11 万笔,交易金额 5.45 亿元;手机银行 33044 户,占比 16%,较年初新增 17992 户;网银 28431 户,占比 14%,较年初新增 9756 户;微信银行 39310 户,占比 19%,较年初新增 24816 户。电子银行柜面业务替代率逐年攀升,由 2015 年底的

62. 37%增长到2016年底的73. 67%，再到2017年6月底的76. 28%。如图12－1和图12－2所示。

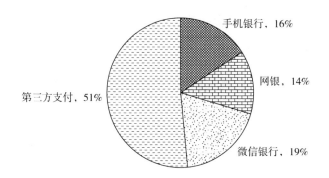

图 12－1 截止到 2016 年底江苏东海农商行电子银行客户数

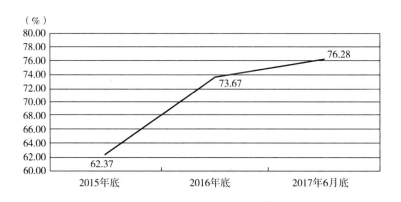

图 12－2 江苏东海农商行电子银行柜面业务替代率变化趋势

三、江苏东海农商行数字普惠成效

（一）扩大金融服务的覆盖范围

江苏东海农商行通过建立"金融便民服务点"，有效缓解了农村金融服务"最后一公里"问题。目前与江苏东海农商行合作的特约商户有 548 户，服务范围已覆盖全县 346 个行政村。金融便民服务点的村级全覆盖，使农户节省大量交易成本、机会成本，足不出村即可办理传统物理网点的基础业务。同时，江苏东海农商行始终重视加强电子银行建设，通过移动互联技术打通农村金融的"最后一公里"，将客户拥挤、成本较高的柜面服务，转移到方便高效、成本低廉的电子渠道上来。与以往"金融便民服务点"办理业务的方式不同，个人只需拥有可以联网的电脑甚至一台手机，足不出户即可快速、便捷地享受到农商行所提供的金融服务，完全不再受到时间、地理等各方面的限制。目前，江苏东海农商行已发展电子银行存量客户22.3万人次。相比农商行以往仅在23个乡镇街道设立31个银行网点、103台ATM机而言，"金融便民服务点"以及电子银行的发展，使农商行的金融服务供给在时间和空间得到有效提升，服务覆盖范围大幅扩大，如表12-1所示。

表12-1　江苏东海农商行金融服务供给覆盖范围比较

方式	银行网点	ATM机	服务站	电子银行
数量	31	103	548	—
覆盖范围	23个乡镇、街道	23个乡镇、街道，建有两个村级自助服务区	346个行政村	存量客户22.3万人

（二）提升用户的满意度

江苏东海农商行"金融便民服务点"的建立，有效解决了原先偏远地区、农村地区受到正规金融服务排斥的农户有关城乡居保、粮食直补、伤残补贴、退伍补贴等多项财政补贴取款问题，除此之外，还可以在服务点办理取现、转账、消费、查询余额、电费代缴、他行卡收付款、新农保代缴、水费代缴等业务，有效整合了村镇银行、自助银行、社区银行的功能，农户可以享受远超其他单一银行自助设备、POS机取现等服务内容，而无须支付任何手续费，真正让当地农户享受到快捷方便、无风险、效率高的现代金融服务。同时，服务点也会定期组织活动向村民宣传和普及金融知识，把证券、理财、保险、金融政策等金融知识带到农村，切实提高广大农户的金融素养，获得了大家的一致好评。而江苏东海农商行通过电子银行所提供的离柜金融业务，功能则更加全面，具体包括资金管理功能、电子商务支付功能、收费缴费功能、金融理财功能、代理业务功能以及营销宣传功能，除取现、贷款等部分业务无法实现以外，其余传统物理网点的绝大多数功能均可通过可联网的电脑或手机来完成，操作起来十分方便、简单，使得用户满意度大大提升。

（三）降低农商行的运营成本

每个服务站都配备自动化设备，通过现代远程通信技术的充分利用，仅需特约商户中的一个店员即可实现传统农村服务网点的绝大多数功能。无论与建立传统物理网点还是新增ATM机相比，都在较大程度上节约了农商行的运营成本。同时，电子银行可以为客户提供标准化、综合化、批量化、程序化的产品服务，有利于农商行服务质量与效率的提高，节约运营成本，提升集约化经营管理水平，保证农商行的商业可持续性。

表 12 - 2 展示了江苏东海农商行分别利用银行网点、ATM 机、金融便民服务点以及网上银行提供金融服务时的成本收益情况。新设一个银行网点不仅需要巨额的前期投入，包括基建费、安保费、办公家具费、科技线路设备费等，还需每年固定支付一大笔通信费、场地租赁费、人工费。新设一处银行网点的总成本高达 700 多万元，网点每笔交易可收益 34.29 元，以网点平均持续经营 5 年来计算，一处银行网点每天至少需完成 120 笔交易才能实现每日的盈亏平衡。与开设银行网点相比，增设 ATM 机前期投入成本以及每年固定支出都大幅减少。一台 ATM 机平均使用年限 5 年，总成本约 117 万，按每笔交易收益 3.48 元来计算，一台 ATM 机至少需完成 180 笔左右交易才能实现每日的盈亏平衡。由此可见，虽然 ATM 机的投入成本较网点而言相对较少，但是每笔交易收益却较低，综合起来需要更高的交易频次来实现盈亏平衡。但对于农村地区尤其是贫穷、偏远地区来说，无论是开设网点还是增设 ATM 机，日均 100 多笔的交易量都是很难达成的。在成本过高，利润微薄的状况下，农商行自然不会过多通过这两种方式来增加对农村金融服务的供给。

表 12 - 2　江苏东海农商行金融服务供给成本—收益比较

方式	银行网点	ATM 机	服务站	网上银行
前期投入成本：				
基建费	100 万 ~ 140 万元/处	10 万元/台	—	—
安保费	40 万元/处	10 万元/台	—	—
办公家具费	10 万元/处	—	—	—
科技线路、设备	10 万元/处	12 万元/台	0.05 万元/台	—
每年固定支付：				
通信费用	10 万元/处/年	2 万元/台/年	0.2 元/笔	—
场地租赁费用	1 万 ~ 9 万元/处/年	5 万元/台/年	0	—
人工费用	100 万元/年	10 万元/年	0.6 元/笔	—
网银动态令牌工本费	—	—	—	0.003 元/笔
总成本	715 万 ~ 795 万元	117 万元	0.05 万元	
平均使用年限	5 年	5 年	3 年	
平均每笔交易收益	34.29 元/笔	3.48 元/笔	1.2 元/笔	
盈亏平衡的日均最低要求	114 ~ 127 笔	184 笔	3 笔	

相比之下，江苏东海农商行通过信息通信技术的运用开发新的设备终端，建立"金融便民服务点"的运营成本就微乎其微了。一方面，由于服务站建设在

当地特约商户门店内，从前期投入成本角度考虑，并不存在额外的基建费、安保费、办公家具费等，而科技线路、设备费也相对较低，机具每台仅需500元；另一方面，从固定支付角度考虑，仅需为每笔交易支付0.2元的通信费用以及0.6元的商户人工补贴费。每台机具的平均使用年限为3年，以江苏东海548家服务站，平均年交易笔数80万笔，每笔交易收益1.2元来计算，建立一家服务站日均交易笔数仅需要3笔即可实现每日的盈亏平衡。

对于电子银行业务而言，虽然用于机房建设及维护、网点终端设备维护、应用系统及厂商服务、服务器采购及维护、IT团体管理维护等的投入是巨大的、难以估量的，但是电子银行一旦建成并投入使用，也会产生巨大的规模效应。江苏东海农商行电子银行业务的发展，可以使该行客户不受时间、空间的限制，享受到方便、高效、快捷和可靠的全方位服务，同时农商行的运营成本也会大幅度降低，可以通过移动互联的方式有效扩大金融服务的供给。

（四）深耕农村金融市场，增强客户稳定性

目前，各大商业银行纷纷加大跨区域经营的力度，战略目标加速下沉以抢占农村金融资源，尤其体现在异常激烈的客户争夺战上。对于服务于农村金融市场的江苏东海农商行而言，过去单单依赖存贷利差获取利润的盈利模式、依靠资产拉动的存款组织方式难以持续下去，而只有通过对现代通信技术的加以使用，深化普惠金融内涵，扩大金融服务覆盖范围和深度，才能使江苏东海农商行有效应对来自各大商业银行的挑战。具体说来，近年来，548个"金融便民服务点"的不断建立，346个行政村金融服务的全覆盖，既为广大农户带来金融服务便利的同时，也为农商行在日趋激烈的农村金融市场竞争中找到了新的利润增长点。从另一角度说，这也成为农商行牢牢抓住农村金融市场的重要手段之一。近年来，江苏东海农商行电子银行的快速发展，将有利于增强客户黏性，有效提高潜在竞争者的准入门槛，保持核心竞争力。因为客户一旦熟悉并习惯使用农商行电子操作界面，将会形成较强的路径依赖，使得客户转向而使用其他银行的电子银行的机会成本成倍增加。根据美洲银行的一份研究报告，对于一家商业银行而言，只拥有活期存款账户的客户，50%的客户会在1~2年内离开，只拥有定期、活期存款账户的客户，30%会离开，而同时拥有定期、活期和网银账户的客户，最终只有1%~2%的客户选择离开。

第二节　贷款保证保险促进金融普惠

贷款保证保险作为银保互动的一种形式，旨在通过金融机构将资金流向农村金融市场，尤其是帮助有资金需求但由于缺乏抵押品而面临信贷配给的新型农村经营主体，缓解其所受的融资约束。近年来，中央多次出台相关文件，支持农村金融市场引入银保互动机制来降低信贷风险，提高农户贷款的"可得性"。2009年，关于探索建立我国农村信贷和农业保险相结合的银保互动机制首次在中央一号文件中被明确提出；同年，浙江宁波最早开始了贷款保证保险的试点工作，由地方政府主导，各有关部门深入推进，并逐渐向周围省市扩展。2016年，中央一号文件进一步指明要加快建立起集农业补贴、涉农信贷、农产品期货和农业保险于一体的联动机制；截至当年2月，全国已有江苏、上海、山东、河北、重庆、广西等十多个省份相继启动了贷款保证保险业务的试点工作。在贷款保证保险业务的实行过程中，借款人通过保险公司购买相应的保险，同时将保单抵押给借贷机构进行贷款，一旦发生违约，将由保险公司按约定好的比例代为偿付本金和利息。后期，当借款人有能力偿还所欠款项时，保险公司在收回的贷款中扣除已经支付的赔偿部分，再将余额交给借贷机构。在不考虑信贷及保险的成本时，贷款保证保险发挥了抵押品替代的作用，在贷款过程中将借款人可能存在的信用风险加以分散，从而增加农户应对风险的方式，缓解当前农村信贷配给问题。但是，较为复杂的借贷流程及额外的参保费用也可能在一定程度上抑制农户的贷款需求，关键问题是，贷款保证保险能否在实质上增加信贷机构的供给，调整农户的贷款条件进而缓解农户信贷配给？对农户的信贷配给产生的作用效果是否存在一定的差异？该模式近几年来实施效果到底如何？基于这一系列问题，本节将进行深入研究。首先分析引入贷款保证保险后其对农户所面临的信贷配给的影响；其次利用实地调研数据对农户所面临的信贷配给进行描述性分析；最后给出相应的结论。

一、贷款保证保险相关文献评述

目前，对于农户受到的信贷配给类型已有大量的相关研究，不同学者对配给形式也有不同的分类。Guirkinger 等（2008）将信贷配给分成以下五类：一是未借贷型价格配给；二是完全数量配给；三是部分数量配给；四是交易成本配给；五是风险配给。其中，价格配给和数量配给是最主要的两类，而交易成本和风险配给则主要是需求方造成的。风险配给是指借贷方为了避免抵押品丧失而自动退出信贷市场的信贷配给模式。刘洪武（2006）通过在贵州的相关调研提出，贷款机构的高利息与农户家庭的低收入间存在矛盾，使农民不敢贷款，这也是造成信贷行业得不到有效发展的重要原因。刘西川和程恩江（2009）通过对内蒙古、山西、河南境内的贫困县进行调查得出，农民普遍认为贷款程序比较烦琐，而且成本较高，因而就放弃了借款。朱喜和李子奈（2006）将数量配给以及服务配给进行了区分，并且明确指出了造成农村信贷配给得不到有效缓解的原因是政府过多地干预了信贷工作，以及信贷机构和农村借贷人之间的信息不对称。

对于贷款保证保险的运行效果，部分学者认为其能够提升农户的信贷的可得性、缓解农户受到的信贷配给，降低借款人的成本。巴曙松和游春（2015）通过总结发达国家经验，认为贷款者可以运用不同形式的贷款保险来降低风险，进而提升信用水平以及融资能力，除此之外还能解决信息不对等的问题。谢玉梅等（2015）分析了安徽长丰以特色经济作物草莓为试点对象的基于综合险的银保合作信贷产品，认为这一模式有效缓解了保险市场和农村金融市场对农户的双重约束，扩大了金融供给与需求，实现了银行、保险公司和农户三方共赢的目标。刘祚祥和黄权国（2012）建立了修正的 S－W 模型，并在模型中引入农业保险，论证了贷款人的信息生产能力与贷款利率之间的关系，并且通过实证表明，农业保险对农村信贷规模有着显著的提升作用，减少了农村的信贷配给，在降低借贷人信贷风险的同时增加了贷款人的收益。

二、贷款保证保险缓解信贷配给的作用机制

（一）信贷配给的成因及其分类

根据已有研究，农户的借贷行为受到融资约束条件的显著影响。Stiglitz 和 Weiss（1981）关于造成信贷配给的成因最经典的研究指出，信贷配给是由信息不对称所导致的逆向选择及道德风险所产生的。换言之，正规金融机构提升利率会导致风险较低的"优质"借款者离开借贷市场，或是促使其选取风险更高的项目，这就会增加正规金融机构的放贷风险。为了降低因提高利率带来的信贷风险，正规金融机构会在高利率水平上拒绝或部分拒绝贷款要求，这也直接导致了数量和部分数量信贷配给。除了受到供给方的数量配给，农户因自身需求而产生的信贷配给近年来也逐渐被学术界证实，这种配给是指当农户有名义信贷需求，并且若其申请贷款能够得到相应的信贷供给，但农户的有效信贷需求却小于名义信贷需求甚至为零（Mushinski，1999）。其中农户可以获得生产性贷款却不对其进行申请的主要原因包含两个方面：一方面是交易成本配给，指由于借贷工作手续繁杂、交易成本相对较高而不去申请；另一方面是风险配给，指农户由于担心无法保证履行约定而丧失抵押物品，因此不去申请贷款。据此，可将信贷配给分成以下五类：价格配给、完全数量配给、部分数量配给、风险配给和交易成本配给，其分类机制如下（黄惠春等，2015）：

假定农户 i 的名义信贷需求为 D_i^N，有效信贷需求为 D_i^E，正规金融机构依据相关规定为农户 i 提供的最大贷款数额为 S_i。若 $D_i^E = D_i^N \leq S_i$，则为价格配给，其中，$D_i^E > 0$ 为借贷型价格配给；$D_i^E = 0$ 为非借贷型价格配给。在这两种情况下，农户 i 的借贷需求全部被满足，也就是说他并没有受到融资约束。若 $S_i < D_i^E \leq D_i^N$，则代表此农户在信贷过程中存在数量配给，其中，$S_i = 0$ 为完全数量配给；

$S_i > 0$ 为部分数量配给。若 $D_i^E < D_i^N$ 且 $D_i^E \leqslant S_i$，表示此农户存在由需求方导致的信贷配给。其中如果农户由于贷款手续繁琐、交易成本过高等原因不愿意申请贷款，属于交易成本配给；而如果农户担心违约而失去抵押品等原因未申请贷款，则属于风险配给。

（二）贷款保证保险对农户信贷配给的影响

贷款保证保险缓解信贷配给的作用机制主要体现在缓解信息不对称、分散金融机构风险和资产资本化这三个方面。农村金融机构与城市金融机构在金融交易过程中面临的交易对象有所不同，农村金融机构面对的是大量分散的农户与农村的小微企业，这种空间和地理上的分散以及小规模经济组织的运作模式产生了信息结构上的差异，致使农村信贷市场中借贷双方存在严重的信息不对称；不仅如此，昂贵的信息成本，使信贷机构无法准确掌握借贷者实际使用贷款的情况（Stiglitz 和 Weiss，1981）。而贷款保证保险则允许信贷机构与保险公司之间进行信息分享，两者对相同个体有着不同方面的信息积累，信贷机构侧重于借款农户或企业的过往信用信息，而保险公司则更侧重于风险信息。通过信息的相互补充及印证，可以在一定程度上降低金融机构与农村经济组织之间的信息不对称，减少交易成本，提高交易效率。同时，保险公司利用"大数法则"可以将个人无法承担的风险，分散至全体共同承担。就贷款保证保险合约而言，一方面保险公司将个人无法还款的风险分散至全体借款人，另一方面则是将信贷机构承担的违约风险部分转移至保险公司，实现了风险在金融机构间的流动分配。

在现实经济活动中，保险合约不但能够将借贷主体的风险进行分散，而且能够通过合约安排赋予承保财产一定程度的抵押功能，实现资产的资本化，这是农村贷款保证保险机制的制度基础。我国农村借款人一直以来都无法提供满足金融机构需求的抵押物，一是农业作为弱质产业，农户收益较低，没有较丰厚的经济积累；二是即使有些资产可以抵押，但这些资产通常与农户的生产生活联系紧密，也没有相应的交易市场，违约执行困难（刘祚祥和黄权国，2012）。而贷款保证保险的合约中，保险公司对信贷进行了一定程度的保障，可以视作一种抵押品，解决了农户抵押财产不足的问题，使贷款人可以在更大范围内将具有高风险项目的借款人排除，进而增加农村信贷机构的收益。基于以上作用机制，贷款保证保险提高了信贷机构的借款意愿，缓解了农户因供给不足而受到的数量配给。贷款保证保险给农户借贷提供了一种新的抵押担保方式，降低了其因担心失去抵押物而受到的风险配给，也使部分因无抵押品或无担保而放弃申请贷款的有潜在需求的农户愿意去向金融机构申请借款，从而使一部分非正规信贷需求转变为正规信贷需求，进而减少了由于需求方面的原因而导致的配给。

三、再创新的建议：贷款保证保险实施路径

从江苏地区的试点情况来看，国家法律政策对银保互动所起到的推动作用尚不明显，试点中的贷款保证保险合约能够在一定程度上缓解农户的信贷配给情况，但其交易也面临较大的违约风险，很难发挥预期作用。因此，要推进贷款保证保险的试点，完善现有贷款保证保险制度，控制贷款保证保险风险，本小节根据分析结果给出以下几点建议：一是制定激励扶持政策。贷款保证保险归属于辅助融资类保险，在一定程度上对政府起到了助力作用，为其承担了部分社会管理职能，因此，政府也要积极利用激励扶持政策，支持贷款保证保险的发展，并为其发展奠定坚实的基础。二是设立风险叫停机制，控制贷款保证保险实施风险。尽管贷款保证保险大大降低了银行面临的违约风险，但这也有可能诱发银行的道德风险——为资信水平较低的贷款者申请贷款保证保险，因此合理的风险控制手段非常必要。当贷款不良率较高或显著上升时，应及时进行风险预警，并适度控制贷款保证保险的增幅。当贷款不良率上升到一定程度时，应及时叫停业务。三是引入再保险机制，利用市场机制降低风险。贷款保证保险在一定程度上增加了保险公司自身承担的风险，从而使得其承保能力下降，而农业产业的不确定性使得保险公司有必要降低风险。这时保险公司可以向再保险公司投保，从而增加保险公司自身的承保能力，利用市场机制促进贷款保证保险业务继续发展。

第三节　银保互联促进金融普惠

近年来，农村信贷市场和农业保险市场的合作与联动发展（以下简称银保互动）成为推动中国农村金融普惠的重要举措。从 2009 年的中央一号文件开始，随之银监会、保监会等纷纷提出需要建立和加强农业信贷和农业保险之间的互动机制，意在缓解我国农村信贷市场的"融资难"问题。从合约安排形式的角度来看，当前的信贷和保险合约都是分别提供给农户，银行和保险公司之间没有深层次的合作，农户进行借贷和购买保险的决策是独立的，保险赔付也由农户个人获得。Miranda 等（2012）、Carter 等（2016）提出了一种新型的银保互动形式，在这种形式下，农户在向银行申请贷款时，银行会和保险公司合作，如果农户申请的是银保互动产品，那么银行会将农户推荐给保险公司，由保险公司向其提供一份保单，并且当发生自然灾害时，保险赔付的第一受益人为银行，这一形式称为信贷联结型（Interlinked Credit）银保互动。目前，我国开展试点的银保互动项目还不多，但已有一些地区的形式类似于信贷联结型银保互动，如安徽长丰的"草莓专项贷款＋保险"，山东济南的"生猪价格指数保险＋银行贷款"等。

从已有研究来看，在银保互动中农业保险的存在不但能促进农户的生产技术投资行为（Hill 等，2012），稳定农户预期收入（Carter 等，2007；谢玉梅等，

2014），也可以使金融机构更精确考量和定义风险，完全或部分替代申请贷款时银行所要求的抵押物（Binswanger，1980；Mishra，1994；Shee，2012），从而提高金融机构的整体收益和放贷意愿，缓解信贷配给（Farrin 等，2015；顾银宽，2013；顾海峰，2015；谢玉梅等，2015；吴本健等，2013），而进一步深入分析银保互动对于不同类型信贷配给的影响及实证检验银保互动抵押替代作用的研究很少。根据 Boucher 等（2008，2009）的归类，信贷配给可以分为未借贷型价格配给、数量配给、风险配给和交易成本配给等形式，我国学者的研究也多沿用这样的分类方式（刘西川等，2009；王性玉等，2011；李庆海等，2012）。而在实践中正规金融机构在无法很好解决信息不对称的情况下，更加看重农户的经济特征所反映出的还贷能力（刘荣茂和陈丹临，2014），对于抵押担保的要求越来越高，不仅导致那些缺乏抵押物的人直接被拒绝贷款，即数量配给，同时也会出现农户担心失去抵押物而放弃贷款的情况，即风险配给。如果银保互动能真正发挥抵押替代的作用，农户受到的数量配给和风险配给应该能在一定程度上得到缓解。而未借贷型价格配给是指农户因利息过高而放弃贷款，交易成本配给则是农户认为贷款申请手续过于烦琐或其他成本太高而放弃贷款，这两种信贷配给的成因和抵押物关系较小，也就无法发挥农业保险的抵押替代作用。因此，本小节的研究目的是在信贷联结型银保互动的框架下探讨信贷配给中的数量配给和风险配给，分析在这一银保互动形式下农户的信贷配给能否真正得到缓解。

一、银保互联缓解信贷配给的理论分析

假设在生产周期开始前，农户面临贷款或者不贷款两种选择，并且其投资项目受到自身风险 δ_s 和系统风险 δ_c 的双重影响。在不贷款的情况下，农户的产出可以表示为：

$$y_{NL} = \delta g_{NL} \tag{12-1}$$

其中，$\delta = (\delta_s + \delta_c) \in (0, \delta)$。假设在这种情况下农户使用自有要素进行生产，则其收益 $\rho_{NL} = y_{NL}$。

如果选择贷款，农户的产出变为：

$$y_L = \delta g_L(K) \tag{12-2}$$

其中，K 为贷款的数量，同时贷款利率为 r，贷款人的抵押物要求为 χ，因此农户在贷款情况下的收益变为：

$$\rho_L = \begin{cases} y_L - (1+r)K = \delta g_L(K) - (1+r)K, & \delta > \tilde{\delta} \\ -\chi, & \delta \leqslant \tilde{\delta} \end{cases} \tag{12-3}$$

其中，$\bar{\delta} = \dfrac{(1+r)K - \chi}{g_L(K)}$，表示当发生这一风险的灾害时抵押物价值和产出刚好等于所要求偿还的贷款数。

由于在有贷款时农户能进一步地投资生产（如扩大生产规模或采用更为先进的技术），因此，假设有贷款时农户的期望收益大于无贷款时的期望收益，即 $E[NL] > [y_{NL}]$。在生产周期结束时，农户的可支配财富可表示为 $c_j = \rho_j + W + B$（$j = L$、NL），其中，W 为农户自有财富，B 为非农就业收入。因此在贷款的情况下，农户最低的可支配财富为 $\underline{c} = w + B - \chi$，而在无贷款情况下，最低的可支配财富为 $\underline{c}_{NL} = W + B$。

如图 12 - 3 所示，C_{NL} 表示在没有贷款情况下农户的可支配财富与风险之间的关系，其与纵坐标的截距为 $W + B$，即风险最大时，生产投资失败情况下的最低可支配财富；$C_L(h)$ 表示农户有贷款的情况，且此时贷款人的抵押物要求很高，导致其与纵坐标的截距 $\underline{c}$ 很小，从而可知两者之间的截距差为 χ。如果贷款人降低抵押物要求，$\underline{c}$ 则会上升，直至抵押物要求为 0 时，$\underline{c}(\chi = 0) = W + B$。

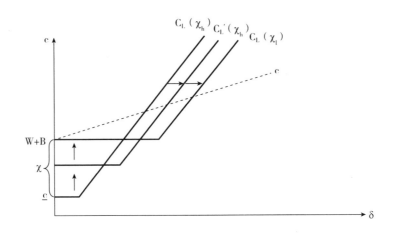

图 12 - 3　农户可支配财富与风险的关系

从图 12 - 3 可以看出，当贷款人的抵押物要求很高时，由于失去了抵押物，农户在发生自然灾害时的可支配财富极低，甚至可能会使农户陷入绝对贫困。为了避免这种情况的发生，农户会采取不贷款的行为，也可以理解为是一种"自我保险"机制，从而导致其即使有资金需求，仍然因为风险和担心失去抵押物而放弃贷款，从而产生风险配给。

假设农户参加了信贷联结型银保互动，其中的农业保险可以通过改变 δ 影响农户的风险结构。进一步假设信贷联结型银保互动会单独影响 δ_c 或同时影响 δ_c 和 δ_s，这取决于合约中的保险类型。δ 的改变，使农户在贷款情况下获得期望收益的概率更高，因此即使在抵押物要求较高的情况下，农户的最低可支配财富变为 $\underline{c}$ 的概率也会相应降低，也可以视为变相的抵押物要求降低。因此，$C_L(\chi_h)$

会逐渐上移至 $C'_L(\chi_h)$ 并不断趋近于 $C_L(\chi_l)$，原来那些缺少抵押物或是因抵押物要求过高而放弃贷款的农户会更倾向于申请贷款，也就降低了发生风险配给的可能。

同时，由于贷款人拥有对保险赔付的第一追偿权，这是一种稳定且可计算的补偿机制，因此在市场竞争且流动的前提下，贷款人对参保借款人提供贷款的可能大于非参保借款人，也就是说可以在一定程度上缓解数量配给。综合上述两种作用，信贷联结型银保互动可以发挥替代抵押物的作用，缓解农户的信贷配给。

而根据已有对银保互动的分类，还有一种分离型银保互动，这一形式下农户自行购买农业保险，且这一决策与是否贷款无关，因此，保险赔付的第一受益人为农户而非贷款人。在这种情况下，农户可能会将保险赔付优先用于其他途径而不是偿还贷款，这一事后的道德风险行为使贷款人仍会要求较高的抵押物价值，农户仍会面临失去抵押物的风险，因而并不能缓解信贷配给。

二、政策建议

信贷联结型银保互动可以有效替代抵押物，从而缓解农户的信贷配给，促进金融普惠。根据上述结论，本小节提出以下两点建议：

第一，进一步加强农业保险市场与农村信贷市场之间的合作与互动。虽然信贷联结型银保互动在一定程度上缓解了农户的信贷配给，但是目前两个市场之间的联系并不强，农业保险本身的高风险性抑制了商业资本的进入。因此，对于政府来说，应该做好牵头者的角色组织更多的金融机构进入这一市场，建立政银保联动平台为银行和保险公司提供交流与合作的机会，同时，适当加大政策扶持的力度，如对开展银保互动的银行和保险公司进行奖励或是经营费用补贴，为银保互动项目建立风险补偿机制，提高金融机构的积极性，为开展更多的信贷联结型银保互动项目创造基础性条件。

第二，针对不同规模的农业经营主体设计相应的银保互动项目。信贷联结型银保互动对小农户和规模农户的不同信贷配给缓解效果不同，因此对金融市场的供给者来说，需要因地制宜地设计和开展银保互动项目，如为农户提供和设置侧重点不同的合同条款：对于小农户着重突出银保互动的风险管理作用，保障其在发生自然灾害后仍能偿还贷款，因此可以适当提高保险的保障水平；而对于规模农户则需要突出银保互动满足流动性的作用，在把控风险的前提下保证其能获得贷款，从而有足够的资金进行生产经营，因此，可以适当放宽贷款条件，降低抵押担保要求或给予部分的贷款利率优惠。

第四节　数字金融服务促进金融普惠

——以江苏省为例

在传统金融机构加大力度实践普惠金融的同时，数字金融通过使用信息技术、大数据技术和云计算等进一步拓展了普惠金融服务的广度与深度，"数字普惠金融"的理念逐渐推广并被全球所认可。

关于"数字普惠金融"，具有代表性的定义是 2016 年 G20 普惠金融全球合作伙伴（GPFI）报告提出的："泛指一切通过使用数字金融服务以促进普惠金融的行动。它包括运用数字技术为无法获得金融服务或缺乏金融服务的群体提供一系列正规金融服务，其所提供的金融服务能够满足他们的需求，并且是以负责任的、成本可负担的方式提供，同时对服务提供商而言是可持续的。"

本节将基于对数字普惠金融的需求方和供给方（主要是传统的金融机构）的调查，分析数字普惠金融发展过程中的个体差异以及县域差异，进而准确评价江苏数字普惠的发展程度。该部分我们运用各传统金融机构的调查数据从供给侧对江苏的数字普惠金融发展进行比较分析，发现江苏省数字普惠金融的发展趋势。

一、江苏家庭数字金融可得性现状

（一）江苏农村家庭的数字金融使用情况

1. 农户家庭数字支付结算方式情况

受传统的消费方式、消费观念影响，江苏农村家庭目前的消费支付仍然是以现金支付为主，占比达到 3/4，剩下的 1/4 中，借记卡支付占比为 9%，信用卡仅有 2%，而新兴的移动支付方式（如手机支付）在近两年迅速发展，占据 14%，仅次于现金支付，如图 12 - 4 所示。其中，微信支付和支付宝是江苏农户使用最多的第三方移动支付平台。微信支付主要伴随着微信这款社交软件在农村地区的推广和运用而兴起，通过微信好友之间的发红包、转账等行为完成支付和转账，其操作简单、使用快捷方便、与社交软件捆绑，传播性强。移动支付方式在农村地区的兴起不仅得益于移动互联网、智能手机和社交软件的普及，也要归功于阿里巴巴、京东、苏宁等几大电商平台近年来对农村市场的大力进军，这为移动支付方式提供了支付场景和环境。我们通过调研发现，江苏农村家庭中具有网购行为的比例逐年增加，这类家庭的网购行为成为他们使用支付宝、京东钱包等移动支付平台的原动力。

通过对 2017 年江苏农户的调研发现，与 2015 年相比，两年内江苏农户使用手机进行转账汇款（网上银行、手机银行、支付宝、微信）的比例迅速上升，有24%的农户表示其最常用的转账方式已变为使用手机。但相比较来看，手机银行、网上银行的比例仍处于较高水平。虽然近年来微信转账功能的出现使其在支付结算领域应用迅速增加，但其更多地体现在小额转账方面，而在涉及大额转账时，农户更倾向于使用手机银行或前往银行柜台办理。

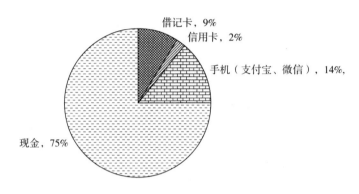

图 12 - 4   江苏农户家庭消费支付方式

2. 农户家庭银行数字金融服务使用情况

与电商金融、P2P 网贷平台为代表的数字金融相比，传统金融机构虽然在数字技术上的应用起步较晚，但基于其原有的线下网点布局，传统金融机构在推进我国农村地区金融普惠建设中具有显著的优势，近年来，江苏农村地区以银行为代表的传统金融机构一直在致力于推进金融服务的数字化，其通过 ATM、POS机、网上银行、手机银行等终端的建设，运用互联网和数字技术，发展自己的金融业务。通过课题组在 2015 年、2017 年对江苏农户的随机抽样调查，发现以传统金融机构为依托的手机银行和网上银行是发展农村数字普惠金融的重要力量。表 12 - 3 给出了 2015 年与 2017 年江苏农村各收入水平的家庭使用银行数字金融服务的情况。

表 12 - 3   江苏农村家庭银行数字金融服务使用情况　　　单位：次，%

银行服务使用	低收入	中低收入	中高收入	高收入	全省平均
2015 年家庭基本账户月平均使用次数	1.42	1.91	2.43	7.88	3.02
2017 年家庭基本账户月平均使用次数	3.89	3.8	6.1	11.12	6.72
2015 年通过手机银行等电子信息方式使用账户占比	6.37	11.85	11.96	13.01	10.86

银行服务使用	低收入	中低收入	中高收入	高收入	全省平均
2017 年通过手机银行等电子信息方式使用账户占比	15.63	35.71	51.85	51.02	39.33
2015 年网上银行使用率	3.62	5.41	8.74	17.35	7.85
2017 年网上银行使用率	7.14	19.05	31.48	34.69	24.33
2015 年手机银行使用率	2.18	4.87	3.88	14.29	5.75
2017 年手机银行使用率	10.7	23.81	35.19	40.82	29.33

资料来源：课题组在 2015 年、2017 年对江苏农户的随机抽样调查。

从时间序列上看，与 2015 年相比，农户家庭基本账户的月平均使用次数为 6.72 次，较 2015 年调查的 3.02 次提高了 1 倍，说明农村家庭生活质量不断提高的同时，银行卡的"一卡多用"功能也在增加，一个银行账户能满足家庭更多的日常需求。各个收入水平的农户家庭基本账户的月平均使用次数均有明显提高，低收入农户和中低收入农户提高得较为明显，说明金融服务的覆盖广度得以提高。与 2015 年相比，2017 年通过手机银行等电子信息方式访问基本账户的占比迅速提高，全省水平由 10.86% 上升至 39.33%，低收入农户和中低收入农户通过手机银行等电子信息方式访问基本账户的占比分别由 6.37% 和 11.85% 上升至 15.63% 和 35.71%，分别上升了 9.26% 和 23.86%。江苏农户 2017 年使用网银和手机银行的占比分别由 2015 年的 7.85% 和 5.75% 上升到了 24.33% 和 29.33%，增幅分别为 16.48% 和 23.58%。2017 年低收入农户和中低收入农户的网银使用率和手机银行使用率较 2015 年都得到了迅速提升，这和近两年来，农村各个银行迫于数字金融的压力，大力推广自己的网上银行和手机银行有关，说明江苏农村地区的数字普惠金融水平迅速提高，以银行为代表的传统金融机构，通过数字化手段，在江苏普惠金融的发展过程中起到了重要的作用。

通过 2017 年不同收入水平的农户的横向比较①，我们发现，收入越低的家庭，家庭基本账户的月平均使用次数、通过手机银行等电子信息方式使用账户占比、网上银行使用率和手机银行使用率都越低，农村低收入家庭和高收入家庭之间存在较大的差距，在 2017 年农户家庭基本账户的月平均使用次数上，中低收入及以下的家庭仅有 3.8 次，而高收入家庭达到 11.12 次；低收入家庭使用过手机银行的占比只有 15.63%，而中高收入以上家庭则超过了 50%；高收入农户的

---

① 基于样本分布与江苏农户收入水平的实际情况，此处将家庭可支配收入低于 3 万元的农户家庭划分为低收入水平，3 万~8 万元的划分为较低收入水平家庭，8 万~12 万元的划分为较高收入水平的家庭，12 万元以上的为高收入水平的家庭。

网银使用率和手机银行使用率分别达到了 34.69% 和 40.82%，而低收入农户只有 7.14% 和 10.7%。不同收入水平农户在金融账户和数字金融服务使用水平上存在的差异反映出了农户内部存在的信息鸿沟，在不同收入水平和知识水平的农村家庭普及数字化金融产品仍需要一个相对漫长的过程，这对未来数字普惠金融的拓展提出了很大的挑战。

此外有两个现象值得注意：一个现象是，2015 年各收入水平的农户的网银使用率普遍高于其手机银行使用率，但是 2017 年，各收入水平的农户的手机银行使用率均高于其网银使用率，这不仅与智能手机、移动互联网和网络宽带在江苏农村地区的普及息息相关，也说明了与依托互联网宽带的网银相比，依托移动网络和移动通信的手机银行在推广农村数字普惠金融方面更具有优势，因为其所要求的成本门槛、技术门槛和知识门槛都相对较低。另一个现象是，通过比较不同收入水平的农户的 2015 年和 2017 年各项指标的增幅发现，虽然与 2015 年相比，2017 年各收入水平的农户在各指标上都有明显增长，但是中高收入和高收入水平的农户的增幅要明显高于低收入和中低收入水平农户的增幅。这表明，与 2015 年相比，2017 年银行数字金融服务在各收入水平的农户里都有所普及，但是对中高收入的农户普及的程度更深，这与"普惠金融"更关注低收入农户的目标有所偏离。

3. 农户家庭数字金融产品使用情况

在此小节里，我们将数字金融产品分为网上支付、网上理财、网上保险、网上借贷四类，进一步分析江苏农村家庭数字金融产品的使用情况。

从表 12-4 的描述性统计可知，在四类数字金融产品中，体现基础支付结算功能的网上支付类产品的使用程度最高，其次为网上理财和网上保险，而网上借贷类产品的使用程度最低。从时间序列来看，2015~2017 年，数字金融产品在江苏农村地区得到不断发展，江苏农村家庭对于四类数字金融产品的使用均呈现出了明显的上升趋势，其中网上支付类产品使用率更是达到 48.67%，网上理财的使用率也从 0.58% 上升到了 7.33%。但是，网上保险和网上借贷的使用程度仍然很低，增幅很小，以网上借贷为例，2015 年农户网上借贷的使用程度仅为 0.19%，2017 年增长至 1.2%。以上这些数据表明，2015~2017 年，数字金融产品在江苏农村地区的普及主要停留在基础的支付结算类金融产品上，对于增加数字普金融的覆盖广度具有重大意义，但是对于数字金融产品的使用深度来说，网上借贷、网上保险等数字金融产品在农村金融市场的比例尚小且增长有限。支付结算类产品的推广极大提高了农村家庭获得金融服务的便利性，对农村普惠金融体系的建设具有重要作用。

（二）江苏城镇家庭的数字金融使用情况

与农村地区相比，城镇更具备发展数字金融的有利条件：人口稠密，商业活动频繁，应用场景日趋丰富，用户使用数字金融的机会较多，数字技术基础设施完备，移动通信业务发达，金融需求旺盛。本小节基于本课题组 2015 年以及 2017 年对江苏城镇居民的随机抽样调查数据，分析江苏城镇家庭数字金融使用情况。

表 12 – 4 2015 年、2017 年江苏农村家庭数字金融产品使用程度 单位：%

数字金融产品	农村家庭	
	2015 年	2017 年
网上支付	15.58	48.67
网上理财	0.58	7.33
网上保险	1.15	3.1
网上借贷	0.19	1.2

1. 城镇家庭数字支付结算方式情况

与农村家庭以现金支付为主的支付结算方式相比，高达 3/4（76%）的城镇家庭选择非现金支付（手机支付、借记卡或者信用卡支付），这与农村家庭 3/4 使用现金支付的情况恰好相反。高达 44% 的江苏城镇家庭在消费时选择使用手机支付（支付宝或微信支付），这一比例在苏南地区已经接近 50%。调研发现使用信用卡和手机支付的大多为同一类群体，他们年纪较轻且金融知识相对丰富，能熟练使用智能手机，对数字化产品的接受程度更高，各类移动支付的普及对信用卡的使用率造成了冲击。而部分年龄较大以及不能熟练使用智能手机的家庭依然习惯于传统的现金、借记卡支付，两者的占比分别为 26.11% 和 17.47%，如图 12 – 5 所示。

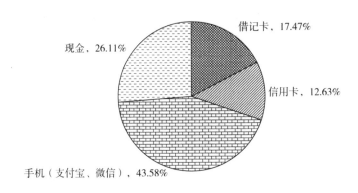

图 12 – 5 江苏城镇家庭消费支付方式

江苏城镇家庭使用手机支付的比例为43.58%，而农村家庭手机支付占比达14%，这一现状与《2017年移动支付用户调研报告》的结论相似：2017年，省会城市的移动支付用户占比为34.5%，用户数量排名第一；地级市移动支付用户占比为27.7%，排名第二；直辖市移动支付用户占比为21.5%，排名第三；县域地区移动支付用户占比为10.7%，排名第四；乡镇和农村地区占比分别为3.4%和2.2%。形成这一结果的原因有二：一是省会城市、直辖市、地级市人口稠密，商业活动频繁，应用场景较为丰富，用户有较多的机会使用移动支付；二是发达城市移动支付发展条件良好，移动基础设施完备，移动通信业务发达。

2. 城镇家庭银行数字服务使用情况

表12-5给出了苏南地区、苏中地区、苏北地区以及全省的城镇家庭银行数字金融服务的使用比率[1]。2017年，苏南地区城镇家庭的网上银行使用率和手机银行使用率都显著高于苏中地区和苏北地区，其中苏南地区城镇家庭的网上银行使用率分别高出苏中地区约14%，高出苏北地区8%，高于全省平均水平6%；苏南地区城镇家庭的手机银行使用率高于苏中地区约16%；高于苏北地区约4%，高于全省平均水平5%。这与苏南地区城镇家庭发达的经济水平、完善的信息化基础设施、移动通信水平、数字技术发展水平是相称的。但是，值得一提的是，苏北地区城镇家庭的网上银行使用率和手机银行使用率都明显高于苏中地区，尤其是手机银行的使用率，高于苏中地区约11%。这可能与苏北地区传统金融机构大力推广网上银行和手机银行的措施有关，同时苏北地区由于传统普惠金融发展较为落后，传统金融机构的网点布局没有苏中地区密集，有较为旺盛的金融需求通过银行的数字金融服务得到了满足。

表12-5　2017年江苏城镇家庭银行数字金融服务使用情况　　　单位：%

银行数字金融服务使用	苏南地区	苏中地区	苏北地区	全省平均
网上银行	64.95	50.89	56.38	58.95
手机银行	57.94	41.96	53.69	52.84

资料来源：课题组在2017年对江苏城镇居民的随机抽样调查。

3. 城镇家庭数字金融产品使用情况

在此小节里，我们将数字金融产品分为网上支付、网上理财、网上保险、网

---

[1] 该调查数据是基于课题组成员于暑期赴江苏苏南地区（南京、镇江、苏州、无锡、常州）、苏中地区（南通、扬州、泰州）、苏北地区（徐州、连云港、淮安、盐城、宿迁）的城镇及农户家庭开展的抽样入户调查。其中，样本城镇家庭分布于全省13市，发放并回收调查问卷505份，其中有效问卷485份，问卷有效率96.04%。

上借贷四类，对江苏城镇家庭数字金融产品的使用情况进行进一步分析。

通过表 12-6 的数据可知，在四类数字金融产品中，体现基础支付结算功能的网上支付类产品的使用程度依然是最高的，在 2015 年就已经达到了 76.94%，2017 年增长至 87.53%，其次为网上理财类产品，2015 年和 2017 年的使用率均约为 42%，基本持平，没有增长，而网上保险的使用程度由 2015 年的 8.22% 增长至 2017 年的 15.69%。网上借贷类产品的使用程度仍然是最低的，并由 2015 年的 4.79% 下降至 2017 年的 3.01%，实现了负增长。从时间序列来看，2015 年、2017 年，网上支付和网上保险产品在江苏城镇地区得到了进一步发展，这与数字技术的发展、移动支付的推广、数字金融的发展息息相关。但是，网上理财和网上信贷实现了负增长，这和近两年来政府不断出台规范数字金融发展的政策有关，使原本"井喷式"自由发展的互联网理财和互联网借贷平台得以规范，很多不规范的平台退出市场，近两年，有关数字金融平台不断跑路和倒闭的新闻频出，也导致了江苏城镇家庭的网上理财和网上借贷的使用程度下降。

表 12-6　2015 年、2017 年城镇家庭数字金融产品使用程度　　　　单位:%

数字金融产品	城镇家庭	
	2015 年	2017 年
网上支付	76.94	87.53
网上理财	42.03	41.93
网上保险	8.22	15.69
网上借贷	4.79	3.01

资料来源：课题组在 2015 年、2017 年对江苏城镇居民的随机抽样调查。

(三) 江苏城乡家庭的数字金融使用比较

从数字金融的使用深度和覆盖广度来说，城镇家庭和农村家庭的相同之处在于，2015 年、2017 年，网上支付类的数字金融产品的使用程度都是最高的，也是增长最快的，而网上借贷产品的使用程度都是最低的。这表明无论是农村还是城镇地区，数字金融产品的使用还停留在较为基础的支付结算类产品增加覆盖广度为主的阶段。但是，城镇家庭的网上理财产品的使用程度高达 41.93%，网上保险也达到了 15.69%，与农村家庭网上支付产品"一枝独秀"的格局相比，其数字金融的使用深度更深。无论是农村家庭还是城镇家庭，在数字金融的使用深度上，尤其是网上信贷的使用上，都有巨大的上升空间。

从城乡分布来看，城镇家庭对于各类产品的使用均高于农村家庭。虽然农村家庭在 2015 年、2017 年对各类数字金融产品的使用程度上都得到了迅速的发展，缩小了与城镇家庭的差距，但是截止到 2017 年，其相较于城镇家庭来说，仍有很大的差距，例如城镇家庭的网上支付使用程度在 2015 年就达到了 76.94%，而 2015 年农村家庭的网上支付只达到了 15.58%，差距巨大；网上理财产品，农村家庭 2015 年仅为 0.58%，几近乎 0，但是城镇家庭 2015 年的使用程度就高达了 42.03%。这些都表明，城镇家庭的数字金融产品使用起步早，使用程度更高，农村家庭数字金融产品的使用起步较晚，增速较快，潜力巨大，江苏城乡之间差距在缩小，但是仍有数字鸿沟和信息鸿沟存在，这也是未来通过信息通信技术向农村拓展金融服务面临的挑战，如表 12 - 7 所示。

表 12 -7　2015 年及 2017 年城乡家庭数字金融产品使用程度　　　　单位:%

数字金融产品	城镇家庭		农村家庭	
	2015 年	2017 年	2015 年	2017 年
网上支付	76. 94	87. 53	15. 58	48. 67
网上理财	42. 03	41. 93	0. 58	7. 33
网上保险	8. 22	15. 69	1. 15	3. 1
网上借贷	4. 79	3. 01	0. 19	1. 2

二、江苏县域数字金融可得性现状

整体而言，相比于城市地区，县域范围一直是普惠金融发展最为薄弱的环节，数字普惠金融也不例外。因此，本节将从县域①的传统的金融机构角度，分析江苏数字普惠金融发展的情况。

在本小节中，我们采用"电子银行人均开通账户数"和"电子银行人均活动账户数"两个指标来衡量江苏 50 个县域数字金融的发展现状。此处的"电子银行"指"各银行通过面向社会公众开放的通信通道或者开放型公众网络以及为特定自助服务设施或客户建立的专用网络等方式，向客户提供的离柜金融服务。主要包括网上银行、电话银行、手机银行、自助银行以及其他离柜业务"。

2014 年，苏南县域电子银行人均开通账户数达 2.20 个，然而人均活动账户数仅 0.89 个；苏中县域电子银行人均开通账户数和活动账户数依次为 0.83 个和 0.40 个，苏北县域分别为 0.47 个和 0.22 个，活动账户数约为开通账户数的一半，且越是经济欠发达地区，活动账户数越低。

截止到 2016 年底，苏南县域电子银行人均开通账户数达 1.55 个，然而人均

① 县域包括以下 50 个县：金坛、溧阳、武进、洪泽、金湖、涟水、盱眙、东海、赣榆、灌南、灌云、高淳、溧水、海安、海门、启东、如东、如皋、通州、常熟、昆山、太仓、张家港、靖江、泰兴、兴化、江阴、宜兴、沭阳、泗洪、泗阳、丰县、沛县、邳州、睢宁、新沂、阜宁、滨海、大丰、建湖、射阳、响水、东台、宝应、高邮、江都、仪征、丹阳、句容、扬中。

活动账户数 0.77 个；苏中县域电子银行人均开通账户数和活动账户数依次为 0.75 个和 0.37 个，苏北县域分别为 0.49 个和 0.18 个，活动账户数不到开通账户数的一半。与 2014 年相比，2016 年电子银行账户使用存在的问题是，活动账户数显著少于开通账户；并且随着时间的推移，苏中县域、苏南县域、苏北县域的电子银行人均开通数和电子银行人均活动数均在下降，但是电子银行人均活动账户数占电子银行人均开通账户数的比例在上升，意味着有效的电子银行账户数减少得并不多。出现这一现象的原因可能是，2014 年各个银行刚主推手机银行、网上银行业务，为了抢占市场份额，追求数字化，捆绑或者鼓励其客户都开通了电子银行账号，但是有效需求不多，所以电子银行人均活动账户数显著少于开通账户数，2016 年，由于各银行不再盲目追求电子银行开户数，并且随着银行卡账户实名制，银行卡的"一卡多用"功能也在增加，一个银行账户能满足家庭更多的日常需求，各家庭不再需要那么多电子账号，因此苏中县域、苏南县域、苏北县域的电子银行人均开通数和电子银行人均活动数均在下降。

具体到县域电子银行账户使用情况，2016 年，电子银行人均开通账户数最大的县（市）依次是昆山、太仓、常熟，较小的县（市）依次是灌南、丰县和邳州；电子银行人均活动账户数较多的县（市）分别是太仓、昆山和常熟等，活动账户数较少的县（市）分别是滨海、沛县和邳州。各县域之间差距较大，以 2016 年县域电子银行人均开通账户数为例，昆山高达 6.6，而最低的高邮仅为 0.77，差异巨大，表明了数字普惠金融在县域发展水平的不均衡。各县域的具体排名如表 12－8 所示。

表 12－8　江苏县域银行账户使用情况

排名	2016 年电子银行人均活动账户数		2014 年电子银行人均开通账户数		2014 年电子银行人均活动账户数		2016 年电子银行人均开通账户数	
	县（市）	数值	县（市）	数值	县（市）	数值	县（市）	数值
1	太仓	1.42	昆山	6.60	太仓	2.59	昆山	4.41
2	昆山	2.44	太仓	4.00	昆山	2.44	太仓	1.53
3	常熟	1.16	吴江	3.89	吴江	1.23	常熟	1.38
4	江阴	0.95	常熟	3.75	常熟	1.16	张家港	1.56
5	宜兴	0.92	张家港	2.75	江阴	0.95	江阴	2.49
6	海安	065	江阴	2.02	宜兴	0.92	宜兴	2.06
7	靖江	0.85	宜兴	1.55	海安	0.87	武进	0.92
8	张家港	0.66	武进	1.55	靖江	0.85	靖江	1.77
9	海门	0.61	靖江	1.52	张家港	0.66	扬中	1.38
10	丹阳	0.60	扬中	1.43	海门	0.61	海安	0.72

续表

排名	2016 年电子银行人均活动账户数		2014 年电子银行人均开通账户数		2014 年电子银行人均活动账户数		2016 年电子银行人均开通账户数	
	县（市）	数值	县（市）	数值	县（市）	数值	县（市）	数值
11	溧水	0.27	海安	1.43	丹阳	0.60	丹阳	1.47
12	武进	0.54	姜堰	1.40	溧水	0.53	海门	1.53
13	金坛	0.48	丹阳	1.34	武进	0.51	句容	1.13
14	如东	0.46	海门	1.13	金坛	0.48	如皋	0.31
15	扬中	0.45	句容	1.11	如东	0.46	金坛	1.61
16	句容	0.45	如皋	1.09	扬中	0.45	溧水	0.41
17	高邮	0.44	金坛	1.04	句容	0.45	江都	0.74
18	通州	0.15	溧水	0.90	高邮	0.44	通州	0.17
19	如皋	0.29	江都	0.86	通州	0.38	高邮	0.83
20	江都	0.33	通州	0.81	姜堰	0.37	如东	0.96
21	金湖	0.04	高邮	0.77	如皋	0.34	溧阳	0.78
22	兴化	0.23	如东	0.74	江都	0.33	泰兴	0.67
23	洪泽	0.28	溧阳	0.72	金湖	0.30	金湖	0.05
24	涟水	0.27	泰兴	0.69	兴化	0.28	启东	0.79
25	泗洪	0.25	金湖	0.60	洪泽	0.28	仪征	0.29
26	溧阳	0.25	启东	0.60	涟水	0.27	泗阳	0.29
27	沭阳	0.25	仪征	0.60	泗洪	0.25	建湖	0.49
28	仪征	0.23	泗阳	0.51	溧阳	0.25	兴化	0.63
29	盱眙	0.23	建湖	0.49	沭阳	0.25	泗洪	0.60
30	泰兴	0.21	昆山	6.60	仪征	0.23	东台	0.09
31	睢宁	0.19	太仓	4.00	盱眙	0.23	响水	0.55
32	东台	0.07	吴江	3.89	泰兴	0.23	盱眙	0.98
33	泗阳	0.22	常熟	3.75	睢宁	0.22	大丰	0.49
34	启东	0.21	张家港	2.75	东台	0.22	射阳	0.35
35	灌南	0.04	江阴	2.02	泗阳	0.22	睢宁	0.21
36	高淳	0.19	宜兴	1.55	启东	0.21	沛县	0.61
37	大丰	0.18	武进	1.55	灌南	0.19	洪泽	0.91
38	响水	0.18	靖江	1.52	高淳	0.19	涟水	0.41
39	建湖	0.17	扬中	1.43	大丰	0.18	东海	0.37

续表

排名	2016 年电子银行人均活动账户数		2014 年电子银行人均开通账户数		2014 年电子银行人均活动账户数		2016 年电子银行人均开通账户数	
	县（市）	数值	县（市）	数值	县（市）	数值	县（市）	数值
40	东海	0.17	海安	1.43	响水	0.18	新沂	0.51
41	射阳	0.16	姜堰	1.40	建湖	0.17	高淳	0.92
42	新沂	0.16	丹阳	1.34	东海	0.17	滨海	0.38
43	阜宁	0.13	海门	1.13	射阳	0.16	宝应	0.36
44	灌云	0.13	句容	1.11	新沂	0.16	赣榆	0.66
45	丰县	0.12	如皋	1.09	阜宁	0.13	阜宁	0.37
46	赣榆	0.11	金坛	1.04	灌云	0.13	灌云	0.65
47	宝应	0.1	溧水	0.90	丰县	0.12	沭阳	1.10
48	滨海	0.1	江都	0.86	赣榆	0.11	灌南	0.05
49	沛县	0.58	通州	0.81	宝应	0.10	丰县	0.22
50	邳州	0.08	高邮	0.77	滨海	0.10	邳州	0.31

资料来源：通过对人民银行及相关地区金融机构的实地调研整理得到。

三、数字金融服务金融普惠的主要特征

本节通过对微观家庭以及县域金融机构的调查数据进行分析，揭示出当前江苏城乡数字普惠金融发展的主要特征：

（一）信息通信技术作用明显，数字普惠金融迅猛发展

以传统金融机构为依托的手机银行和网上银行是发展农村数字普惠金融的重要力量。通过传统金融机构金融业务的数字化和新型互联网机构的金融化，江苏的农村家庭和城镇家庭的数字金融服务的使用都得以迅速发展。其中支付结算类产品的推广极大提高了城乡家庭获得金融服务的便利性，对江苏普惠金融体系尤其是农村地区的普惠金融体系的建设具有重要作用。

（二）移动支付"一枝独秀"，数字金融使用深度有待加强

从数字金融的使用深度和覆盖广度来说，城镇家庭和农村家庭的相同之处在于，2015～2017 年，移动支付都得到了迅猛发展，网上支付类的数字金融产品的使用程度都是最高的，也是增长最快的，而网上借贷产品的使用程度都是最低的。这表明无论是农村还是城镇地区，数字金融产品的使用还停留在较为基础的支付结算类产品增加覆盖广度为主的阶段。但是，城镇家庭的网上理财产品的使用程度高达 41.93%，网上保险也达到了 15.69%，与农村家庭网上支付产品"一枝独秀"的格局相比，其数字金融的使用深度更深。无论是农村家庭还是城

镇家庭，在数字金融的使用深度上，尤其是网上信贷的使用上，都有巨大的上升空间。

（三）数字金融普惠差异巨大，农村金融市场面临挑战

从县域层面看，数字普惠金融在县域之间的发展水平存在不均衡，差异巨大。

从城乡分布来看，城镇家庭对于各类产品的使用均高于农村家庭。虽然农村家庭在2015~2017年对各类数字金融产品的使用程度上都得到了迅速的发展，缩小了与城镇家庭的差距，但是截止到2017年，其相较于城镇家庭来说，仍有很大的差距，例如城镇家庭的网上支付使用程度在2015年就达到了75.94%，而2015年农村家庭的网上支付只达到了15.58%，差距巨大；网上理财产品，农村家庭2015年仅为0.58%，几近为0，但是城镇家庭2015年的使用程度就高达了42.03%。这些都表明，城镇家庭的数字金融产品使用起步早，使用程度更高，农村家庭数字金融产品的使用起步较晚，增速较快，潜力巨大，江苏城乡之间差距在缩小，但是仍有数字鸿沟和信息鸿沟存在，这也是未来通过信息通信技术向农村拓展金融服务面临的挑战。

与此同时，在农村家庭内部，不同收入水平农户在金融账户和数字金融服务使用水平上存在的差异也反映出了农户内部存在的信息鸿沟，在不同收入水平和知识水平的农村家庭普及数字化金融产品仍需要一个相对漫长的过程，这对未来数字普惠金融的拓展提出了很大的挑战。

第五节　特定场景创新产品以促进金融普惠的可行性

——以江苏高淳光伏贷为例

一、江苏高淳农商行"光伏贷"产品创新与试点

高淳区位于江苏南京南部，全区总面积802.8平方千米，总人口43.9万人，2016年全区生产总值573.73亿元，财政收入41.70亿元，三大产业结构占比为7.0：49.8：43.2，是江苏商贸十强县（市），也是长三角最具投资潜力开发区。江苏高淳农村商业银行目前拥有在职员工360余人，下辖21个支行、1个营业部和2个分理处，服务网点遍布全区城乡。截止到2016年末，各项存款总额102.2亿元，各项贷款总额64.2亿元，存贷款规模在江苏高淳区银行机构中保持领先。

作为服务江苏高淳经济社会的地方性金融机构，江苏高淳农商行立足服务"三农"，积极响应国家号召，大力发展普惠金融，倾力服务地方经济。在实践中，坚持从多方面推进普惠金融：建设农村金融综合服务站，打通金融服务的

"最后一公里";推进金融精准扶贫,满足弱势群体的金融需求;创新小微企业贷款技术,缓解小微企业融资难、融资贵问题;开发具有普惠特征的产品与服务,加大信贷投放力度。本小节所涉及的"光伏贷",即为江苏高淳农商行在践行农村金融普惠中创新推出的产品之一。

（一）产品开发背景

为贯彻落实国务院《关于促进光伏产业健康发展的若干意见》,充分发挥金融杠杆作用,引导社会资金投入,有效激发分布式光伏发电投资,早在2013年8月,国家能源局、国家开发银行联合出台了《关于支持分布式光伏发电金融服务的意见》。另外,在2014年9月国家能源局下发的《关于进一步落实分布式光伏发电有关政策的通知》中再次特别要求:要创新分布式光伏发电融资服务,鼓励银行等金融机构结合分布式光伏发电的特点和融资需求,对分布式光伏发电项目提供优惠贷款,采取灵活的贷款担保方式。目前,各地政府也相继出台鼓励"光伏贷"的政策。

为落实国家促进绿色新能源产业发展的方针政策,加快江苏高淳地区光伏发电行业推进步伐,进一步促进广大农户、企业积极参与到节能减排、优化资源配置中来,江苏高淳农商银行与江苏锦特仕能源科技有限公司联合推出了以"风险补偿基金"作为增信手段的信用卡分期业务,以期为区内符合条件的企业或自然人提供投资建设"民用分布式光伏电站"项目所缺资金,切实解决用户建设电站的融资难、融资贵问题。同时,也通过信贷产品的创新,增强江苏高淳农商行在农村金融市场中的竞争力,增加其业务增长点,保证其商业可持续性。

（二）产品基本情况

"光伏贷"分期业务,是指以江苏高淳农商行准入的光伏电站建设单位设立并拨付至农商行圈存的贷款风险补偿基金作为增信手段,按照签订协议规定的放大倍数对符合条件的企业或个人用于支付分布式光伏电站成套设备建设安装费用而办理的专项信用卡分期付款业务,如图12-6所示。

"光伏贷"的贷款人可以是企业法人或自然人。企业法人的分期付款信用额度最高比例为电站建造投资额的70%,最高额度不得超过代偿基金的15%（含）;自然人的分期付款信用额度最高比例为电站建造投资额的90%,最高额度不得超过20万元（含）。本产品贷款期限最短为12个月,最长为96个月,不同期限分别对应不同的手续费率（见表12-9）,不再额外收取利息。分期业务办理成功之后手续费在刷卡后的第一期账单中一次性收取,其余本金按借款期限分摊逐月归还。

图12-6　江苏高淳农商行"光伏贷"产品基本情况

表12-9　"光伏贷"费率　　　　　　　　　　　　　单位：月，%

期限	12	24	36	48	60	72	84	96
手续费率	2.5	5	7.5	10	12	14	16	18

（三）产品实施与效果

　　光伏发电是利用半导体界面的光生伏特效应而将光能直接转变为电能的一种技术。企业或农户只需安装分布式光伏电站成套设备，利用建筑屋面优势，无须消耗燃料和架设输电线路即可就地发电供电，安全可靠，绿色环保。然而由于安装屋顶光伏发电设备及维护成本昂贵，中小企业和个人不愿意投入过多资金去建设屋顶光伏，因此，一直以来江苏高淳区分布式光伏发电难以取得显著成效。自2017年6月江苏高淳农商行首次推出"光伏贷"以后，区内分布式光伏融资难问题得到了有效解决，最大限度满足了用户的建设资金需求。使用光伏发电的企业或个人可以实现用电的自给自足，自用电价格为0.52元/度，每月无须再额外缴纳电费，多余电量还可以以0.391元/度的价格进行出售，从而获得一定的售电收入。同时，国家按0.42元/度的价格对用户进行补贴，如图12-7所示。

　　江苏高淳农商行第一笔"光伏贷"发生在2017年6月27日，两个月期间内已累计发放贷款45笔，贷款金额140.51万元。目前45笔均为自然人贷款，暂无企业法人贷款。贷款的平均期限为96个月，平均年手续费率为4.5%。其中，

贷款金额最大的一笔为 6.48 万元，最少为 2.43 万元，以下分别对这两家电站的
贷款、收益及还款情况进行简要分析：

图 12 -7　江苏高淳农商行"光伏贷"产品发电收益情况

1. 8KW 光伏电站贷款分析（见表 12 -10）

表 12 -10　8 千瓦电站贷款情况

光伏电站名称	宋某 8 千瓦光伏电站
投资金额（元）	72000
首付比例（%）	10
首付金额（元）	7200
贷款金额（元）	64800
还款期限（月）	96
每月还本金（元）	675
手续费率（%）	18
手续费（元）	11664

　　根据江苏电力公司南京供电公司的统计数据，电站全年平均每天每千瓦可发
电 4 度，宋某 8 千瓦电站平均每月发电 4×30×8 = 960 度电。若售电和自用电按
2:1 的比例进行分配，其中售电 640 度，收益为 640×0.391 = 250.2 元，自用电
320 度，收益（节约电费）为 320×0.52 = 166.4 元，补贴收益为 960×0.42 =

403.2 元，月均收益合计 250.2 + 166.4 + 403.2 = 819.8 元。

剔除节约电费收益 166.4 元，实际月均收益合计 653.4 元。而每月需偿还贷款 675 元，所以每月仅需额外支付 675 - 653.4 = 21.6 元，成本几乎完全被收益所覆盖，真正实现了农户的成本可负担。当还款结束之后，电站权属以及每月产生的 653.4 元纯收益都将归于宋某，如图 12 - 8 所示。

图 12 - 8　江苏高淳农商行信贷人员（右）正在为农户（左）办理"光伏贷"的情形

2. 3KW 光伏电站贷款分析（见表 12 - 11）

表 12 - 11　3 千瓦电站贷款情况

光伏电站名称	魏某 3 千瓦光伏电站
投资金额（元）	27000
首付比例（%）	10
首付金额（元）	2700
贷款金额（元）	24300
还款期限（月）	96
每月还本金（元）	253.1
手续费率（%）	18
手续费（元）	4374

魏某 3 千瓦电站平均每月发电 $4 \times 30 \times 3 = 360$ 度电,若售电和自用电按 2∶1 的比例进行分配,其中售电 240 度,收益为 $0.391 \times 240 = 93.84$ 元,自用电 120 度,收益(节约电费)为 $120 \times 0.52 = 62.4$ 元,补贴收益为 $360 \times 0.42 = 151.2$ 元。剔除节约电费收益 62.4,实际月均收益合计 245 元。而每月需偿还贷款 253.1 元,所以每月需额外支付 $253.1 - 245 = 8.1$ 元,同样收益几乎完全覆盖成本,当还款结束之后,电站权属以及每月产生的 245 元纯收益都将归于魏某。已建成的分布式光伏电站如图 12-9 所示。

图 12-9　已建成的分布式光伏电站

（四）产品亮点之处

目前,全国已有 60 家银行推出专门针对光伏发电的"光伏贷",总体上看,尽管产品内容上大同小异,但不同银行推出的"光伏贷"产品在操作模式上存在较大的区别。其中,浙江龙游借款人承诺以本人并网电费销售收入作为还款保证向信用社申请"幸福金顶"小额贷款;江苏银行采取以收费权和光伏发电设备分别质押和抵押的担保方式发放"光伏贷";农行江西分行引入"政府增信"机制,采用"政府风险补偿基金 + 贷款对象"方式向农户发放"金穗光伏贷",不仅贷款期限可以延长到 10 年,而且在 5 年的贷款宽限期内,政府给予贷款贴息,极大地减轻了贫困农户的贷款负担。

江苏高淳农商行所推出的"光伏贷"产品同样在模式上进行了重要创新,推出"公司 + 用户 + 农商行 + 保险公司 + 供电局 + 政府"六位一体的光伏贷款模式（见图 12-10）:江苏南京的一家光伏全产业链企业——江苏锦特仕能源公司作为担保方,向江苏高淳农商行一次性缴存 600 万元的贷款风险补偿基金用于增信,江苏高淳农商行按照基金与贷款余额 1∶4 的比例进行分期额度投放,当分期余额达到最高放大金额时,江苏锦特仕能源公司需提前追加贷款风险补偿基金，江苏高淳农商行才能继续办理该项业务，单次最低追加资金不得低于 100 万元。除此之外，江苏锦特仕能源公司对"光伏贷"客户安装的分布式光伏发电整体设备设立财产保险，保险期限不低于"光伏贷"分期期限，保险第一受益人为江苏高淳农商行。江苏高淳农商行向有意向投资建设光伏电站却又缺乏相应资金的企业或自然人放贷，以支持其成套设备的购买，能源公司收齐货款之后负责设备的安装、质保、监控和运行维护等，企业或自然人定期偿还银行贷款。用户可选择全额发电，并网售卖给供电局获得全部收益，或选择余额发电，先满足自我用电需求，剩余电量进行售卖。同时，政府对用户光伏发电还有额外补贴。

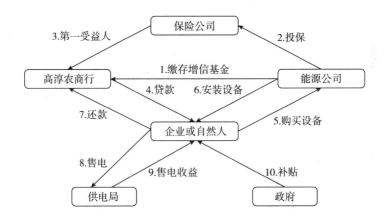

图 12 - 10　江苏高淳农商行"光伏贷"贷款模式

二、江苏高淳农商行"光伏贷"产品创新效果

江苏高淳农商行努力践行金融普惠，通过"光伏贷"产品的推出及"公司＋用户＋农商行＋保险公司＋供电局＋政府"模式的创新，有效推动区内普惠金融的发展，形成用户、农商行、能源企业等多方共赢的局面：

（一）有效解决用户融资难、融资贵问题

第一，有了能源公司设立的贷款风险补偿基金作为增信手段，无须企业或个人提供额外的抵押担保，只需还款人信用状况良好、有稳定的收入来源，银行即可放贷，改变了传统贷款中因中小企业或个人缺乏必要抵押物而被银行拒之门外的情形，有效解决了融资难问题。

第二，使用"光伏贷"用户只需付较低比例首付款（企业 30%，自然人10%）之后即可建立光伏电站，同时政府还会进行相应补贴。每月持续稳定的光伏发电收益加上政府的补贴款，大幅降低了企业或个人的还款压力，真正做到了用户的成本可负担，有效解决了融资贵的问题。待本息全部还款完毕，电站权属和后期产生的所有收益均归用户，可以实现企业或个人的长期增收。

第三，办理该产品手续便捷、方便、高效，在贷记卡发放之前即可先行办理分期，还款形式灵活、机动，真正做到了为以可负担的成本为社会各群体提供便捷、高效的金融服务，与普惠金融的精神相契合。

（二）推进江苏高淳农商行金融普惠的商业可持续性

第一，由于城镇居民楼屋顶建筑面积狭小且受产权限制，因此光伏电站在城镇地区应用范围较窄。相反，农村地区则具备较好的推广条件。同时，江苏高淳农商行在当地农村市场中又拥有得天独厚的优势，使其迅速成为江苏高淳区推行光伏贷产品的主力军，为日后的长足发展带来了新的契机。

第二，江苏高淳农商行对该产品所设定的手续费率本身并不优惠，不具有扶贫意图。按照市场化原则进行定价，可以使农商行做到有利可图，通过扩大信贷投放，增加手续费收入，带来新的业务增长点，保证其实际操作中的商业可持续性。

第三，金融机构推进金融产品和服务方式创新应以有效防范风险为基础。"光伏贷"有能源公司设立的风险补偿基金进行兜底，申贷用户每月等额偿还本金、违约率低，同时能源公司购买财产保险，第一受益人为江苏高淳农商行，一旦发生设备质量问题农商行将优先获得赔偿。有了"风险基金＋等额偿还本金＋保险"的保障，为江苏高淳农商行信贷资金安全加上了三重保险，真正实现了金融机构的风险可控。

（三）推动江苏高淳区光伏产业发展

第一，有了江苏高淳农商行的信贷支持，更多企业或个人将会参与到光伏发电产业之中，必定会增加对能源公司光伏设备的购买。相应地，能源公司也能因此扩大产品销量，快速先领光伏发电市场。

第二，通过对企业或个人有效需求的拉动，未来将会有更多主体参与到光伏发电之中，必定加速江苏高淳区光伏产业的发展。更重要的是，在节能减排的基础上，可以有效优化资源配置，推动经济的稳步增长。

第六节　农商行创新信贷模式以促进金融普惠的可行性

——以江苏为例

一、江苏农商行"阳光信贷"贷款模式创新背景

2005 年，世界银行在宣传国际小额信贷年时首次提出普惠金融的概念。就

小额信贷与普惠金融的关系而言，普惠金融是小额信贷的延伸与发展，而小额信贷是普惠金融的核心组成部分，建立普惠金融体系离不开小额信贷领域的快速发展。

在我国农村地区，作为农村金融服务的主力军，农村信用合作社在小额信贷的发展过程中起了重要的推动作用。相对于非正规金融机构和民间借贷的法律地位不明确、筹集资金能力有限等特点，农村信用合作社大多具有正规金融机构的专业能力和服务网点遍布全国乡镇的优势，是扎根于地方的金融机构，地缘优势明显。然而，农信社在为解决农户融资难问题做出突出贡献的同时，也积累了不少问题和矛盾，主要体现为各行为主体对小额信贷产生的认知偏差：农村信用社对小额信贷的理解局限于"小规模"这一表层含义，没有进一步认识到小额信贷还是专门为低收入阶层服务的不同于传统商业银行的信贷创新模式；政府片面地强调小额信贷的政治含义；人民银行则强令农信社执行小额信贷的优惠利率；农民只认识到了小额贷款的公益性，这些认知偏差导致市场上出现了小额信贷利率低于实际市场利率，却高于农户期望利率的怪圈。认知上的偏差连同小额信贷工作量与收益不匹配、纯信用担保方式与农村现有信用体系不匹配、信贷资产的安全性和农业生产高风险低保障性不匹配等固有问题的出现，一些农信社改制为农村商业银行后，偏离了"支农助农"的服务宗旨，主要服务对象发生了偏移，导致小额信贷业务呈现曾一度出现萎缩迹象。

为有效缓解农村融资难题，进一步推动小额信贷持续发展，建立普惠金融体系以服务农村经济，2008 年，一批江苏农信社首先行动起来，通过设立试点，对涉农贷款模式、信贷流程重新改造，推出了"阳光信贷"的新举措。随着江苏信用社"阳光信贷"的逐步开展和影响力的扩大，2012 年银监会发布文件《关于实施阳光信贷工程的指导意见》将其作为"三大工程"之一开始向全国推广。

二、江苏农商行"阳光信贷"发展现状

"阳光信贷"从其字面含义理解是阳光下的信贷，具体是指银行将客户的贷款调查、授信、定价、操作流程和公开承诺服务等全过程置于社会公众和银行的有效监督下，让客户了解银行的办贷流程，同时使银行了解客户的经营状况，是增强银客双方互信的全新贷款模式。

（一）"阳光信贷"实施流程

在"阳光信贷"的起步推广实践过程中，江苏各农商行摸索出了一套"阳光信贷"实施流程，以下简要概述（见图 12 - 11）：

1. 成立农户授信工作领导小组

负责领导、协调、宣传本乡镇的农户授信工作，同时各支行利用挂横幅、村广播、人员宣讲等多种方式最大维度扩大宣传效应。

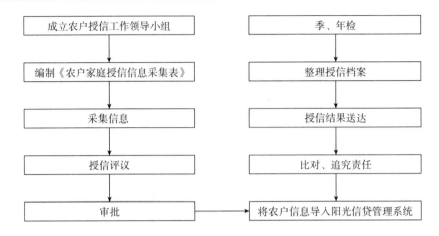

图 12 - 11　阳光信贷实施流程

2. 编制《农户家庭授信信息采集汇总表》

（1）取得农户家庭基本信息。各支行通过工作协调，从当地派出所调出服务区内农户家庭成员户籍档案信息。当前，部分农商行由于和公安对接信息受限，采取了通过医保信息、土地确权信息等多种方式收集农户基本信息。

（2）增加农户经济信息项目[①]，并导入已有农户的贷款余额、贷款形态等信息，制成《农户家庭授信信息采集汇总表》。

3. 采集信息

（1）成立信息采集小组，引入外部监督，小组中必须包含至少一名村名代表。村名代表是指能掌握本村农户家庭情况、为人公平正直、有威信以及热心支持本行工作的镇村干部或普通村民。

（2）支行开展授信活动时，由信息采集小组带着《农户家庭授信信息采集表》到农户家中和通过其他途径核实、补充农户家庭信息。

（3）筛选符合授信条件的农户。通过内部排查、外部走访村民代表等形式，将暂不符合授信条件的农户作为暂缓授信对象[②]，在《农户家庭授信信息采集表》进行标注，实行名单式管理。

（4）信息采集小组根据经核实的信息，对符合条件的农户按信用评级及授

---

① 农户经济信息项目包括农户经营项目、经营规模、是否务工、家庭资产、负债、净资产、收入、支出和净收入等项目。

② 在实践中，农商行暂缓授信对象大体包括 16 种人：游手好闲—1，欠债较多—2，贫困、低保户—3，"五保户"—4，贷款被诉讼—5，服刑—6，长期外出—7，信用观念差—8，赌博、吸毒、放高利贷—9，光棍—10，年龄大—11，患病、残疾—12，有前科—13，有不良贷款（含担保不良、挂息）—14，婚变—15，其他负面情况—16。

信测算标准初步确定信用等级及拟授信额度，并将采集到的农户信息录入《农户家庭授信信息采集汇总表》并交给授信评议小组。

4. 授信评议

（1）成立授信评议小组，至少五名人员组成，包括两名村名代表。

（2）授信评议小组成员采用简单平均法或按较高层次的信用风险计量方法确定授信额度，若小组成员对授信结果异议较大，应进行集体讨论，采用少数服从多数的原则，重新集中评议后再确定授信结果，如授信额度超过支行审批权限，需上报总行拥有相应权限的人员审批。

5. 审批

开展授信或年检时，农户授信额度如在支行审批权限内，由支行行长审批；如超过支行审批权限，需上报总行有权人审批。

6. 将农户信息导入阳光信贷管理系统

各支行明确专人负责，将授信调查中采集的农户基本信息、最终确定的信用等级及授信额度录入阳光信贷管理系统中，逐户建立电子档案，并在系统中锁定客户总资产、年净收入、授信等级和授信额度等重要项目信息。

7. 比对、追究责任

授信管理部为阳光信贷扎口管理部门，负责运用阳光信贷管理系统的比对程序，将授信评议小组评定的授信结果与农户存量贷款及历史信用记录进行比对，筛选出授信额度与存量贷款偏差较大、存有不良信用记录等农户，列出清单、以备复查。

8. 授信结果送达

农户授信结果由客户经理采取手机短信或逐户上门等适当的形式及时送达，确保已被授信的农户及时知晓本人的授信等级与授信额度并保证农户了解阳光授信基本情况，知道如何申请和使用贷款。

9. 整理授信档案

信息采集小组和授信评议小组要明确专人负责整理相关表格，小组成员要在相关表格的规定位置签名，确保相关表格和电子档案内容完整、纸质档案整洁。

10. 季、年检

季、年检制度是对存量授信贷款户中存在风险的，及时采取有效的风险控制措施，进行授信调减、取消调整；对存量贷款中无风险户及符合授信条件尚未授信户，做好维持、调增、新增等授信服务。

（二）"阳光信贷"机制创新

1. "三台分离"与尽职免责制度

传统信贷管理模式将银行内部各部门划分为前台营销部门、中台管理部门、后台风险处置监控部门，也称"大三台"。在"大三台"模式下，信贷人员实行终身责任制，对贷款包放包收包管。这一信贷模式存在两大问题：一是不可持续，在传统信贷管理模式下，银行信贷规模的增长与职员的增长成正比例关系，服务被动且效率低下；二是隐含道德风险，终身责任制给予信贷员很大的权利，"一手清"的方式容易引发"暗箱操作"。

"三台分离"是随着"阳光信贷"的推出而出现的新型信贷管理模式。"三台分离"在对银行"大三台"进行整合的前提下，又在前台营销部门内搭建"小三台"，即在营销部门内设立以销售和授信为主体的"小前台"，设立以签约和审批为主体的"小中台"，设立以年（季）检和催收为主体的"小后台"，形成相互制衡、各司其职的信贷管理新格局。同时，通过实施"阳光信贷"，推行尽职免责管理，逐步从结果问责向流程问责、环节问责、节点问责转变，明确问责事项、问责节点、问责程序、问责力度，减轻包袱，使信贷员把全部精力无保留地投入营销和服务工作中来，如图 12 - 12 所示。

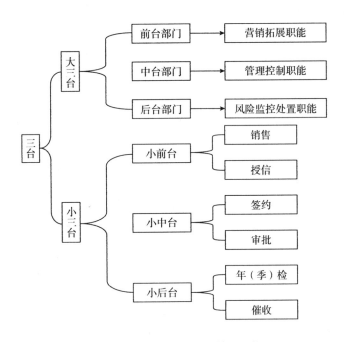

图 12 - 12 "三台分离"管理架构

2. 年（季）检制度

"阳光信贷"并不是通过第一次的集中授信就能一劳永逸，更关键是要加强后续数据的维护更新，实施长效管理。通过季检和年检相结合，现场检验和非现场检验相结合，做好维持、调增（减）、新增、剔除等授信服务，达到对"阳光信贷"工程后续的动态管理，挖掘潜在客户，促进业务拓展和信贷资产质量提高。

（三）"阳光信贷"投放效果

1. 增量扩面，普惠金融深度与广度提高

在江苏农村信用社联合社的积极推动下，江苏各农商行积极推广公开透明、服务高效的"阳光信贷"。截至 2018 年 3 月末，江苏全省农商行授信农户达 337 万户，授信总额 2705 亿元[①]，各农村网点实现了"阳光信贷"全覆盖。

2. 营销与管理精细化，客户需求适应能力提高

"阳光信贷"工程始终坚持客户需求导向，银行人员在上门走访、授信过程中，除了推介现有金融产品，同时还多方面摸清客户需求、征求客户建议，定期梳理现有产品弱点和不足，及时优化、调整产品创新思路，加强新业务、新产品研发推广力度。

3. 农户信用意识、农村信用氛围优化

为进一步深化农村信用体系建设，"阳光信贷"将地区和客户信用度与信用户、信用村、信用乡（镇）评比、客户评级、利率定价等措施相挂钩，对农户信用意识和农村信用氛围的优化起到了正面影响，进而对农商行贷款不良率的下降起到了一定促进作用。

4. 信贷人员工作作风转变

"阳光信贷"的服务理念强调主动上门服务，改变了过去的"等客上门"的衙门形象，从制度上制止懒、躲、推等一些服务不作为、慢作为、乱作为行为，同时，随着尽职免责等管理办法的实施，信贷人员惜贷、惧贷现象明显减少，银行服务水平不断提高。

5. 银行综合实力增强，普惠金融可持续性提高。

"阳光信贷"工程的品牌建设在很大程度上提升了江苏各农商银行在地方的影响力，树立了"惠农于心"的良好形象，农商银行更是以此为契机，不断改善自身的经营状况，增强了综合实力，提高了普惠金融的可持续性，主要表现在存款快速增长、贷款稳步扩张、资产质量保持稳定、盈利水平稳步提高、抗风险能力不断提高和电子银行业务快速发展等多个方面。

---

① 资料来源：江苏农村信用社联合社。

第十三章 信息化趋势下普惠金融 发展的路径解析与政策建议

自 2005 年联合国小额信贷年首次提出包容性金融的概念以来，无论是概念本身还是实践探索，普惠金融的发展经历了深刻的变化。尤其是在新技术变革加速驱动、金融与科技结合日益紧密的背景下，信息化趋势下的普惠金融发展被赋予了更加丰富的内涵，涉及更加多元的主体，渗透到了社会的方方面面。基于本书前述的全部研究，本章对普惠金融发展的路径以及相应的政策建议做进一步的总结阐述。

第一节 普惠金融发展路径解析：误区的 辨识与路径重塑

普惠金融发展已逾十年，但对弱势群体的金融排斥问题依然不容忽视，造成过去普惠金融发展存在诸多障碍的一个核心原因，在于部分改革措施曲解了普惠金融的真正含义，混淆了狭义的普惠金融与广义的普惠金融概念的关系——尽管两者都具有"包容性"——关注弱势群体，但其区别在于，前者更多地强调为实现"均等化"而进行的改革与调整的过程，本质是一种对资源要素的强制性再分配，是一种将强势或半强势群体的金融资源转移支付给弱势群体的过程，狭义的金融普惠最终的结果是演化成另一种排他性的制度安排；而后者虽然强调社会各个阶层的平等性，但承认不均等存在有一定的合理性，并且不把转移支付作为改革和调整的主要手段，也不进行强制性的资源再分配，而是在一种合作制度框架下，通过更加灵活的资源配置和更高效的技术手段（如信息技术的运用），让强势群体（例如正规金融机构）有利可图地帮助弱势群体。

狭义的金融普惠是一种为了实现完全相同资源禀赋而采取强制性、排他性制度安排，徒有"包容性"之名而无其实，而广义的金融普惠是一种在承认不均等合理性的同时，通过更高效技术手段来寻找共同利益取向，以最终实现金融资源向弱势群体流动的合作制，充分体现"包容性"并实现普惠。回顾中国过去的农村金融的制度供给策略及前期改革调整的实践过程，可以观察到其中的不少实践措施都局限在了一种狭义的金融普惠之下。

第一，局限于狭义金融普惠下的强制性制度安排，引发主体的负反馈。在狭义的金融普惠下，农村金融供给中会出现一些自上而下式的强制性制度安排，短期来看也许会增加农村金融供给，并在一定程度上提高金融普惠程度。但从长期来看，由于这种强制性制度安排与参与主体的经营目标之间并不完全兼容，制度本身的设计缺陷会引发主体的负反馈。

这类例子在中国的农村金融改革中并不鲜见。以农信社为例，农信社作为县域农村地区支农支小的主力军，在政策层面对其的考核标准中明确要求其"涉农贷款增量不低于上年、增速不低于贷款平均增速"，但前期政府主导下的深化改革并不完善，农信社在管理体制、风险防控机制、业务创新能力等诸多方面存在先天不足，这些不足与农业贷款内生的高风险低回报结合起来，造成了多数农信社都具有较高的不良率，甚至长期处于技术性破产的状态；此外，包括村镇银行、小贷公司在内的新型农村金融机构，监管层面对其在服务范围和经营对象上也有着一些强制性监管制度安排，以确保其充分发挥支农支小的作用。但从现实情况来看，由于本身的商业可持续的经营目标与支农支小过程中的高风险、高成本及低回报存在冲突，使得新型农村金融机构往往以各种方式逃离农村，在发展过程中存在目标偏移的现象（蔡洋萍，2015），究其原因，是由于自上而下式的强制性制度变迁创新力度不足、监管部门之间政策措施不协调、政策目标、社会目标与商业性机构自身的经营目标之间不相容（梁静雅等，2012）。

此外，尽管狭义的金融普惠也期望能够通过对农村金融市场的改革调整优化对农村弱势群体的金融资源配置，但它所采取的配置手段在本质上是一种以政府主导的强制性转移支付，既没有充分考虑商业性金融机构的运营成本，也缺少对整体布局的设计和规划。现有的考核指标又偏于流程化，并没有起到引导金融机构合理布局的作用。

以当前金融机构在农村地区增设网点为例，不管是学术研究还是实践评价，多以固化的指标评价增设网点带来的效果，例如用每万人的网点数量、每10平方千米的网点数量等。然而，实地调研的情况却是，一些地区总体的网点数量不断增加，但远离城区中心的相对偏远地区、贫困地区的实际覆盖程度并没有提高。这是因为行政命令式的政策引导和机构商业性运营原则有冲突，金融机构权衡过后采取的策略大多是增加县域农村核心区域的网点数量，而不愿意在偏远地区增设网点。上述现象引致的结果是县域农村相对中心区域的金融市场竞争程度加深，金融机构的运营成本增加，反而造成了金融资源的无效率损失。

第二，狭义的金融普惠在一定程度上否定了经济理性，违背了市场规律且不可持续。经济理性指代经济活动的任何参与者追求物质利益最大化的动机。由于狭义的金融普惠过分强调"均等化"而忽视了"不均等"存在的合理性，基于此的金融改革调整必然演变成一种扭曲的金融要素、资源再分配的过程，既违背市场规律，又不可持续，并且此类的改革实践，实际也在一定程度上否定了经济理性。

一个典型的例子是过去对部分农村金融机构不合理的补贴政策。由于农业的弱质性以及农村金融的内生性风险，对金融机构进行补贴一直是一种有效的支农手段。在过去的农村金融市场上，这些补贴政策确实起到了较好的作用，激励金融机构加大了支农力度，但依然存在一些问题。一方面，部分不合理的支农信贷补贴成本高昂且容易衍生寻租行为，反映在现实中就是一部分低息（贴息）农业贷款的受益人不是农村相对贫困的阶层，反而是那些较为富有的农民；另一方面，一些糟糕的干预措施（包括不合理的信贷补贴政策）会妨碍农村金融市场的发展改善，反而造成金融抑制，我国的许多补贴信贷甚至被转移到了本来商业可持续的项目中，挤出了商业金融，对金融深化造成了不利影响，一旦停止补贴，则原有的项目就会面临停滞危机，大大降低了项目本身的可持续性。

第二节　政策建议

基于本书前述的全部内容，在信息化趋势不断凸显、新技术与金融结合日益紧密的背景下，普惠金融发展应当坚持围绕广义金融普惠下的金融资源分配功能，在保证制度安排非掠夺性的基础上，重点提高金融市场上资源的配置效率，将传统供给侧结构性改革中的"三去、一降、一补"与普惠金融体系建设中的广覆盖、可持续与高效率相结合，使金融发展更好地应对信息化以及经济形势本身变化所带来的冲击，最终形成包容、有序、健康、可持续的普惠金融生态环境。具体而言，应高度重视以下五个方面的改革：

第一，利用新技术提高金融资源配置效率，保证制度安排的非掠夺性。事实上，如本书第三章的分析，普惠金融首要解决的是金融市场上长期形成的供需错配矛盾，这就要求不断提高金融资源的配置效率，其中的关键在于进行金融供给技术和手段的创新。一方面，无论是对金融机构还是金融监管机构，在信息化趋势化下，仍然应当高度重视传统金融普惠路径的边际创新，应当重视通过引入新的贷款技术、风险管控技术，改善机构运行的机制，解决机构内部治理的问题以提高运行效率；另一方面，根据机构特点，进一步明确机构自身的目标人群，设计更有针对性的金融产品与服务。此外，金融市场需要竞争，但同样需要机构之间的充分合作。任何掠夺性的金融制度安排，最终会对整个金融市场的经济效率带来不利影响。不同类型的金融机构在不同区域内的金融服务应当注重适度的协调互补，以提高整体金融资源的配置效率。

信息化趋势下普惠金融的发展离不开金融产品和服务的持续创新，金融产品和服务的创新还集中于对服务渠道的扩展上。就目前各地的实践经验来看，一些地区除了扩展机构网点外，还依托农村小商店等区域网络节点的优势，试点实践惠农金融服务点（站），进一步提高金融普惠程度。另外，小微经济主体的分层现象、农业生产的机械化与规模化趋势、农村劳动力转移以及城乡二元结构逐渐被打破、供给侧结构性改革背景下科技型小微企业获得更大的发展空间，诸如此类的变化趋势，也使经济发展过程中不仅有了更多的机会，也积聚了新的风险，例如在农业生产过程中，对农业保险的需求也愈加旺盛，这也为我们创新传统金融产品以实现普惠金融创造了机会，与之相对应的就是建立相应的银保互联模式，使之成为农村金融发展的重要着力点。相类似的路径创新还有很多，无疑都需要我们在信息化趋势下，依然要格外关注对传统金融普惠金融做边际创新。

第二，消除"数字鸿沟"，充分发挥信息通信技术对金融普惠的积极作用。不同地区信息通信技术水平的提高有助于创新金融供给方式、降低金融机构的交易成本，从而扩大金融服务覆盖面，满足弱势群体最基本的金融需求；与此同时，家庭自身对信息通信技术使用程度的加深也有助于增加获得金融服务的种类、提高获得金融服务的层次，这一影响对弱势群体的作用效果更为显著。充分发挥信息通信技术的积极作用，使之成为金融普惠过程中的重要推动力量，对我国的普惠金融体系建设具有重要意义。基于此，尽管金融普惠并不是国家层面上发展信息通信技术的直接目的，但信息通信技术对金融普惠的促进作用不容忽视，这一积极作用是信息通信技术飞速发展过程中对金融体系外部溢出效应的体现。

考虑到现实中城乡间信息基础设施建设水平上依然存在较大差异，"数字鸿沟"极大地阻碍了信息通信技术对金融普惠促进作用的发挥，尤其是在互联网基础设施建设及普及方面，根据中国互联网络信息通信（CNNIC）发布的统计数据显示，我国从 2005 年开始加速推进了全社会的信息化建设进程，截止到 2010 年，5 年间的信息化建设水平实现了飞速的发展，城市从原先约 25% 的普及率提高至 54.6%，农村从过去仅 5% 的普及率提高至 20.7%。一方面，城乡间信息基础设施建设的水平和普及率等依然存在较大差距；另一方面，从数据上不难看出信息化建设的步伐呈现出放缓的趋势，2011～2015 年，城乡互联网普及率的边际增长幅度大幅下降，截至 2015 年末，城市互联网普惠率为 65.8%，农村则为31.6%。这意味着，在未来相当长一段时间内，加快推进覆盖全国、所有社会阶层的信息化建设进程，形成中国信息化建设的二次飞跃式发展依然是重要任务之一。尤其要加大对农村地区、偏远地区的信息基础设施建设投入，消除数字鸿沟。另外，应当进一步鼓励和引导金融机构利用信息通信技术创新金融服务，尤其是在基础性金融供给方面，鼓励金融机构通过信息通信技术降低交易成本、提高供给效率，促进金融创新，让经济发展成果惠及最广泛的人群以最终达到金融普惠的目标。

第三，鼓励数字金融产品和服务的创新，升级弱势群体获得的金融服务。金融普惠不只是一个为了实现基础性金融服务广覆盖的过程，满足弱势群体基本的金融服务需求固然重要，但在扩大金融服务覆盖面的同时，也应该重视农村家庭、城镇低收入家庭等弱势群体多元化的金融需求。即使是资源禀赋相对不足的弱势群体，也同样有着潜在的多元化金融需求。金融普惠不仅要具有金融服务获得机会的公平性、服务对象的包容性、服务群体的可变性、服务方式的创新性、参与主体的广泛性，尤其还应该具备服务产品的全面性和多样性。

为此，应当进一步鼓励金融产品和服务与信息通信技术在更广泛领域内的深度结合，帮助弱势群体拓宽金融信息的获取渠道，使他们能够以更加便捷、灵活、低成本的方式广泛地接触更多种类的金融产品和服务。随着越来越多的非基础性金融产品和服务通过与信息通信技术的深度结合，信息通信技术易复制的特点实现了这些产品和服务供给的规模效应，降低了弱势群体获取多元化金融服务的门槛。应当进一步加强面向农村家庭、城镇低收入家庭等弱势群体的金融知识教育与普及，同时也要注意引导弱势群体提高防范金融风险的意识，以充分激发上述群体潜在的多元化金融需求，最大程度上丰富弱势群体实际获得的金融服务种类，提高其参与金融市场的层次，引导、激发弱势群体升级金融服务的潜在需求，真正实现金融普惠目标要求的全方位与多层次。

第四，因地制宜创新金融普惠的实践模式，适应不同群体的金融需求特征。现阶段通过信息通信技术推动金融普惠的路径并不唯一，考虑到异质性群体对数字金融产品和服务接受意愿的差异，在向偏远地区、弱势群体金融普惠的过程中应当根据主体金融需求的差异化特征，选择相应合适的模式。例如农村家庭由于受到使用习惯、认知水平、固有资源禀赋、基础设施条件等因素的制约，对数字金融产品和服务的接受程度并不高。现阶段向这部分弱势群体金融普惠的过程中，依然有赖于实地网点。这里的实体网点并不是指传统的银行网点，而是充分利用信息通信技术的无网点银行实践。目前国内的无网点银行实践以银行为主导，可以考虑借鉴国外运营商主导下无网点银行实践模式的成功经验，鼓励移动运营商也加入进来，使之成为金融服务供给链条中的重要一环，凭借移动运营商的信息通信技术供给和广覆盖的网点将众多金融机构纳入一个统一的金融供给生态体系中来，改变一个地区无网点银行业务由某一家或少数几家金融机构垄断的状态。此外，政府部门应当以适度补贴的形式鼓励金融机构在农村地区、偏远地区设立无网点银行，充分利用信息通信技术创新金融服务供给方式、降低交易成本、提高供给效率。

此外，目前国内的无网点银行所能提供的金融服务种类还仅局限于小额储蓄、代理缴费、余额查询、活期定期互转等基础性业务，有着较大的业务拓展空间，金融机构在无网点银行实践过程中对信息通信技术的运用程度还不高，缺乏对无网点银行丰富的功能定位的准确认识。应当鼓励金融机构在无网点银行实践过程中逐步尝试推出包括小额贷款初审、农业保险申请、信用卡推广办理等多元化的金融服务；还可以借鉴第三方组织运用信息通信技术的经验，充分利用各类农村金融服务站的地缘优势收集信息，使之成为银行类金融机构建设自身大数据处理体系的要件之一，注重利用信息通信技术的大数据筛选、处理和云计算等手段提高风险管控的技术水平、降低金融服务供给的门槛条件，逐步引导金融机构拓展更多元化的业务。

第五，推进金融改革，构建普惠金融体系发展顶层设计。目前大多数省份仍未没有建立统一的组织领导体系，推进普惠金融的职责分散在各省金融办、中国人民银行和银监局分支机构以及农业部门等部门，有效的法律体系、协调沟通机制有待形成。同时，需要进一步完善普惠金融发展指标体系和建立监测制度，修订全面建成小康社会统计监测指标体系并将普惠金融发展指标纳入其中。在此基础上，明确普惠金融发展的难点领域和改革路线，制订普惠金融改革方案，全面提升金融服务的可得性、覆盖率和满足度。

机构和新型金融组织的发展鼓励现有商业金融机构向县域地区拓展服务网点，以贴近市场和微观经济主体，降低金融服务获取成本和费用，提高金融服务的有效使用率。同时，鼓励多元化的资本投资设立民营银行、小额贷款公司等新型金融组织，并制定有效的激励约束机制，引导其立足普惠金融的市场定位。大力发展代理银行或网点银行，使其成为银行分支机构的重要补充。鼓励在政府适当补贴的基础上将城镇和农村地区的零售商店、邮局、彩票销售点等改造成为代理银行或无网点银行，在逐步解决取款、转账、支付等基础性金融服务的基础上，有条件地赋予代理银行或无网点银行以现金结算、征信等功能，逐步建立社区普惠金融的可行商业模式。

鼓励传统金融机构和数字金融机构充分运用现代信息技术，改进账户开立、支付结算、存款等基础性金融服务的供给方式。创新多种融资方式和融资技术，拓宽农户和小微企业多元化融资渠道，从而有效解决农户、小微企业的融资难题。国际经验和国内实践表明，移动金融在信息获取、传输、共享的效率和成本方面具有巨大优势。目前很多经济发达地区发展移动金融和手机银行、推进金融普惠的基础条件已经具备。未来在消除城乡家庭数字鸿沟的基础上，应充分利用现代移动互联网技术，降低普及基础性金融服务的成本，迅速扩大农村基础性金融服务覆盖面。

参考文献

［1］ Amuedo – Dorantes C, Pozo S. Prewar and Postwar Macroeconomic Uncertainty: An International Perspective ［J］. Journal of Macroeconomics, 2001, 23（4）: 615 – 631.

［2］ Annen K. Social Capital, Inclusive Networks and Economic Performance ［J］. Journal of Economic Behavior & Organization, 2003, 50（4）: 449 – 463.

［3］ ArmendáRiz B, D'Espallier B, Hudon M, et al. Subsidy Uncertainty and Microfinance Mission Drift ［J］. Available At SSRN 1731265, 2013（2）: 153 – 178.

［4］ Banerjee A V, Timothy B, Guinnane T W. The Neighbor's Keeper: The Design of A Credit Cooperative with Theory and A Test ［J］. Quarterly Journal of Economics, 1994, 109（2）: 491 – 515.

［5］ Banerjee A V, Newman A F. Occupational Choice and The Process of Development ［J］. Journal of Political Economy, 1993, 101（2）: 274 – 298.

［6］ Beck T, Demirgüç – Kunt A, Maksimovic V. Financial and Legal Constraints to Growth: Does Firm Size Matter? ［J］. The Journal of Finance, 2005, 60（1）: 137 – 177.

［7］ Benyishay A. Informational Barriers to Credit for Migrants: Evidence from Guatemala ［J］. Economic Development and Cultural Change, 2012, 60（3）: 535 – 570.

［8］ Berger A N, Udell G F. Relationship Lending and Lines of Credit in Small Firm Finance ［J］. Journal of Business, 1995（2）: 351 – 381.

［9］ Berger S C, Gleisner F. Emergence of Financial Intermediaries in Electronic Markets: The Case of Online P2P Lending ［J］. Business Research, 2009, 2（1）: 39 – 65.

［10］ Binswanger H P. Attitudes Toward Risk: Experimental Measurement in Rural India ［J］. American Journal of Agricultural Economics, 1980, 62（3）: 395 – 407.

［11］ Bogan V. Stock Market Participation and the Internet ［J］. Journal of Financial and Quantitative Analysis, 2008, 43 (1): 191 –211.

[12] Boot A W A, Thakor A V. Moral Hazard and Secured Lending in An Infinitely Repeated Credit Market Game [J] . International Economic Review, 1994 (2): 899 –920.

[13] Boucher S R, Carter M R, Guirkinger C. Risk Rationing and Wealth Effects in Credit Markets: Theory and Implications for Agricultural Development [J] . American Journal of Agricultural Economics, 2008, 90 (2): 409 –423.

[14] Boucher S R, Guirkinger C, Trivelli C. Direct Elicitation of Credit Constraints: Conceptual and Practical Issues with An Application to Peruvian Agriculture [J] . Economic Development and Cultural Change, 2009, 57 (4): 609 –640.

[15] Burgess R, Pande R. Do Rural Banks Matter? Evidence from the Indian Social Banking Experiment [J] . American Economic Review, 2005, 95 (3): 780 – 795.

[16] Burt R S, Celotto N. The Network Structure of Management Roles in A Large Matrix Firm [J] . Evaluation and Program Planning, 1992, 15 (3): 303 –326.

[17] Burt R S. Structural Holes: The Social Structure of Competition [M] . New York: Harvard University Press, 2009.

[18] Caballero R J, Farhi E, Gourinchas P O. An Equilibrium Model of "Global Imbalances" and Low Interest Rates [J] . American Economic Review, 2008, 98 (1): 358 –393.

[19] Campbell J Y. Household Finance [J] . The Journal of Finance, 2006, 61 (4): 1553 –1604.

[20] Carroll C D, Rhee B K, Rhee C. Are There Cultural Effects on Saving? Some Cross – Sectional Evidence [J] . The Quarterly Journal of Economics, 1994, 109 (3): 685 –699.

[21] Carter M R, Cheng L, Sarris A. Where and How Index Insurance Can Boost the Adoption of Improved Agricultural Technologies [J] . Journal of Development Economics, 2016 (118): 59 –71.

[22] Carter M R, Galarza F, Boucher S. Underwriting Area – Based Yield Insurance to Crowd – In Credit Supply and Demand [J] . Savings and Development, 2007 (2): 335 –362.

[23] Carter M R. Equilibrium Credit Rationing of Small Farm Agriculture [J] . Journal of Development Economics, 1988, 28 (1): 83 –103.

[24] Casolaro L, Gobbi G. Information Technology and Productivity Changes in

the Banking Industry [J]. Economic Notes, 2007, 36 (1): 43 – 76.

[25] Chatterjee S. Do Immigrants Have Lower Participation Rates in US Financial Markets? [J]. The International Journal of Business and Finance Research, 2009, 3 (2): 1 – 13.

[26] Claessens S, Perotti E. Finance and Inequality: Channels and Evidence [J]. Journal of Comparative Economics, 2007, 35 (4): 748 – 773.

[27] Cole R, Sokolyk T. Who Needs Credit and Who Gets Credit? Evidence from the Surveys of Small Business Finances [J]. Journal of Financial Stability, 2016 (24): 40 – 60.

[28] Cull R, Demirgüç – Kunt A, Morduch J. Microfinance Meets the Market [J]. Journal of Economic Perspectives, 2009, 23 (1): 167 – 192.

[29] Cull R, Demirgüç – Kunt A, Morduch J. The Effect of Regulation on MFI Profitability and Outreach [J]. World Development, 2011, 39 (6): 949 – 965.

[30] D' Espallier B, GuéRin I, Mersland R. Women and Repayment in Microfinance: A Global Analysis [J]. World Development, 2011, 39 (5): 758 – 772.

[31] David P A. Clio and the Economics of Qwerty [J]. The American Economic Review, 1985, 75 (2): 332 – 337.

[32] Deininger K, Okidi J. Growth and Poverty Reduction in Uganda, 1999 – 2000: Panel Data Evidence [J]. Development Policy Review, 2003, 21 (4): 481 – 509.

[33] Deyoung R, Hunter W C, Udell G F. The Past, Present, and Probable Future for Community Banks [J]. Journal of Financial Services Research, 2004, 25 (2): 85 – 133.

[34] Diaz – Serrano L, Raya J M. Mortgages, Immigrants and Discrimination: An Analysis of the Interest Rates in Spain [J]. Regional Science and Urban Economics, 2014 (45): 22 – 32.

[35] Farrin K, Miranda M J. A Heterogeneous Agent Model of Credit – Linked Index Insurance and Farm Technology Adoption [J]. Journal of Development Economics, 2015 (116): 199 – 211.

[36] Fissel G S, Jappelli T. Do Liquidity Constraints Vary Over Time? Evidence from Survey and Panel Data: Note [J]. Journal of Money, Credit and Banking, 1990, 22 (2): 253 – 262.

[37] Fungáčová Z, Weill L. Understanding Financial Inclusion in China [J]. China Economic Review, 2015 (34): 196 – 206.

[38] Gale W G. Federal Lending and the Market for Credit [J]. Journal of Public Economics, 1990, 42 (2): 177 – 193.

[39] Garman S R, Hampshire R C, Krishnan R. Person – To – Person Lending: The Pursuit of (More) Competitive Credit Markets [C] // International Conference on Information Systems. DBLP, 2008.

[40] Grace J, Kenny C, Qiang C Z W. Information and Communication Technologies and Broad – Based Development: A Partial Review of the Evidence [R]. The World Bank, 2003.

[41] Greenwood J, Jovanovic B. Financial Development, Growth, and the Distribution of Income [J]. Journal of Political Economy, 1990, 98 (5): 1076 – 1107.

[42] Guirkinger C, Boucher S R. Credit Constraints and Productivity in Peruvian Agriculture [J]. Agricultural Economics, 2008, 39 (3): 295 – 308.

[43] Guiso L, Jappelli T. Awareness and Stock Market Participation [J]. Review of Finance, 2005, 9 (4): 537 – 567.

[44] Guiso L, Sapienza P, Zingales L. The Role of Social Capital in Financial Development [J]. American Economic Review, 2004, 94 (3): 526 – 556.

[45] Guiso L, Sapienza P, Zingales L. Trusting the Stock Market [J]. The Journal of Finance, 2008, 63 (6): 2557 – 2600.

[46] Guiso L, Terlizzese J D. Income Risk, Borrowing Constraints, and Portfolio Choice [J]. American Economic Review, 1996, 86 (1): 158 – 172.

[47] Gurley J G, Shaw E S. Financial Aspects of Economic Development [J]. American Economic Review, 1955, 45 (4): 515 – 538.

[48] Haliassos M, Bertaut C C. Why Do so Few Hold Stocks? [J]. The Economic Journal, 1995, 105 (432): 1110 – 1129.

[49] Hartarska V, Nadolnyak D. Does Rating Help Microfinance Institutions Raise Funds? Cross – Country Evidence [J]. International Review of Economics & Finance, 2008, 17 (4): 558 – 571.

[50] Hermes N, Lensink R, Meesters A. Outreach and Efficiency of Microfinance Institutions [J]. World Development, 2011, 39 (6): 938 – 948.

[51] Hill R V, Viceisza A. A Field Experiment on the Impact of Weather Shocks and Insurance on Risky Investment [J]. Experimental Economics, 2012, 15 (2): 341 – 371.

[52] Hoff K, Stiglitz J E. Imperfect Information and Rural Credit Markets—Puzzles and Policy Perspectives [J]. World Bank Economic Review, 1990, 4 (3):

235 – 250.

[53] Hong H, Kubik J D, Stein J C. Social Interaction and Stock – Market Participation [J] . The Journal of Finance, 2004, 59 (1): 137 – 163.

[54] Huston S J. Financial Literacy and the Cost of Borrowing [J] . International Journal of Consumer Studies, 2012, 36 (5): 566 – 572.

[55] Ivatury G, Pickens M. Mobile Phone Banking and Low – Income Customers: Evidence from South Africa [R] . The World Bank, 2006.

[56] Jaffee D M, Russell T. Imperfect Information, Uncertainty and Credit Rationing [J] . The Quarterly Journal of Economics, 1976, 90 (4): 651 – 666.

[57] Jaffee D, Stiglitz J. Credit Rationing [J] . Handbook of Monetary Economics, 1990 (2): 837 – 888.

[58] Klibanoff P, Lamont O, Wizman T A. Investor Reaction to Salient News in Closed – End Country Funds [J] . The Journal of Finance, 1998, 53 (2): 673 – 699.

[59] Laszlo S, Santor E. Migration, Social Networks and Credit: Empirical Evidence from Peru [J] . The Developing Economies, 2009, 47 (4): 383 – 409.

[60] Mcmurray A. Mobile Finanical Services: Extending the Reach of Financial Services Through Mobile Payment Systems [M] . New York: Foundation for Development Cooperation, 2009.

[61] Merton R C. on the Application of the Continuous – Time Theory of Finance to Financial Intermediation and Insurance [J] . The Geneva Papers on Risk and Insurance, 1989, 14 (52): 225 – 261.

[62] Merton R C. A Simple Model of Capital Market Equilibrium with Incomplete Information [J] . The Journal of Finance, 1987, 42 (3): 483 – 510.

[63] Miranda M J, Farrin K. Index Insurance for Developing Countries [J] . Applied Economic Perspectives and Policy, 2012, 34 (3): 391 – 427.

[64] Mishra P K. Crop Insurance and Crop Credit: Impact of the Comprehensive Crop Insurance Scheme on Cooperative Credit in Gujarat [J] . Journal of International Development, 1994, 6 (5): 529 – 567.

[65] Morduch J. The Microfinance Promise [J] . Journal of Economic Literature, 1999, 37 (4): 1569 – 1614.

[66] Mushinski D W. An Analysis of Offer Functions of Banks and Credit Unions in Guatemala [J] . The Journal of Development Studies, 1999, 36 (2): 88 – 112.

[67] Osili U O, Paulson A L. Institutions and Financial Development: Evidence

from International Migrants in the United States [J]. The Review of Economics and Statistics, 2008, 90 (3): 498 – 517.

[68] Osili U O, Paulson A. Crises and Confidence: Systemic Banking Crises and Depositor Behavior [J]. Journal of Financial Economics, 2014, 111 (3): 646 – 660.

[69] Paxton J, Cuevas C. Outreach and Sustainability of Member – Based Rural Financial Intermediaries [J]. The Triangle of Microfinance: Financial Sustainability, Outreach, and Impact, 2002 (2): 135 – 151.

[70] Petersen M A, Rajan R G. The Benefits of Lending Relationships: Evidence from Small Business Data [J]. The Journal of Finance, 1994, 49 (1): 3 – 37.

[71] Puro L, Teich J E, Wallenius H, et al. Borrower Decision Aid for People – to – People Lending [J]. Decision Support Systems, 2010, 49 (1): 52 – 60.

[72] Rhine S L W, Greene W H. The Determinants of Being Unbanked for US Immigrants [J]. Journal of Consumer Affairs, 2006, 40 (1): 21 – 40.

[73] Rosen H S, Wu S. Portfolio Choice and Health Status [J]. Journal of Financial Economics, 2004, 72 (3): 457 – 484.

[74] Rosenbaum P R, Rubin D B. The Central Role of the Propensity Score in Observational Studies for Causal Effects [J]. Biometrika, 1983, 70 (1): 41 – 55.

[75] Sarma M, Pais J. Financial Inclusion and Development [J]. Journal of International Development, 2011, 23 (5): 613 – 628.

[76] Shee A, Turvey C G. Collateral – Free Lending with Risk – Contingent Credit for Agricultural Development: Indemnifying Loans Against Pulse Crop Price Risk in India [J]. Agricultural Economics, 2012, 43 (5): 561 – 574.

[77] Shum P, Faig M. What Explains Household Stock Holdings? [J]. Journal of Banking & Finance, 2006, 30 (9): 2579 – 2597.

[78] Sparreboom P, Duflos E. Financial Inclusion in the People's Republic of China: An Analysis of Existing Research and Public Data [J]. China Papers on Inclusiveness, 2012 (7): 11 – 64.

[79] Stiglitz J E, Weiss A. Credit Rationing in Markets with Imperfect Information [J]. American Economic Review, 1981, 71 (3): 393 – 410.

[80] Sundaram N, Srinam M, Kannaiah D. A Comprehensive Reach of Financial Inclusion By ICT: An Investigation in Select Districts of Tamil Nadu [J]. International Journal of Applied Engineering Research, 2016, 11 (1): 353 – 358.

[81] Tsai K S. Imperfect Substitutes: The Local Political Economy of Informal Fi-

nance and Microfinance in Rural China and India [J]. World Development, 2004, 32 (9): 1487 – 1507.

[82] Veldkamp L L. Information Choice in Macroeconomics and Finance [M]. Princeton: Princeton University Press, 2011.

[83] Wachter J A, Yogo M. Why Do Household Portfolio Shares Rise in Wealth? [J]. The Review of Financial Studies, 2010, 23 (11): 3929 – 3965.

[84] 巴曙松, 陈剑. 贷款集中度风险: 当前信贷风险管理与监管的关键因素 [J]. 金融管理与研究, 2010 (8): 18 – 21.

[85] 巴曙松, 游春. 我国小微型企业贷款保证保险相关问题研究 [J]. 经济问题, 2015 (1): 1 – 6.

[86] 贝多广. 好金融与好社会: 问题的提出和答案 [J]. 金融研究, 2015 (7): 24 – 36.

[87] 蔡海龙, 关佳晨. 不同经营规模农户借贷需求分析 [J]. 农业技术经济, 2018 (4): 90 – 97.

[88] 蔡闽. 流量覆盖风险——网络小额信贷风险控制新思路 [J]. 金融研究, 2016 (9): 131 – 144.

[89] 蔡洋萍. 湘鄂豫中部三省农村普惠金融发展评价分析 [J]. 农业技术经济, 2015 (2): 42 – 49.

[90] 曹扬. 社会网络与家庭金融资产选择 [J]. 南方金融, 2015 (11): 38 – 46.

[91] 常璟, 吴楠, 王梅欣. 从小微企业融资看征信信息平台建设与创新——基于山东省部分地区小微企业的融资调查 [J]. 山东大学学报 (哲学社会科学版), 2014 (6): 99 – 106.

[92] 陈斌开, 陆铭, 钟宁桦. 户籍制约下的居民消费 [J]. 经济研究, 2010, 45 (S1): 62 – 71.

[93] 陈强. 高级计量经济学及 Stata 应用 [M]. 北京: 高等教育出版社, 2014.

[94] 陈莎, 周立. 中国农村金融地理排斥的空间差异——基于"金融密度"衡量指标体系的研究 [J]. 银行家, 2012 (7): 106 – 109.

[95] 陈珣, 徐舒. 农民工与城镇职工的工资差距及动态同化 [J]. 经济研究, 2014, 49 (10): 74 – 88.

[96] 陈钊, 陆铭, 徐轶青. 移民的呼声　户籍如何影响了公共意识与公共参与 [J]. 社会, 2014, 34 (5): 68 – 87.

[97] 程恩江, 刘西川. 小额信贷缓解农户正规信贷配给了吗?——来自三

个非政府小额信贷项目区的经验证据 [J]. 金融研究, 2010 (12): 190-206.

[98] 程郁, 韩俊, 罗丹. 供给配给与需求压抑交互影响下的正规信贷约束: 来自1874户农户金融需求行为考察 [J]. 世界经济, 2009 (5): 73-82.

[99] 程郁, 罗丹. 信贷约束下农户的创业选择——基于中国农户调查的实证分析 [J]. 中国农村经济, 2009 (11): 25-38.

[100] 褚保金, 卢亚娟, 张龙耀. 信贷配给下农户借贷的福利效果分析 [J]. 中国农村经济, 2009 (6): 51-61.

[101] 丛正, 王华. 农户金融需求行为及其影响因素的实证研究——以沈阳周边农村调研数据为例 [J]. 沈阳工业大学学报 (社会科学版), 2015, 8 (6): 547-552.

[102] 丁志国, 徐德财, 覃朝晖. 被动选择还是主观偏好: 农户融资为何更加倾向民间渠道 [J]. 农业技术经济, 2014 (11): 52-64.

[103] 董晓林, 石晓磊. 信息渠道、金融素养与城乡家庭互联网金融产品的接受意愿 [J]. 南京农业大学学报 (社会科学版), 2018, 18 (4): 109-118.

[104] 董晓林, 徐虹. 我国农村金融排斥影响因素的实证分析——基于县域金融机构网点分布的视角 [J]. 金融研究, 2012 (9): 115-126.

[105] 董晓林, 于文平, 朱敏杰. 不同信息渠道下城乡家庭金融市场参与及资产选择行为研究 [J]. 财贸研究, 2017, 28 (4): 33-42.

[106] 董晓林, 张晓艳, 杨小丽. 金融机构规模、贷款技术与农村小微企业信贷可得性 [J]. 农业技术经济, 2014 (8): 100-107.

[107] 董晓林, 朱敏杰. 农村金融供给侧改革与普惠金融体系建设 [J]. 南京农业大学学报 (社会科学版), 2016, 16 (6): 14-18.

[108] 范从来, 刘绍保, 刘德溯. 中国资产短缺影响因素研究——理论及经验证据 [J]. 金融研究, 2013 (5): 73-85.

[109] 傅昌銮. 县域农村金融结构与经济增长——以浙江省的为例 [J]. 农业技术经济, 2014 (7): 114-120.

[110] 高俊, 刘亚慧, 温铁军. 农村小微金融"内部化悖论"的案例分析 [J]. 中国农村观察, 2016 (6): 2-11.

[111] 高强, 张照新. 日本、韩国及中国台湾信用合作运行模式、发展经验与启示 [J]. 中国农村经济, 2015 (10): 89-96.

[112] 苟琴, 黄益平, 刘晓光. 银行信贷配置真的存在所有制歧视吗? [J]. 管理世界, 2014 (1): 16-26.

[113] 苟琴, 黄益平. 我国信贷配给决定因素分析——来自企业层面的证据 [J]. 金融研究, 2014 (8): 1-17.

[114] 顾海峰. 银保协作、ART 保险与银行信用风险转移 [J]. 财经理论与实践, 2015, 36 (6): 2 - 7.

[115] 顾银宽. 信贷风险、信用机制与农业保障的地方政府行为 [J]. 改革, 2009 (5): 75 - 80.

[116] 郭士祺, 梁平汉. 社会互动、信息渠道与家庭股市参与——基于2011 年中国家庭金融调查的实证研究 [J]. 经济研究, 2014, 49 (S1): 116 - 131.

[117] 郭田勇, 丁潇. 普惠金融的国际比较研究——基于银行服务的视角 [J]. 国际金融研究, 2015 (2): 55 - 64.

[118] 韩晓宇. 普惠金融的减贫效应——基于中国省级面板数据的实证分析 [J]. 金融评论, 2017, 9 (2): 69 - 82.

[119] 何光辉, 杨咸月. 美国开启"印钞机模式": 历史比较、物价测算及对中国的警示 [J]. 经济学家, 2020 (11): 116 - 128.

[120] 何光喜, 赵延东, 张文霞, 薛品. 公众对转基因作物的接受度及其影响因素 基于六城市调查数据的社会学分析 [J]. 社会, 2015, 35 (1): 121 - 142.

[121] 何广文. 构建农村绿色金融服务机制和体系的路径探讨 [J]. 农村金融研究, 2016 (4): 14 - 19.

[122] 何广文. 合作社农村金融服务参与模式及其创新 [J]. 中国合作经济, 2012 (10): 21 - 23.

[123] 洪正, 王万峰, 周轶海. 道德风险、监督结构与农村融资机制设计——兼论我国农村金融体系改革 [J]. 金融研究, 2010 (6): 189 - 206.

[124] 洪正. 新型农村金融机构改革可行吗?——基于监督效率视角的分析 [J]. 经济研究, 2011, 46 (2): 44 - 58.

[125] 胡金焱, 梁巧慧. 小额贷款公司多重目标实现的兼顾性——来自山东省的证据 [J]. 财贸经济, 2015 (5): 59 - 71.

[126] 胡元聪, 杨秀清. 农村金融正外部性的经济法激励——基于完善农村金融法律体系的视角 [J]. 农业经济问题, 2010, 31 (10): 27 - 33.

[127] 黄惠春, 祁艳, 程兰. 农村土地承包经营权抵押贷款与农户信贷可得性——基于组群配对的实证分析 [J]. 经济评论, 2015 (3): 72 - 83.

[128] 黄秋萍, 胡宗义, 刘亦文. 中国普惠金融发展水平及其贫困减缓效应 [J]. 金融经济学研究, 2017, 32 (6): 75 - 84.

[129] 焦瑾璞, 黄亭亭, 汪天都, 张韶华, 王瑱. 中国普惠金融发展进程及实证研究 [J]. 上海金融, 2015 (4): 12 - 22.

［130］焦瑾璞，王瑱．中国普惠金融十年再发展［J］．中国银行业，2015 （9）：22 - 25.

［131］焦瑾璞．普惠金融的国际经验［J］．中国金融，2014（10）：68 - 70.

［132］蓝虹，穆争社．中国农村信用社改革的全景式回顾、评价与思考［J］．上海金融，2012（11）：17 - 29.

［133］雷晓燕，周月刚．中国家庭的资产组合选择：健康状况与风险偏好［J］．金融研究，2010（1）：31 - 45.

［134］李东荣．拉美小额信贷监管经验及对我国的启示［J］．金融研究，2011（5）：1 - 12.

［135］李建军，张雨晨．众筹与小微经济体融资的匹配性——基于信息搜寻的视角［J］．河北经贸大学学报，2014，35（6）：113 - 119.

［136］李杰，刘露，Chao - Hsien Chu. P2P 网络借贷借款人违约风险影响因素研究［J］．商业研究，2018（9）：45 - 54.

［137］李明贤，叶慧敏．普惠金融与小额信贷的比较研究［J］．农业经济问题，2012，33（9）：44 - 49.

［138］李庆海，李锐，汪三贵．农户信贷配给及其福利损失——基于面板数据的分析［J］．数量经济技术经济研究，2012，29（8）：35 - 48.

［139］李庆海，吕小锋，孙光林．农户信贷配给：需求型还是供给型？——基于双重样本选择模型的分析［J］．中国农村经济，2016（1）：17 - 29.

［140］李锐，朱喜．农户金融抑制及其福利损失的计量分析［J］．经济研究，2007（2）：146 - 155.

［141］李涛，郭杰．风险态度与股票投资［J］．经济研究，2009，44（2）：56 - 67.

［142］李涛．社会互动、信任与股市参与［J］．经济研究，2006（1）：34 - 45.

［143］李直，朱忠明．中国小额贷款公司实践与发展［M］．北京：中国发展出版社，2013.

［144］梁静雅，王修华，杨刚．农村金融增量改革实施效果研究［J］．农业经济问题，2012，33（3）：22 - 28.

［145］刘海二，刘利红，易新福．信息化时代农村金融的困境与出路：手机银行［J］．西南金融，2013（2）：73 - 76.

［146］刘海二．信息通讯技术、金融包容与经济增长［J］．金融论坛，2014，19（8）：65 - 74.

［147］刘洪武．西部贫困地区农村金融服务调查［J］．金融经济，2006
（24）：55 - 56.

［148］刘澜飚，沈鑫，郭步超．互联网金融发展及其对传统金融模式的影响
探讨［J］．经济学动态，2013（8）：73 - 83.

［149］刘明轩，姜长云．农户分化背景下不同农户金融服务需求研究［J］.
南京农业大学学报（社会科学版），2015，15（5）：71 - 78 + 139.

［150］刘萍，张韶华．南非的非吸收存款类放贷人法律制度［J］．金融研
究，2008（4）：9 - 20.

［151］刘荣茂，陈丹临．江苏省农户贷款可获得性影响因素分析——基于正
规金融与非正规金融对比分析的视角［J］．东南大学学报（哲学社会科学版），
2014，16（1）：61 - 67.

［152］刘西川，程恩江．贫困地区农户的正规信贷约束：基于配给机制的经
验考察［J］．中国农村经济，2009（6）：37 - 50.

［153］刘锡良．从农村实际出发，构建现代农村金融体系［J］．财经科学，
2008（12）：3 - 9.

［154］刘祚祥，黄权国．信息生产能力、农业保险与农村金融市场的信贷配
给——基于修正的 S - W 模型的实证分析［J］．中国农村经济，2012（5）：
53 - 64.

［155］柳金平．无网点银行扩大农村金融覆盖面的成功经验［J］．世界农
业，2012（9）：29 - 32.

［156］卢盼盼，张长全．中国普惠金融的减贫效应［J］．宏观经济研究，
2017（8）：33 - 43.

［157］卢亚娟，孟德锋．民间资本进入农村金融服务业的目标权衡——基于
小额贷款公司的实证研究［J］．金融研究，2012（3）：68 - 80.

［158］陆磊．发展具有中国特色的普惠金融体系［J］．中国农村金融，
2014（16）：7.

［159］马光荣，杨恩艳．社会网络、非正规金融与创业［J］．经济研究，
2011，46（3）：83 - 94.

［160］马九杰，曾雅婷，吴本健．贫困地区农户家庭劳动力禀赋与生产经营
决策［J］．中国人口·资源与环境，2013，23（5）：135 - 142.

［161］马九杰，沈无知．农民工金融服务需求、使用与满足状况分析［J］.
农村金融研究，2012（5）：5 - 12.

［162］马双，谭继军，尹志超．中国家庭金融研究的最新进展——"中国
家庭金融研究论坛"会议综述［J］．经济研究，2014，49（9）：182 - 186.

［163］马向荣．地方"金融办"职能定位与金融分层监管体系催生［J］．改革，2014（2）：59－66．

［164］马彧菲，杜朝运．普惠金融指数测度及减贫效应研究［J］．经济与管理研究，2017，38（5）：45－53．

［165］孟凡征，余峰，罗晓磊，胡小文．农村普惠金融发展及其福利效应研究——基于安徽省975户农村经营户的实证分析［J］．金融发展评论，2014（11）：107－117．

［166］孟樱，王静．农户信贷配给情况及影响因素分析［J］．西北农林科技大学学报（社会科学版），2017，17（3）：59－66．

［167］莫易娴．传统金融与互联网金融的竞争与合作［J］．财会月刊，2014（14）：50－53．

［168］皮天雷，赵铁．互联网金融：范畴、革新与展望［J］．财经科学，2014（6）：22－30．

［169］钱水土，陆会．农村非正规金融的发展与农户融资行为研究——基于温州农村地区的调查分析［J］．金融研究，2008（10）：174－186．

［170］钱水土，许嘉扬．"通货膨胀背景下的中国金融业：改革与创新"学术研讨综述［J］．财贸经济，2012（1）：132－135．

［171］钱雪松，谢晓芬，杜立．金融发展、影子银行区域流动和反哺效应——基于中国委托贷款数据的经验分析［J］．中国工业经济，2017（6）：60－78．

［172］阮小莉，仲泽丹．城乡居民消费信贷影响因素的差异化研究——基于四川省调研数据的分析［J］．财经科学，2013（6）：116－124．

［173］沈红丽，李宁．基于演化博弈的农村正规金融与非正规金融合作机制研究［J］．金融理论与实践，2018（10）：16－23．

［174］沈杰，马九杰．我国新型农村金融机构发展状况调查［J］．经济纵横，2010（6）：75－79．

［175］司世阳．需求导向的我国多元化农村金融体系构建研究［J］．福建金融，2013（6）：38－42．

［176］孙会霞，陈金明，陈运森．银行信贷配置、信用风险定价与企业融资效率［J］．金融研究，2013（11）：55－67．

［177］谭松涛，陈玉宇．投资经验能够改善股民的收益状况吗——基于股民交易记录数据的研究［J］．金融研究，2012（5）：164－178．

［178］谭燕芝，陈彬，田龙鹏，黄向阳．什么因素在多大程度上导致农村金融排斥难题——基于2010年中部六省667县（区）数据的实证分析［J］．经济

评论，2014（1）：25 - 37.

［179］田杰，刘勇，刘蓉．信息通信技术、金融包容与农村经济增长［J］．中南财经政法大学学报，2014（2）：112 - 118.

［180］田杰，陶建平．社会经济特征、信息技术与农村金融排除——来自我国 1765 个县（市）的经验证据［J］．当代经济科学，2012，34（1）：58 - 65 + 126.

［181］田霖．互联网金融视阈下的金融素养研究［J］．金融理论与实践，2014（12）：12 - 15.

［182］田霖．区域金融的协调发展与短板效应探析［J］．财经研究，2010，36（10）：48 - 59.

［183］田明．农业转移人口空间流动与城市融入［J］．人口研究，2013，37（4）：43 - 55.

［184］汪汇，陈钊，陆铭．户籍、社会分割与信任：来自上海的经验研究［J］．世界经济，2009，32（10）：81 - 96.

［185］王斌等．互联网金融 + 中国经济新引擎［M］．北京：机械工业出版社，2015.

［186］王博，张晓玫，卢露．网络借贷是实现普惠金融的有效途径吗——来自"人人贷"的微观借贷证据［J］．中国工业经济，2017（2）：98 - 116.

［187］王春光．新生代农村流动人口的社会认同与城乡融合的关系［J］．社会学研究，2001（3）：63 - 76.

［188］王都富．当前中国商业银行流动性过剩的成因及政策建议［J］．金融论坛，2008（5）：54 - 57.

［189］王华，李扬子，曹青子，王玮．互联网金融发展的长尾效应与溢出效应分析［J］．统计与决策，2018，34（19）：172 - 174.

［190］王婧，胡国晖．中国普惠金融的发展评价及影响因素分析［J］．金融论坛，2013，18（6）：31 - 36.

［191］王青文，罗剑朝，张珩．产权抵押贷款下农户融资方式选择及其影响因素研究——来自宁夏同心 517 个样本的经验考察［J］．中国土地科学，2016，30（7）：41 - 48.

［192］王书斌，谭中明，陈艺云．P2P 网贷债权市场中违约舆情的传染机制［J］．金融论坛，2017，22（11）：56 - 69.

［193］王曙光，王丹莉．农村土地改革、土地资本化与农村金融发展［J］．新视野，2014（4）：42 - 45.

［194］王伟，田杰，李鹏．我国金融排除度的空间差异及影响因素分析

[J]. 金融与经济, 2011 (3): 13 – 17.

[195] 王性玉, 胡亚敏, 王开阳. 自我信贷配给家庭非正规借贷的增收效应——基于河南农户的分位数回归分析 [J]. 经济管理, 2016, 38 (4): 130 – 137.

[196] 王性玉, 田建强. 农户资源禀赋与农业产出关系研究——基于信贷配给数据的分组讨论 [J]. 管理评论, 2011, 23 (9): 38 – 42.

[197] 王颖, 曾康霖. 论普惠: 普惠金融的经济伦理本质与史学简析 [J]. 金融研究, 2016 (2): 37 – 54.

[198] 王宇, 周丽. 农村家庭金融市场参与影响因素的比较研究 [J]. 金融理论与实践, 2009 (4): 13 – 17.

[199] 王宇. 财富效应、人力资本和金融深化对农村家庭投资组合的影响研究——农村家庭金融市场参与的比较研究 [J]. 经济经纬, 2008 (6): 127 – 131.

[200] 吴本健, 单希, 马九杰. 信贷保险、金融机构信贷供给与农户借贷决策——来自F县草莓种植 "信贷 + 保险" 的证据 [J]. 保险研究, 2013 (8): 45 – 53.

[201] 吴金旺, 顾洲一. 数字普惠金融文献综述 [J]. 财会月刊, 2018 (19): 123 – 129.

[202] 吴卫星, 汪勇祥, 梁衡义. 过度自信、有限参与和资产价格泡沫 [J]. 经济研究, 2006 (4): 115 – 127.

[203] 吴晓求. 中国金融的深度变革与互联网金融 [J]. 财贸经济, 2014 (1): 14 – 23.

[204] 武志. 非吸收存款类放贷机构的债券融资 [J]. 中国金融, 2013 (4): 75 – 76.

[205] 谢平, 刘海二. ICT、移动支付与电子货币 [J]. 金融研究, 2013, (10): 1 – 14.

[206] 谢平, 邹传伟, 刘海二. 互联网金融的基础理论 [J]. 金融研究, 2015 (8): 1 – 12.

[207] 谢平, 邹传伟. 互联网金融模式研究 [J]. 金融研究, 2012 (12): 11 – 22.

[208] 谢雪梅, 高艳苗. 用户移动支付行为习惯成因研究 [J]. 北京邮电大学学报 (社会科学版), 2013, 15 (5): 33 – 37.

[209] 谢玉梅, 高娇. "银保互动" 对我国农户收入波动影响效应研究 [J]. 中山大学学报 (社会科学版), 2014, 54 (1): 158 – 164.

[210] 谢玉梅，齐琦，赵海蕾．基于综合险的银保合作模式：典型个案及理论含义［J］．农业经济问题，2015，36（5）：84－90＋111－112.

[211] 许圣道，田霖．我国农村地区金融排斥研究［J］．金融研究，2008（7）：195－206.

[212] 许竹青，郑风田，陈洁．"数字鸿沟"还是"信息红利"？信息的有效供给与农民的销售价格——一个微观角度的实证研究［J］．经济学（季刊），2013，12（4）：1513－1536.

[213] 闫艳．农村金融服务体系存在的主要问题与解决对策［J］．经济纵横，2015（2）：45－48.

[214] 严盖．我国商业银行服务管理问题研究［D］．成都：西南财经大学，2012.

[215] 阎沐杉．P2P网络借贷对普惠金融发展的积极影响、现存问题及发展对策［J］．现代管理科学，2018（10）：58－60.

[216] 杨京英，杨红军．中国家庭的信息化水平［J］．中国统计，2007（8）：20－21.

[217] 杨汝岱，陈斌开，朱诗娥．基于社会网络视角的农户民间借贷需求行为研究［J］．经济研究，2011，46（11）：116－129.

[218] 姚耀军，董钢锋．金融发展、金融结构与技术进步——来自中国省级面板数据的经验证据［J］．当代财经，2013（11）：56－65.

[219] 尹海员，李忠民．基于社会学角度的我国投资者行为调查研究［J］．西安电子科技大学学报（社会科学版），2011，21（5）：47－51.

[220] 尹志超，宋全云，吴雨．金融知识、投资经验与家庭资产选择［J］．经济研究，2014，49（4）：62－75.

[221] 尹志超，吴雨，甘犁．金融可得性、金融市场参与和家庭资产选择［J］．经济研究，2015，50（3）：87－99.

[222] 俞立平．中国省际信息化与金融发展互动关系研究——基于PVAR模型的估计［J］．中南大学学报（社会科学版），2012，18（3）：110－115.

[223] 袁吉伟．小额信贷机构资金来源和结构研究：国际经验及启示［J］．农村金融研究，2013（5）：69－74.

[224] 张珩，罗剑朝，郝一帆．农村普惠金融发展水平及影响因素分析——基于陕西省107家农村信用社全机构数据的经验考察［J］．中国农村经济，2017（1）：2－15.

[225] 张珩，罗剑朝．农村合作金融机构资本充足率影响因素研究——以陕西省为例［J］．农业技术经济，2015（7）：60－69.

［226］张龙耀，江春．中国农村金融市场中非价格信贷配给的理论和实证分析［J］．金融研究，2011（7）：98－113.

［227］张宁宁．"新常态"下农村金融制度创新：关键问题与路径选择［J］．农业经济问题，2016，37（6）：69－74.

［228］张蔚．基于客户需求偏好的中国商业银行私人银行业务发展策略研究［D］．上海：上海交通大学，2011.

［229］张雪春，徐忠，秦朵．民间借贷利率与民间资本的出路：温州案例［J］．金融研究，2013（3）：1－14.

［230］张云燕，刘清，王磊玲，罗剑朝．农村合作金融机构信贷风险内控体系评价研究［J］．中国农业大学学报，2016，21（8）：169－175.

［231］张照新，赵海．新型农业经营主体的困境摆脱及其体制机制创新［J］．改革，2013（2）：78－87.

［232］张正平，胡亚男，胡夏露．P2P借款人融资可得性影响因素的实证研究——基于结构方程模型的检验［J］．北京工商大学学报（社会科学版），2015，30（2）：93－100.

［233］周逢民．中央与地方政府金融监管模式选择［J］．金融发展评论，2012（5）：70－75.

［234］周立．深化信用合作是激活农村金融市场的必由之路［J］．湖北经济学院学报（人文社会科学版），2009，6（11）：53－54.

［235］周孟亮．新型农村金融组织发展模式：适应性成长——基于现实剖析与理论溯源的创新［J］．金融经济学研究，2015，30（2）：74－84.

［236］周小川．践行党的群众路线　推进包容性金融发展［J］．中国金融，2013（18）：9－12.

［237］周月书，班丝蓼，周通平，牛遵博．正规与非正规金融下农户借贷选择行为研究——基于南京与徐州农户的调查［J］．农业经济与管理，2013（6）：52－59.

［238］朱喜，李子奈．我国农村正式金融机构对农户的信贷配给——一个联立离散选择模型的实证分析［J］．数量经济技术经济研究，2006（3）：37－49.

［239］庄雷，赵天骄，黄玲．小微企业网络融资机制效率分析——基于"人人贷"的实证分析［J］．贵州财经大学学报，2015（5）：58－68.

［240］庄雷，周勤．身份歧视：互联网金融创新效率研究——基于P2P网络借贷［J］．经济管理，2015，37（4）：136－147.